现代出版学丛书

著作权法概论

张晓秦　杨　帆◎著

苏州大学出版社

图书在版编目(CIP)数据
著作权法概论/张晓秦,杨帆著. —苏州:苏州大学出版社,2007.9
(现代出版学丛书:3)
ISBN 978-7-81090-950-1
Ⅰ. 著… Ⅱ. ①张…②杨… Ⅲ. 著作权法-概论
Ⅳ. D913
中国版本图书馆 CIP 数据核字(2007)第 137468 号

现代出版学丛书
Contemporary Publication Studies Series

总策划
吴培华

著作权法概论

著
张晓秦 杨 帆

责任编辑
康敬奎
出版发行
苏州大学出版社
(苏州市干将东路200号 邮编 215021)
印 刷
丹阳市民生印务有限公司
(丹阳市西门外陵川绿岛南首 邮编212300)
开本 787×960 1/16
印张 24.75 **字数** 418千
版次 2007年9月第1版 2007年9月第1次印刷
书号 ISBN 978-7-81090-950-1
定价 34.00元

现代出版学丛书

CONTEMPORARY PUBLICATION STUDIES SERIES

现代出版学丛书

出版者的话

Editor's words

为了适应出版产业培养复合型人才的需要,为了促进出版这一与时俱进、以创新为灵魂的内容产业的发展,也出于编辑出版学科建设的需要,我们于2004年推出了现代出版学丛书第一辑(七种),2005年推出了第二辑(六种),引起了业内强烈的反响,获得了广泛的好评,在此基础上,我们又策划了第三辑(七种)。我们对于本套丛书的设想是立足于创新,尽可能地吸收中国出版业发展的最新内容,改革的动态、技术的革新、政策的变化、发展的趋势都将纳入我们的视野。我们对于作者的选定侧重在那些长期关注中国出版业发展的教育工作者和理论研究工作者,他们中有担任过领导工作又长期从事出版理论研究的专家,有在编辑出版教育第一线耕耘不止的园丁,有在编辑出版管理部门从事实际工作的理论工作者,虽然他们分布在全国各地,从事的工作不同,但是都有一个共同点,就是都在为繁荣中国的出版事业而努力,他们的工作异常繁忙。

然而,正是因为创新的立足点和作者选定的侧重点,决定了本套丛书也许会出现很多缺憾。我们将在广泛收集反馈信息的基础上,选择适当的时机及时对本丛书进行修订。因此,我们真诚地希望广大读者、教育工作者和理论研究工作者出于对本丛书的爱护,对其中的不足之处和疏漏讹误,不吝赐教。我们虚心期待着大家的意见、建议,甚或是严厉的批评,因为我们对中国出版业的拳拳之心是共同的。

总序

Preface

书籍，是人类传承文明的主要载体；近代兴起了报纸和杂志，于是文明传承又多了一种工具和媒介，从而新闻与出版并称。但是二者在传承文明过程中所起的作用和各自的特点有所不同。报纸杂志的时效性强、内容多样；书籍则传世久远、影响深远。二者相济，既及时反映了即时发生的情况，又引导人们思考过去、现在和未来，于是人类的文明得以播散和流传。

任何国家的新闻出版事业都是为自己国家的利益服务的，绝无功利的新闻出版事业从来不存在。过去，我国的新闻出版事业只注重了它的宣传作用，而忽略了它还有商品性的一面。这是计划经济导致的必然结果。改革开放以后，人们很快意识到了出版事业的二重性：意识形态属性和商品属性。我国的新闻出版业，一方面要发挥党和人民喉舌的作用，另一方面也要按照社会主义市场经济的规律去建设、发展、生产和流通，这两种属性是并行不悖、相辅相成的。只有按照市场经济的规律去建设、发展、生产和流通，才能更好地宣传科学的理论、正确的思想，弘扬正气，凝聚人心；也只有坚持正确的导向，乘市场经济的浪潮发展，才不致于迷乱了本性，才能为最广大人民的根本利益服务，才能在世界范围内形成自己的特色，参与国际出版业的激烈竞争。

无论是哪个国家的出版业，也无论从我国出版事业的哪一方面的属性来说，要使这一事业发展壮大，人才都是关键。特别是我国的出版事业正处在由传统的生产方式向现代生产方式转变的过程当中，人才的问题更加显得重要而急迫。

现代的出版业需求怎样的人才呢？我想，这样的人才除了应该熟悉现代新闻出版的经营方式方法之外，还需要有较高的理论素养、创新的意识和能力。后者也许比前者更为重要，因为经营的方式方法可以在实践中摸索、总结，而理论修养和创新能力却需要较长时间的积累和一定的悟性，需要良好的环境和条件的熏陶与培育。

如果以上述的标准衡量，应该承认，我国新闻出版界的人才结构和知识结构的确急需改善。同时我们应该看到，我国出版教育事业要承担起培养新型出版人才的历史重任，还有很多工作要做，还有很长的路要走。在诸多应该做的工作当中，编写出版具有理论深度的著作和具有时代特色的教材是其中最重要的基础性建设。

目前比较系统的一套出版学丛书还是十年前编写的。出版事业和社会生活几乎是同步前进的，在“知识爆炸”的今天，出版事业的发展可谓一日千里，也只有一日千里才能跟上时代。永远向前看，这是出版业的重要特征。因此，原有的读物显然已经不能完全满足当前的需要。现在出版的这套由我国新闻出版界一批著名专家策划并编写的《现代出版学丛书》，就是为了跟上出版业改革发展的形势，根据他们在这一领域中多年积累的经验、最新的发展动态、研究的最新成果和对未来的深刻思考编写而成的，供正在出版事业前沿努力奋斗的专业人员和有志于投身这一事业的年轻人学习之用。

参加策划和编写的专家，都在出版业的各个方面工作过多年，有的担任过出版业领导工作并长期从事出版理论研究，有的在出版教育领域耕耘时久，有的一直在出版部门从事实际工作。他们虽然分布在全国各地，专业也不尽相同，但是有着一个共同的特点，这就是始终紧跟时代的脚步，密切关注着国际上出版界的动态，苦苦思考着我国的出版业如何适应21世纪中国和世界的情况。

任何著作都不可能十全十美，因为就在作者研究、写作的时候，客观情况已经在变化了；再加上每个人占有的资料很难滴水不漏，观察的角度彼此或异，如果读者发现这套丛书还有什么不足和可议之处，我看应属正常。我们总不能等到一切都研究得完美了再来编写——实际上永远不会有这样一天，重要的是做起来，教起来，学起来。

我衷心希望这套丛书尽快出齐，在听取读者的意见后不断修改提高，使之成为具有权威性的读物和教材；我同时希望我国的出版教育界以这套丛书的出版为新的起点，加强科学研究，逐步形成和完善具有中国特色的出版理论体系，使我国的出版事业不仅在数量和质量方面达到与我国的国际地位相应的水平，出色地承担起传承人类文明的重任，而且在理论建树和人才储备方面也能令世界刮目相看。

许嘉璐

于日读一卷书屋

目录

Contents

第四章　著作权的保护期限与管理

第五章　信息网络传播权

第六章　邻接权

第七章　著作权的转移与著作权合同

第八章　著作权的限制

第九章 计算机软件的保护

第十章 著作权的法律保护

第十一章 著作权的国际保护

附录一 国内相关著作权保护法规

附录二　国际著作权保护公约

导　论

一、知识产权法

著作权(版权)是随着印刷技术的发明和兴起而产生的一项重要的民事权利,如今已经同工业产权、反不正当竞争等等一起构成了知识产权保护的完整体系。作为知识产权的重要组成部分——著作权(版权),在我们要开始了解它之前,首先就要对知识产权有一个总体上的了解和把握。随着以"知识产业化"为核心的"知识经济"的到来,将"知识"本身作为一项重要的个人和组织财产予以保护就显得越来越重要。那么,什么是知识产权呢?看其名似乎即可观其意。多数人会认为"知识产权"就是知识财产权,或者是与知识有关的权利。似乎可以这样简单地理解,但是由于"知识"本身不同于传统财产的特殊性,知识产权除了具有我们所说的财产的性质,还有其自身的特点。"知识"这个词本身就是一个十分抽象和宽泛的概念,我们可以认为一切对于我们来说有帮助的思想、信息、技术等等都是知识,比如:一本书、一部电影、一首歌曲、一句话,等等。只要对于个人来说有用的、有帮助的就可以认为是知识。这样看来,"知识"所涵盖的范围会依据不同的人有不同的划分,并不是我们用一句话可以概括的。对于不同的人来说,基于不同的需求,对"知识"的理解范围会有所不同。其范围可能包括文学、艺术、科技、保健、饮食等等各个不同的领域,但从"知识"所体现的内容来看,大致可以归结为两类,即:科学技术知识与文学艺术知识。不可否认,"知识"作为一种社会资源存在于任何形态的社会实践中。[1] 从古至今人类对知识的渴望从未间断过。"人类的文明史就是浸润着无穷创造精神的历史。层出不穷的科学技术与文学艺术的智慧结晶,自始至终既是推动人类社会发展进步的两翼,又是引导人类不断追求与探索的希望之光。对科学技术与文学艺术的利用,乃是一切财富的源泉……对利益追求与保护的需要,使知识产权制度应运而生。[2]

将一切来自知识活动领域的权利概括为"知识产权"(intellectual

〔1〕 刘剑文.知识经济与法律变革.北京:法律出版社,2000.3
〔2〕 刘春田.知识产权法.北京:高等教育出版社,2003.3

property)，最早见于17世纪中叶的法国学者卡普佐夫的观点，后为比利时著名法学家皮卡第所发展。皮卡第认为，知识产权是一种特殊的权利范畴，它根本不同于对物的所有权。[1] 一般认为，知识产权一词源于18世纪的德国，此后得到了广泛的传播，并为多数国家所使用。在我国，《中华人民共和国民法通则》（以下简称《民法通则》）中作为正式的法律术语予以使用，我国台湾地区称其为"智慧财产权"，日本则称其为"知的所有权"。就"知识产权"的概念而言，目前主要有三种表达方法：一种是列举知识产权主要内容的方法，另一种是下定义的方法，第三种是完全列举知识产权保护对象或者划分的方法。[2] 迄今为止，多数国家的法学专著、法律，乃至国际条约，都是从划定范围出发，来明确知识产权这个概念，或给知识产权下定义的。[3]《建立世界知识产权组织公约》(WIPO—World Intellectual Property Organization)，即"世界知识产权组织公约"和世贸组织的《与贸易有关的知识产权协议》(TRIPs—Trade related Aspects of Intellectual Property)就是按照这种方法划分的代表。

按照《建立世界知识产权组织公约》规定，知识产权包括：

——关于文学、艺术和科学作品的权利；

——关于表演艺术家的演出、录音和广播的权利；

——关于人们努力在一切领域的发明的权利；

——关于科学发现的权利；

——关于工业品式样的权利；

——关于商标、服务标志、厂商名称和标记的权利；

——关于制止不正当竞争的权利；

以及在工业、科学、文学或艺术领域里一切其他来自知识活动的权利。

在《与贸易有关的知识产权协议》中对知识产权范围的划分主要有：

1. 版权和有关权利

2. 商标

3. 地理标志

[1] 吴汉东. 知识产权法. 北京，北京大学出版社，2005. 5

[2] 刘春田. 知识产权法. 北京：高等教育出版社，2003. 3

[3] 郑成思. 知识产权论. 北京：法律出版社，2003. 54

4. 工业设计

5. 专利

6. 集成电路的外观设计(分布图)

7. 对未公开信息的保护

8. 对协议许可中反竞争行为的控制。

从知识产权范围上划分,通常分为狭义的知识产权和广义的知识产权。目前,学术界无论是文章还是专论都较为一致地认为,狭义的知识产权即从传统意义上理解的知识产权,主要包括专利权、商标权与著作权(版权)。也就是我们通常所说的著作权及相关权利和工业产权。广义的知识产权则包括著作权、邻接权、商标权、商号权、商业秘密权、产地标记权、专利权、集成电路布图设计权等各种权利。[1] 由于知识产权是基于创造性的智力活动产生的智力成果,进而产生的权利,因此也就具有一般财产权所不具有的特征:

① 独占性。知识产权一旦取得,就具有很强的独占性,也就是通常所说的排他性,法律规定的除外,其他人在未经权利人许可的情况下不能行使其中的各项权能。例如,我国著作权法规定,未经著作权人许可,发表其作品的,应当承担民事责任。[2]

② 时间性。知识产权一般是法定的权利,设立的目的是为了保护权利人,但从长远的利益来看主要还是为了促进经济和整个社会的发展。过长的保护期限,势必会阻碍经济的发展,因此,通常情况下知识产权都有一定的保护期限,在期限内的权利都受到法律的保护,一旦超过保护的期限,法律对权利人的权利将不予主张。

③ 地域性。知识产权只在授权国范围内发生效力,也就是说在某一国内取得的知识产权只受到这一国的保护,是否受到其他国家或地区的保护,还要看该国或地区所参加的国际条约。

④ 无形性。“知识”本身就没有具体的形态,就像我们所说过的,基于不同的人,对于知识的理解也不同,而知识通常多表现出来的形式也是多样的,所以知识产权既然是在此基础上产生的权利,自然也应该是无

〔1〕 韦之.著作权法原理,北京:北京大学出版社,1998.1

〔2〕 中华人民共和国著作权法第46条。

形的。

⑤ 可复制性。这里说的可复制性，并不是权利的复制，而是指权利指向的对象，即客体的可复制性。知识产权的客体一般都是有形的物，比如书、音像制品等等都是具有可复制性的物。

知识产权是基于创造性智力成果和工商业标记依法产生的权利的统称。[1] 它应该随着“智力”的不断膨胀而不时扩充着自身的范围。有人说21世纪是“知识经济”的天下，如今因特网几乎涉及科学技术和文学艺术的所有方面，知识产权在日渐扩大的领域内发挥着越来越重要的作用。随着计算机网络和科学技术的发展，知识产权将会在更多的领域内发挥重要的作用（知识产权应用的领域仍在不断出现），了解这些对于我们的经济和社会建设都具有十分重要的意义。知识产权法律以制度文明为杠杆，恰当地找到利益的支点，它的一端有效地激发了人们的创造热情，另一端把个人才智转化为无尽的社会财富，极大地推动了人类物质文明和精神文明的巨大进步。[2]

二、著作权与著作权法

所谓著作权，是指作者在法律规定的有效保护期限内，依法对其创作的文学、艺术或科学作品所享有的专有权利。“著作权法”在英美法系国家称之为“版权法”，大陆法系国家则称为“作者权利法”，在我国，亦将著作权称之为版权。我国1986年4月12日颁布的《中华人民共和国民法通则》第九十四条规定：“公民、法人享有著作权（版权），依法有署名、发表、出版、获得报酬等权利。”我国1990年9月7日颁布的《中华人民共和国著作权法》（以下简称《著作权法》）第五十一条规定：“本法所称的著作权与版权系同义语。”2001年10月27日修订后的《著作权法》第五十六条规定：“本法所称的著作权即版权。”但是著作权是否等同于版权，我国学术界颇有争议。有学者认为，著作权不同于版权，版权是基于出版发行而产生的权利，应该属于出版者的权利，同时从著作权的起源来看，

---

〔1〕 刘春田. 知识产权法. 北京：高等教育出版社，2003. 5

〔2〕 刘春田. 知识产权法. 北京：高等教育出版社，2003. 19

是先产生的版权制度，后在此基础上孕育出著作权制度；还有的学者坚持主张使用传统的版权概念，认为以复制权为核心的版权符合现代社会保护作品的合理需求，强调应该随着传播技术的发展赋予版权以新的内容，轻易舍弃版权用语而另行求助于著作权一词没有必要。〔1〕

以英美为代表的普通法系国家认为著作权是构建在“财产价值观”的基础之上。他们主张，著作权是一种个人财产权利，强调它的商业目的，所以称其为“copyright”，译为“版权”，其原意是指复制的权利，即制止他人进行复制的权利。〔2〕 在这些国家，权利人把著作权作为财产的一种形式看待，他可以按照与利用其他形式的财产一样的方法对著作权进行商业利用；构成著作权的各个权利的作用都是为了使权利人能够享受该财产的经济潜力。〔3〕 在法国、德国、意大利等大陆法系国家则把著作权构建在“人格价值观”的基础之上，强调它的人身属性，称其为“author's right”，译为“作者权”，更加突出了作者在精神上的权利，即禁止他人侵犯作者的人身权利。在我国，著作权作为一种民事权利，是知识产权的重要组成部分，同专利权、商标权、反不正当竞争一起构成了我国的知识产权的重要内容。著作权有广义和狭义之分，狭义的著作权是指著作人身权和著作财产权；而广义的著作权不仅包含著作权本身的权利，如署名权、发行权、修改权、展览权等等，还包括与著作权有关的权利，如表演者权、录音制品制作者权等等。著作权是知识产权的一种，因此也就具有知识产权的特征：地域性、可复制性、时间性、独占性以及无形性。

综上，著作权法又称版权法，是调整公民之间、公民与法人或者其他组织之间以及法人或者其他组织之间因文学、艺术和科学作品的创作、使用、管理而产生的人身关系和财产关系的法律规范的总和。著作权法是调整著作权关系的基本准则，其核心是保护作者及其他著作权人的利益。〔4〕 在我国，著作权法不仅指《著作权法》，还包括《中华人民共和国著作权法实施条例》（以下简称《著作权法实施条例》）、《计算机软件保

---

〔1〕 吴汉东. 知识产权法学. 北京：北京大学出版社，2005.26

〔2〕 颜详林等. 知识产权保护原理与策略. 北京：中国人民公安大学出版社，2001.191

〔3〕 汤宗舜. 著作权法原理. 北京：知识产权出版社，2005.3

〔4〕 陈兴华. 知识产权法学. 昆明：云南大学出版社，2004.41

护条例》、《中华人民共和国知识产权海关保护条例》、《中华人民共和国宪法》(以下简称《宪法》)、《民法通则》、《中华人民共和国刑法》(以下简称《刑法》)等法律中的相关内容,以及最高人民法院的相关司法解释、行政法规、规章等。我国参加的与著作权有关的知识产权国际条约和我国与其他国家签订的有关著作权保护的双边条约,通过立法程序,也可以轻化为我国著作权法的法源。[1]

三、著作权法律制度的起源与发展

(一)文字、作品与著作权基础的奠定

语言文字的产生是人类文化的起点,从文字到作品,从纸介质作品到今天的光电磁介质的作品,文字与作品的发展留下了人类文明的足迹。最初的文字作品也许根本没有著作权的概念,但语言文字的产生却标志着人类的第一次信息革命。文字作为一种符号,也是信息的存在形态;而作品作为著作权的核心,信息的内容,在其产生之初虽然还没有主张权利,但客观上已经奠定了著作权的基础。封建社会以前的作品主要是许多作者扬名做官的工具,但从某种意义上讲,作者的一些权利还是存在的,如作者的署名权、发表权、修改权等,尽管没有用法律的形式固定下来,但已得到社会与公众的认可,如屈原的《离骚》,李白的《静夜思》,等等。同时,作品的价值包括财产价值也已体现出来,否则何来"洛阳纸贵"一说;白居易一首《赋得古草原送别》,从"京城之大,白居不易"到"居亦易也",可以看出好作品的地位与影响。

(二)技术进步带来作品的传输与权利的产生

在古代,科学技术不发达,信息的传递、作品的传播最初只能靠一些原始、简单的手段。在中国远古时期,从刻木记事、结绳记事,可以看出先民对信息留存与传播的重视。先秦时期,"竹简"等作为作品的载体,笨

〔1〕 刘春田.知识产权法.北京:高等教育出版社,北京大学出版社,2003.37

重又无技术含量,大大制约了作品的流传。造纸术与印刷术的发明与广泛运用,纸张与"油墨"的结合,使作品的载体发生了本质的变化,使人们存储和传递信息的能力大大提高。相对低成本和相对轻便的传播方式,一方面促进了文化教育的普及和发展,另一方面也产生了一定的经济利益,从而也就出现了印刷特许权。这并非真正意义上的著作权法律,而只是著作权的史前时期,如北宋时期朝廷禁止一般人随便刻印《九经》的"禁擅镌",清初皇帝大兴文字狱,发布的一些法令等。而在欧洲,主要是出版商为了自己的利益向封建君主申请的印刷特许令。英国第一次产业革命后,技术的进步提出权利的要求,印刷技术与商品经济的结合,在英国产生了第一部真正意义的著作权法——《安妮女王法》(又译 Queen Anne,《安娜女王法》,以下简称《安妮法》)。主要规定了印刷版权,但是,作者享有权利的种类比较单一,主要是复制权和发行权。

从 19 世纪末到 20 世纪初,随着电子技术的产生和发展,如录音录像技术、广播电影电视技术、静电复印技术、电缆传输和卫星通信技术的不断出现,作品的载体呈现多样化。电子作品的不断涌现,给信息的存储和传播带来巨大的变化,也大大地冲击了原有的著作权制度。电子技术扩大了著作权法的保护范围,丰富了著作权的权利内容,增加了出租权、播放权、制片权等,产生了广义的发行权,而新的专门保护传播者权利的邻接权制度的出现,更是著作权法历史上一次具有标志性的飞跃。[1] 这一时期,尽管印刷版权仍在起作用,但人们习惯称为"电子版权"时期。

计算机的产生和发展到 20 世纪后期,当计算机数字技术与通信技术相结合,一种全新的作品传播方式——网络传输产生了。信息的收集、储存、加工和传播又一次发生了革命性的变化。数字传播技术是通信技术、微电子技术和计算机技术的总称,其所具有的数字化、压缩、加工及储存等功能,给作品的创作、传播及使用带来了深刻变化。数字化技术是将文字、数值、图像、声音甚至气味、手感等信息形式通过计算机转化成机器可以识别的二进制编码数字的技术。这使传统作品类型之间的界限变得模糊不清。数字技术的压缩、加工、储存功能使作品的复制更加迅速、廉价且容量惊人,质量完美。这使著作权人的复制权更加难以控制。数字技

〔1〕 吴汉东,胡开忠. 走向知识经济时代的知识产权法. 北京:法律出版社,2002. 100

术使信息传输具有交互性，播放者可以是内容提供商，也可以是用户自己。这使作者与使用者的角色模糊化。从对著作权法影响的角度看，数字技术已经经历了三个阶段：(1) 20 世纪 70 年代末以前的数字技术产生阶段；(2) 80 年代多媒体与数据存储发展的"数字作品"阶段；(3) 90 年代以来出现的网络技术阶段。作为商品的作品的有形载体和著作权原有的一些属性发生了根本的变化，传统著作权的所有领域几乎都受到数字网络技术和作品的挑战，信息网络传播权等新型著作权的出现，表明世界已经进入网络版权时期。

（三）从《安妮法》、《伯尔尼公约》到《TRIPs 协议》

15 世纪中叶，一个名叫谷登堡的德国印刷商人将活字印刷术引入了欧洲，结束了图书长达两千年的手抄传播时代，为书籍数量的扩大、传播创造了条件。与此同时对复制作品给予一定的规制也显得十分必要。

工业革命的胜利，资产阶级确立了其在政治生活中的统治地位。而随着资本主义生产方式逐渐占据统治地位，资产阶级的地位也随之上升，资产阶级启蒙思想的发展，为著作权法律制度的产生奠定了政治经济和思想基础。在启蒙思想的影响下，作者意识到其作为作品的创作人，理应得到作品出版发行的利益。[1] 1709 年，英国议会通过了世界上第一部版权法《安妮法》。《安妮法》这个名称只是后人为了简便而冠之以当时在位的英国女王的名字，而不是该法的原名。该法原名很长，从意思上译为《为鼓励知识创作而授予作者及购买者就其已印刷成册的图书在一定时期内之权利的法》。[2] 该法为现代意义上的著作权法的建立奠定了基础。《安妮法》的制定与颁布主要是为了防止印刷者在没有作者同意或许可的情况下擅自印刷、翻印或出版作者的作品。在该法中也将印刷出版者与作者各自不同的专有权加以区分，印刷出版者依法享有所印制与发行的图书的翻印、出版、出售等专有权；对已印制的书在重印时，作者则依法享有专有权同时对还未印制的作品，享有许可或禁止"印刷出版"的

〔1〕 唐超华. 知识产权法学. 湖南大学出版社，2004. 37

〔2〕 郑成思. 知识产权论. 法律出版社，2003. 24

专有权。同时,该法还确定了对专有权的保护期限为 14 年。1741 年丹麦与挪威颁布了内容近似的《作者权利保护法令》。这部法律与《安妮法》一样,立足于保护印刷出版者、书商及作者的经济权利,却未提及作者的精神权利。[1] 由于这一时期的法律主要还是保护作者的复制权和出版权,并未涉及到作者的人身权利,因此实际上还只是版权制度。

法国大革命时期,在新兴资产阶级思想家"天赋人权"、"主权在民"等思想观念的大力影响下,法国于 1791 年颁布保护作者权利之一的《表演者权法》,1793 年又颁布《作者权法》,使著作权法从标题到内容都离开了"印刷"、"出版"等专有权的基点,成为保护作者的法律。[2] 作者的精神权利被放在了绝对至上的地位,财产权利则位居次要地位。此后,多数大陆法系的国家所建立的著作权制度,都沿用了"作者权"的概念。这样,因印刷而产生的著作权彻底的与印刷本身脱离。著作权也完成了从单纯的保护出版者到保护作者,从保护作者的财产权到财产权和人身权兼而有之的过渡。此时,现代意义上的著作权法律制度即已形成。

经济科技的发展使著作权的私权成为可能,经济科技的发展也使著作权不断扩张。著作权人希望自己的作品既受到本国法律的保护也受到外国法律的保护,希望自己的作品不受国家和地域的限制广泛传播,也广泛受益,而不希望自己的智力成果被外国人自由无偿使用。19 世纪,法国文学家首先呼吁建立国际保护制度。1886 年主要是一些欧洲国家在瑞士签订了《保护文学艺术作品伯尔尼公约》(以下简称《伯尔尼公约》)。《伯尔尼公约》后来多次修订和补充,现行的为 1971 年巴黎文本,至 2003 年 4 月,加入该公约的有 150 个国家和地区。《伯尔尼公约》确定的国民待遇、自动保护和著作权独立原则及许多细节规定,已成为各国著作权法律制度的基础。根据《TRIPs 协议》的规定,世界贸易组织的所有成员即使不是《伯尔尼公约》的成员,也必须遵守公约及其附录(公约第六条之二除外)。20 世纪后半期,世界社会经济发生了很大的变化,国际贸易不仅成为发达国家,而且也成为发展中国家经济发展的动力,而其中知识产权所占的比重越来越大。各国法律保护水平的不同,为避免贸易

〔1〕 陈兴华. 知识产权法学. 昆明:云南大学出版社,2004. 43

〔2〕 郑成思. 版权法(修订本). 北京:中国人民大学出版社,1997. 13

摩擦，发达国家在关税贸易总协定框架内寻求解决办法，规定了最低保护标准。在发达国家与发展中国家及其之间几经斗争、协商，最终妥协的基础上，通过了《与贸易有关的知识产权协议》(《TRIPs 协议》)。这是一部高水平、高标准的国际多边协议，它除了把知识产权与国际贸易挂钩之外，还把原来的知识产权公约，如《巴黎公约》、《罗马公约》、《伯尔尼公约》以及《集成电路布图设计的知识产权条约》全部联合起来，这是一部强制性的规范，它保护范围宽、权利内容广、保护期延长，它所确定的国民待遇原则，透明度原则和国际争端解决机制等，至今仍影响和主导着知识产权国际贸易。在《TRIPs 协议》签订后不久的 1996 年 12 月，为了应对信息技术和数字网络的飞速发展，150 个世界知识产权组织(WIPO)成员又在日内瓦签署了《世界知识产权组织版权条约》(WCT)和世界知识产权组织《表演和录音制品条约》(WPPT)，这两个条约所确定的传播权和技术措施与权利管理信息等规定，对世界各国著作权的修订起了重要的示范和促进作用。

四、我国著作权制度的沿革

“无传播也就无权利”，目前已成为著作权学界的通说。许多学者认为，著作权制度产生的一般公式是：印刷术的发明——图书市场的出现——法律保护要求的提出。但是这个公式对于我国著作权的产生却未必如此。

我国是四大文明古国之一，印刷术是我国的四大发明之一，但是作为首先发明印刷术的国家，著作权法的产生却晚于西方国家。在我国近代以前，由于封建传统思想的禁锢，加之封建集权式的统治，个人的自由、平等从未进入法律本位。特别是对商业的抑制，严重阻碍了商品交易，出版商更加不会想到自己的权利能够上升为法律。现代意义上的著作权观念和制度是伴随 19 世纪末西方国家对中国的大规模军事、文化和经济入侵而在中国产生的。[1] 公元 1903 年 3 月，清朝政府和美国政府在上海签订了《中美续议通商行船条约》。该条约第十一条规定：“无论何国，若以

〔1〕 曲三强. 知识产权法原理. 北京：中国检察出版社，2004. 72

所给本国人民版权之利益,一律施诸美国人民者,美国政府亦允许美国版权律例之利益给予该国之人民。中国政府今欲中国人民在美国境内得获版权之利益,是以允许凡专备为中国人民所用之书籍、地图、印件、刻件者,或译成华文之书籍,系经美国人民所著作或为美国人民之物业者,由中国政府按照所允许保护商标之办法及章程极力保护10年。"[1]这是我国第一部涉及著作权的条约,是现代著作权法律制度引入我国的开端。1910年,清政府颁布的《大清著作权律》被认为是我国历史上第一部著作权法。虽然这部著作权法因清政府被推翻而没有实施,但对后来北洋政府1915年颁布的著作权法及南京国民政府1928年颁布的著作权法都产生了重大影响。

1949年中华人民共和国成立后,很长时间里都没有一部系统的和相对完善的著作权法,十一届三中全会后,我国的各项事业都进入了一个新的发展阶段。随着改革开放和经济发展的需要,1986年六届全国人大四次会议通过的《中华人民共和国民法通则》明确规定保护公民与法人的著作权。它标志着我国社会主义著作权法制建设已进入了一个新的历史时期。1990年七届全国人大常委会第十五次会议通过了《中华人民共和国著作权法》。这是新中国成立以来第一部系统规定著作权事宜的基本法律,也是我国著作权法制建设的里程碑。适应国际国内政治经济文化发展的需要,为了加入世界贸易组织(WTO),与国际接轨,2001年10月27日,第九届全国人大第二十四次会议表决通过了《全国人民代表大会常务委员会关于修改〈中华人民共和国著作权法〉的决定》。该决定涉及:(1)国民待遇原则的适用问题;(2)保护客体的增加及表述方式的调整;(3)设立著作权集体管理制度;(4)进一步细化了著作权人的财产权;(5)修改对著作权的权利限制;(6)完善邻接权制度;(7)明确著作权转让方式;(8)增加法律责任和执法措施,加大著作权的保护力度;(9)确立了网络环境下著作权的保护方式。此次修改表明,我国的著作权法律制度已经进入了快速的发展阶段。

从20世纪90年代起,我国颁布了《中华人民共和国著作权法》、《中华人民共和国著作权法实施条例》、《计算机软件保护条例》、《出版管理

---

〔1〕 吴汉东,王毅.中国传统文化与著作权制度略论.法学研究,1994(1)

条例》、《音像制品管理条例》、《广播电视管理条例》、《出版文字作品报酬规定》、《互联网著作权行政保护办法》、《信息网络传播权保护条例》等一系列有关著作权保护的法律法规,并适时进行了修订。在国际方面,我国加入的国际条约有:《伯尔尼公约》、《保护工业产权巴黎公约》(以下简称《巴黎公约》)、《世界版权公约》、《与贸易有关的知识产权协议》、《世界知识产权组织版权公约》、《世界知识产权组织表演和录音制品条约》、《保护唱片制作者防止唱片被擅自复制日内瓦公约》,等等。

虽然我国著作权的立法一度曾相对滞后,但改革开放后,著作权立法进程大大加快,我们用20年左右的时间基本上与国际接轨。特别是加入世贸组织后,一系列法律的立、改、废,《著作权法》和《计算机软件保护条例》的修订,《信息网络传播权保护条例》的公布等,使我国著作权保护制度基本完备,保护标准已达到发达国家及有关国际公约规定的水平。近年来,我国在逐步健全立法体系的基础上,加大了著作权的行政执法力度,目前,已初步形成国家版权局、省级版权局和地市版权局的三级著作权行政管理体系。同时,在执法过程中加大与公安、工商、海关、新闻出版、文化等部门的合作,逐步形成相互配合打击著作权侵权的执法机制。

五、著作权的法律性质与特征

著作权是作者依据智力成果而享有的一种独占性的权利。法国知识产权法典中规定,"智力作品的作者,仅仅基于其创作的事实,就该作品享有独占的及可对抗一切他人的无形财产权。"可见著作权是一种个人所享有的具有较强排他性或专有性的民事权利,这一点已经获得了包括我国在内的多数国家的认可。著作权等知识产权法是民法理论在新时期的发展和拓宽,是民法的特别法。商品经济的产生和发展决定了民法的产生和发展;商品经济的高度发达使民法形成了博大精深、完善丰富的法律形式和法学理论。在商品经济发展阶段上产生了智力成果和其要求法律保护的迫切性,因而产生和形成了知识产权制度,也因此丰富了民法和民法理论。[1]

---

〔1〕 曲三强.知识产权法原理.北京:中国检察出版社,2004.79

著作权作为一种民事权利获得了普遍的认同,但是对于著作权是否是私权这一问题,有学者认为,著作权的主体可以是公民也可以是法人或者非法人组织,公民享有的著作权无可厚非是私权。但在我国,法人和非法人组织享有的著作权是属于"国家财产"还是"私人专有财产"似乎并不明确,这与我国参加的《与贸易有关的知识产权协议》当中承认著作权是一种私权似乎有所矛盾。在我国加入世界贸易组织之后,对此问题绝不能含糊不清,必须要加以明确。作为民事权利的一种,应该具有民事权利的特性,因此从一般的法律性质上来看,著作权是民事权利,并且具有私权的性质,同时是一种专有权和绝对权。

作为民事权利的拓展,著作权是知识产权的重要组成部分,那么,著作权当然地继承了知识产权的主要特征:

1. 无形性

著作权的无形性主要是指权利客体的无形性,著作权的产生基于作者的智力成果,也即作品产生。根据我国著作权法的规定,作品的形式有十多种之多,并且随着网络技术和信息传媒技术的发展,作品的形式还将急剧地扩张,无形性是包括著作权在内的所有知识产权的一大特性。

2. 双重性

双重性是就著作权的内容而言,由于著作权的权能的可分性,同时根据各种权能与作者自身和商业利益的关系,可将著作权分为著作人身权和著作财产权。这一特性,是专利权、商标权等其他种类的知识产权所不具有的,这种双重性也是著作权与其他民事权利的主要差异之一。

3. 地域性

从著作权保护的角度出发,著作权的保护遵循一定的原则,即各国只对本国承认的著作权给予保护。这样,著作权的保护就具有很强的地域性,一旦超出一定的地域范围,就不再受法律的保护。

4. 分享性

由于著作权权能的可分性,这样,著作权的部分权能可以由几个人同时分别享有不同的权能。不仅如此,有时同一权能也可有不同的人同时享有。

5. 期限性

期限性即时间性,是指对著作权保护时间的限定。尽管著作权是独占性的权利，以著作权保护为宗旨但同时从促进文化科学技术的交流与进步出发，对著作权有所限制有利于文化科学技术的传播与发展。我国除了对著作人身权的保护不受期限限制外，对著作财产权的时间限制都是50年。

除此之外，从著作权与专利权、商标权相比，不难看出著作权还具有其独特的一些特征：

首先，著作权所保护的对象涉及文学、艺术和科学技术领域；而专利权保护的对象则只限于工业生产领域，商标权更是只在商业生产和流通领域发挥其效力。其次，著作权是基于作品而产生的权利，只要作品一经完成，就自然地产生权利，而专利权和商标权都要经过注册和相关机关的确认才产生权利。最后，专利权和商标权都属于绝对的排他权，两项相同的专利或商标，先注册的就具有绝对的排他性，任何人都不能侵犯，而两项类似的作品可能会基于独立的创作事实而产生两个相对独立的著作权。

六、我国著作权法的基本原则及其适用范围

我国《著作权法》第一条明确指出："为保护文学、艺术和科学作品作者的著作权，以及与著作权有关的权益，鼓励有益于社会主义精神文明、物质文明建设的作品的创作和传播，促进社会主义文化和科学事业的发展与繁荣，根据宪法制定本法。"其中体现的具体原则有以下几点：

（一）保护作者利益原则

作者是作品的创造者，我国著作权法的核心任务就是保护作者的权利。作者的辛勤创作是整个社会文学、艺术和科学技术进步的源泉，在现代高新技术条件下，由于作品的传播速度的加快，传播范围几乎可以同时触及每个角落，因此一部优秀的作品对社会的积极影响也将是前所未有的。[1] 承认作者的人身和财产权利无疑对激励作者的创作积极性，促进

[1] 吴汉东. 知识产权法学. 北京：北京大学出版社，2005. 41

文化建设和增加精神财富都是十分有益的。我们知道，好的作品经过时间的流转就会转变为文化，文化形成文明，文明又形成民族性格。所以，一部好的作品对社会的影响是无法预见的。我国《著作权法》对作者的保护体现于：我国《著作权法》第十一条、第十条、第四十七条分别规定，"著作权属于作者"；"作者对其作品享有的包括人身权和财产权在内的著作权"；"对侵害著作权行为的要承担民事、行政和刑事责任"。从世界上第一部著作权法——《安妮法》颁布至今已有近三百年的历史了，无论是以"财产价值观"为构建基础的普通法系国家，还是以"人格价值观"为构建基础的大陆法系国家，尽管在具体内容上有所差异，但都将保护作者的权益作为核心内容。

（二）作者利益与社会利益平衡原则

著作权法的制定目的在于保护作者的合法权益，但是它的终极目的还是为经济基础和社会价值服务的，通过对作者权益的保护以达到促进整个社会文化建设的发展实现经济的增长和社会的进步。对作者权益的确认和保护，可以激励作者的创作热情，使他们能够创作出更多的、更好的、人们喜闻乐见的作品。作品是作者的智力劳动成果，作者理所当然地拥有权益；但是它更是整个社会精神财富的一部分，任何人包括作者，都不应对之绝对垄断，以免妨碍全社会文化、艺术、科学事业的整体进步。作者创作的作品，离开传播媒介，即使再优秀，也只能成为作者孤芳自赏的对象。[1] 只有作品被他人利用也才能实现著作权法的社会目的。作品的这一特性决定了著作权法在实现其促进文化事业发展、保障作者及其他主体利益、实现社会公平等多重价值目标的过程中，必须统筹兼顾、平衡协调各种可能相互冲突的因素，才能真正发挥作用。[2] 著作权法已经被越来越多的人定性为科学文化事业和社会发展的调解器。其最终的作用就是在三者利益矛盾中寻求平衡点，从而达到三赢。

---

〔1〕 吴汉东.知识产权法学.北京：北京大学出版社，2002.42

〔2〕 陈兴华.知识产权法学.昆明：云南大学出版社，2004.54

（三）尊重国际条约的原则

当今世界各国建立著作权法的目的都是一样的,都是为了促进本国政治、经济和文化的发展。据统计,包括我国在内约有一百五十个国家和地区都制定了各自的著作权法。尽管各国的著作权法都有严格的地域性限制,但是随着网络技术的发展,信息的传播方式更加多样化。网络技术使得地域性的限制逐渐地弱化,也使得作品的传播更快,复制性更强。同时,世界政治、经济的一体化进程正逐渐加快,国与国之间已经形成了你中有我,我中有你的关系。跨国文化合作,国际性的版权贸易增多。知识产权(包括著作权)制度的国际化已经是当代知识产权制度发展的重要趋势。那么,如何加强与其他国家的合作,共同保护作者的各种权益就显得相当重要。为了应对这种趋势,1992 年,我国正式加入《伯尔尼公约》与《世界版权公约》。1992 年 9 月 25 日,国务院颁发了《实施国际著作权条约的规定》。2001 年 11 月,我国正式加入 WTO。同时,我国《著作权法》也注意适时调整相关法律规定,以便能够与国际著作权保护的基本准则保持一致。

（四）著作权自动产生原则

著作权是基于作品产生的权利,作品一经完成无论是否发表即产生著作权。自动产生原则是与注册登记原则相对应的,也可称为无手续主义或创作主义。我国施行的是自愿登记原则与自动产生原则相结合的著作权生效制度。作品是否经过登记、注册,对著作权人取得著作权没有影响。有些国家采用著作权非自动取得原则,即作品完成后,作者或其他相关人必须依照法律规定办理相应手续后,才能取得著作权。但是,凡是世界贸易组织(WTO)成员或者《伯尔尼公约》成员国,无论其是否办理任何法律手续,在各公约成员国自动取得著作权。

著作权法的适用范围包括对人、时间和空间的适用范围。法的效力通常是以属人主义或者属地主义为标准予以判断的。我国《著作权法》第二条规定:“中国公民、法人或者其他组织的作品,不论是否发表,依照本法享有著作权。外国人、无国籍人的作品根据其作者所属国或者经常居住地国同中国签订的协议或者共同参加的国际条约享有的著作权,受本法保护。外国人、无国籍人的作品首先在中国境内出版的,依照本法享有著作权。未与中国签订协议或者共同参加国际条约的国家的作者以及无国籍人的作品首次在中国参加的国际条约的成员国出版的,或在成员国和非成员国同时出版的,受本法保护”。从上述表述来看,我国并未实行单一的属人主义或者属地主义的立法模式,而是采取了两者结合、共同调整的立法模式。从著作权的溯及力来看,我国的著作权法采取不溯及既往原则。

现代出版学丛书

第一章

著作权的对象

第一节

作品的概念及构成要素

作品的构成要素：
- 必须在文学、艺术和科学领域内
- 独创性
- 可感知性
- 可复制性

作品作为著作权保护的对象,人们对此并不会产生异议。那么什么是作品？作品,即著作权人权利之对象而为著作权法所保护者。[1] 作品是作者创作行为的成果,是作者思想感情的表现,然而作品通常并不是以一种单一的形式呈现在世人面前,它往往涵盖的范围较广,可以是文学的,比如诗歌、小说;也可以是艺术的,比如歌曲、舞蹈;还可以是科技的,比如计算机软件、工程图纸。版权制度是因为作品的出现孕育而生的,可见作品是著作权产生和存在之根本。一般意义上,作品是指文学、艺术和科技领域的智力成果。自古至今从未有过没有作品的著作权,也就是说,没有作品自然也就不会存在著作权。对于这种文学、艺术及科学领域内的智力成果,不同法系有着不同的称呼,英美法系和部分大陆法系国家的著作权法将其称为"作品",而德国的著作权法则称之为"著作",日本称之为"著作物"。[2] 尽管作品是著作权的对象,受到多数国家的著作权保护,但是这并不意味着任何作品都当然的会受到著作权的保护。作品能否成为著作权法保护的对象,关键还要判断具体的作品是否满足著作权法规定的作品构成要件。我国《著作权法实施条例》第二条指出:"著

〔1〕 转引自孟祥娟.版权侵权认定.北京:法律出版社,2001.1

〔2〕 胡开忠.知识产权法比较研究.北京:中国人民公安大学出版社,2004.28

作权法所称之作品是指文学、艺术和科学领域内具有独创性并能以某种有形形式复制的智力成果。”按作品的性质可将作品分为文学作品、艺术作品和科学作品，它们有各自不同的表现形式。文学作品通过语言和文字来表现，音乐作品通过节奏和旋律表现，影视作品通过人物形象来表现，科技作品通过图纸、数据来表现。[1] 从实施条例当中不难看出一件作品要成为著作权法当中所称之作品，必须要同时满足以下要素：

（1）必须是文学、艺术和科学领域内的，其他领域内的不属于著作权法保护的作品。我国《著作权法》第三条关于作品范畴的规定：“本法所称的作品，包括以下列形式创作的文学、艺术和自然科学、社会科学、工程技术等作品：……”这一要求不仅我国如此，从国际性的著作权立法来看也是如此，《伯尔尼公约》第二条规定：“文学艺术作品一词包括文学、科学和艺术领域内的一切作品”，《世界版权公约》第一条规定：“各成员国承担对文学、科学及艺术作品（包括文字的、音乐的、戏剧的、电影的作品，以及绘画、雕刻与雕塑）的作者及其他版权所有人的权利提供充分、有效的保护”。

（2）独创性。独创性（Originality）亦称为原创性，是作品的本质属性，只有具备独创性的作品才能够受到著作权的保护，这是为世界各国普遍接受的一个基本原则。那么如何构成独创性，独创性的标准又如何？在不同的著作权权利体系国家中，对于独创性标准的认同也各不相同。例如，英国法院对独创性进行的解释是：“著作权法并不要求思想具有独创性，而是要求思想的表达形式具有独创性。著作权法也不要求这种表达必须是原创的或唯一的，但它不能是对另一作品的复制或者抄袭。”[2] 在美国，最早对独创性作出明确规定的是 Bleistein 案[3]，该法官认为只要是作者独立完成的作品就可以认定该作品具有独创性。作品是作者智力创作活动的成果，所以作品所体现的独创性与作者的创作行为之间存在着十分密切的关系。我国著作权法上，所谓的独创性是指，作品的创作过程是作者独立完成的，而不是抄袭或剽窃他人的，作者自己的思想意识

〔1〕 张平著. 知识产权法详论. 北京：北京大学出版社，1994. 311

〔2〕 转引自姜颖. 作品独创性判定标准的比较研究. 知识产权，2004(3)

〔3〕 转引自金渝林. 论作品的独创性. 法学研究，1995(4)

贯穿整个作品的始终。由此可见,独创性要求:作者在素材选择、文字安排、情节构思、颜色调配、音调高低、符号选用、形状设计等方面,必须进行独立思考,并用自己的智力劳动表现出来。我们常说,作品是作者人格的延伸,[1]作品往往是作者张扬个性的体现。当然作品的独创性并不是说作品要达到一种空前绝后的程度,更加不等同于专利所谓的"新颖性",我们知道任何一部作品都或多或少要受到前人的影响和启发,因此只要是独立创作的作品,即便与他人的作品相同或者相似,仍然属于独创的作品。总之,作品的独创性不必要求作品达到最高理想的绝无仅有境地,它只是在消极方面要求,作品不是他人作品的抄写品、极其相似的模仿作品或擅自演绎的作品。[2]

作品的独创性要求是作品构成的重要要件,如果不能满足独创性要求,那么就不可能构成作品。2000年10月,顾某委托沈某设计完成了美术作品《百合花》,顾某认定自己享有《百合花》的著作权,此后,顾某又委托张某在某染厂印制《百合花》图案的棉布。同年10月28日,顾某被告知刘某要用顾某的《百合花》版子印制花布,顾某表示反对,但是刘某仍然印制了大量的印有《百合花》图案的花布在市场上销售。顾某以刘某侵犯了自己的著作权为由向法院提起诉讼,但是刘某称《百合花》本身也是抄袭了他人的、不具有作品的独创性,因此不应受到著作权的保护。法院受理了此案,并且经过法院调查,查明王某在2000年9月完成了名为《情感》的印花图形,并独立创造了一种版形,《百合花》与《情感》两图案在底纹、形状、格调等方面基本相同。因此,法庭裁定:《百合花》图案与他人的先图基本相同或者实质相似,因而不具有独创性。由于缺乏作品的基本构成要件,因此不能成为受著作权法保护的作品,顾某的诉讼法庭不予支持。

可见,要确定独创性的判断标准,应当把"技艺性智力成果"和"机械性智力成果"排除在外。[3] 如果临摹一幅美术作品,尽管作者也投入了很高的技巧,但因仅是对另一作品的复制,不具有独创性。而按一定的顺

---

〔1〕 史文清,梅慎实.著作权诸问题研究.上海:复旦大学出版社,1992.59

〔2〕 同上.53

〔3〕 姜颖.作品独创性判定标准的比较研究.知识产权,2004(3)

序、公式或结构完成的作品,不同人的智力劳动会得到相同的结果,这种表达具有唯一性,因而也不应认定为具有独创性。[1]

(3)可感知性。可感知性是指作者将无形的思想或情感通过有形的载体表现出来。作者只有将自己的思想、情感通过文字、音乐、图片等具体的载体表现出来,使他人通过眼睛、鼻子、耳朵等感觉器官能够感知,只有如此才能得到著作权的保护。反之,如果作者不能或者没有将自己的思想、情感通过具体的、有形的载体加以表现出来,那么也就不能够复制,也就没有保护的必要。据此可看出,只要是通过具体的表现形式将思想、情感予以固定,形成作品,无论它的思想是多么的伟大或者是无比的贫庸都不失为著作权的保护对象。可见著作权保护的只是作品的形式,并不关心作品的内容和思想。"著作权保护思想的表达方式"似乎已成为一条不变的法则。这一点无论在我国还是在其他国家无一例外。例如,美国1976年《著作权法》第一〇二条第(六)款规定:"在任何情况下,对作者的独创作品的著作权保护,决不扩大到任何思想、程序、方法、体系、操作方法、概念、原理或发现,不论在这种作品中这些是以什么形式描述、说明、图示或体现的。"[2]

(4)可复制性。可复制性是指在作品内容不改变的状态下,对作品进行的翻录、复印、拷贝、录音、录像等。著作权产生之初,就是复制者的权利(copyright),只有能够复制的作品,才能将作者的思想加以传播,同时也使得作品获得了商品的属性,从而进入到流通领域,这样权利的所有者方可通过版权交易,获得相关的利益。

可见创作一个作品,就是要把一个作品初次固定于一个能够被复制的复制件中,如果一个作品是经过一段时间完成,其中一部分是在任一特定时间固定下来的,则该部分构成那个时间段的作品,又如果该作品是以不同的文本作成的,则每一文本分别构成单独的作品。[3]

---

〔1〕 刘春田. 知识产权法. 北京:中国人民大学出版社,2002. 49

〔2〕 史文清,梅慎实. 著作权诸问题研究. 上海:复旦大学出版社,1992. 54

〔3〕 美国版权法第101条

第二节

著作权法保护的对象

- 著作权的对象
  - 著作权法予以保护的对象
    - 一、文字作品
    - 二、口述作品
    - 三、音乐、戏剧、曲艺、舞蹈、杂技艺术作品
    - 四、美术、建筑作品
    - 五、摄影作品
    - 六、电影作品和以类似摄制电影的方法创作的作品
    - 七、工程设计图、产品设计图、地图、示意图等图形作品和模型作品
    - 八、计算机软件
    - 九、其他作品
  - 著作权法不予保护的对象
    - 一、依法禁止出版、传播的作品
    - 二、法律、法规及国家正式文本
    - 三、事实新闻
    - 四、历法、通用数表、通用表格和公式

著作权的保护对象一般就是指作者创作的作品，由于各国文化背景的不同，对具体的作品形式的定义也有所不同，美国版权法第一〇二条规定美国版权法给予保护的基本对象是："(a) 依据本版权法，对于固定于任何有形的表现媒介中的作者的独创作品予以版权保护，这种表现媒介包括目前已知的或以后发展的，通过这种媒介，作品可以被感知、复制或以其他方式传播，不论是直接的或借助于机器或装置。作者的作品包括如下各类：(1) 文字作品；(2) 音乐作品，包括所配任何歌词；(3) 戏剧作

品，包括所配任何乐曲；(4) 哑剧和舞蹈作品；(5) 绘画、刻印和雕塑作品；(6) 电影和其他音像作品；(7) 录音作品。(b) 在任何情况下，对作者的独创作品的版权保护，决不扩大到任何思想、程序、方法、体系、操作方法、概念、原理或发现，不论在这种作品中这些是以什么形式描述、说明、图示或体现的。"《日本著作权法》第十条规定："本法律中所说的著作物大体例示如下：(一) 小说、脚本、论文、讲演及其他语言著作物；(二) 音乐著作物；(三) 舞蹈著作物或哑剧著作物；(四) 绘画、版画、雕刻及其他美术著作物；(五) 建筑著作物；(六) 地图或具有学术性的图纸、图表、模型及其他图形著作物；(七) 电影著作物；(八) 摄影著作物；(九) 程序著作物。"

我国著作权法对保护的作品种类做了具体的划分，该法第三条规定："本法所称的作品，包括以下列形式创作的文学、艺术和自然科学、社会科学、工程技术等作品：(一) 文字作品；(二) 口述作品；(三) 音乐、戏剧、曲艺、舞蹈、杂技艺术作品；(四) 美术、建筑作品；(五) 摄影作品；(六) 电影作品和以类似摄制电影的方法创作的作品；(七) 工程设计图、产品设计图、地图、示意图等图形作品和模型作品；(八) 计算机软件；(九) 法律、行政法规规定的其他作品。"

一、文字作品

文字[1]的产生是人类文明开始的标志，文字是人类用来进行交际的约定俗成的可见符号系统。[2] 文字语言是人类进行思想感情交流的重要手段之一，文字打破了时间和空间的限制，使现代人不仅能知现在还能通晓过去，不但能知己还能了解彼。人类借助文字表达思想和情感，传播着人类的文明。文字作品是文学、艺术和科学领域内最广泛的一种作品形式。

文字作品是指除印象作品以外的用文字、数字或其他言辞或数字符号或标记表达的作品，不论体现这种作品的物体，例如书籍、期刊、原稿、

〔1〕 这里的文字所指的范围较为广泛，既包括远古时代的符号、图形，也包括我们所熟知的象形文字、甲骨文等等近代意义上的文字。

〔2〕 刘春田. 知识产权法. 北京：高等教育出版社，2003. 47

录音制品、影片、录音带、唱片或卡片的性质如何。我国《著作权法》中的文字作品是指小说、诗词、散文、论文等以文字形式表现的作品。鉴于文字作品形成时间早、应用领域广、是一种极为普遍的作品形式,各国著作权法都把文字作品列为首要的作品形式给予保护。可见文字作品的范围较为广泛,平时在广告中使用的广告词也可以包含其中。2002 年,成都皇城老妈酒店有限公司在自己的经营过程中,创作了“川人川味,蜀地蜀风;岁岁年年,滋味如一”等等广告词。并且其中的“川人川味,蜀地蜀风”作为其企业形象广告用语于 1999 年在四川省版权局进行了作品登记。北京皇蓉老妈火锅店在经营过程中对外发放的宣传品上也使用了皇城老妈酒店的广告词“川人川味,蜀地蜀风”等等。皇城老妈酒店认为皇蓉老妈火锅店侵犯其著作权,将其诉至法院。法院审理认为,皇城老妈酒店的广告词显示了其独特的企业文化和企业形象,是其在多年经营过程中摸索创作的,具有独创性,符合文字作品的构成要件,应当受到著作权的保护。可见作为企业标识性用语的广告词符合文字作品的构成要件。

二、口述作品

口述作品是指即兴的演说、授课、法庭辩论等以口头语言形式表现的作品。也有人称其为口头作品。既然是口述的作品就不像文字作品那样,作者的思想情感是通过一定的物质载体予以固定。国际条约中对这一类作品的保护主要还是遵从各国自己的原则,并没有统一的规定。

三、音乐、戏剧、曲艺、舞蹈、杂技艺术作品

音乐作品是指歌曲、交响乐等能够演唱或者演奏的,以音符、节奏、旋律等要素构成的,带词或者不带词的作品。

戏剧作品,是指话剧、歌剧、地方戏曲等供舞台演出的作品。它是把说唱与动作相结合的一种舞台表演作品。我国的戏剧艺术流传久远,是一门综合了文学、音乐、舞蹈灯光等多种艺术形式的表演作品。

曲艺作品,是指相声、快书、大鼓、评书等以说唱为主要形式表演的作品。曲艺是通过说唱相结合的方式来表达思想感情的一种艺术形式,也是我国独有的艺术形式。

舞蹈作品，舞蹈作品是指通过连续的动作、姿势、表情等表现思想情感的作品。舞蹈是一种人体动作的艺术表现。

杂技艺术作品，这是我国《著作权法》修改以后新增设的保护对象。杂技艺术作品是指包括杂技、魔术、马戏等形体动作和技巧表现的作品，也是一种艺术创作形式。

应当注意，我们所提到的音乐、戏剧、曲艺、舞蹈、杂技艺术作品并不包含表演者的表演，表演者对于作品的传播应当属于表演者权。

四、美术、建筑作品

美术作品，指绘画、书法、雕塑、建筑等以线条、色彩或者其他方式构成的有审美意义的平面或者立体的造型艺术作品。美术作品最普遍的形式就是绘画。需要注意的是，美术作品的原件和美术作品并不相同，对原件的所有不等同于对作品著作权的所有。

建筑作品，和杂技艺术作品一样，建筑作品也是我国《著作权法》修改以后新增设的保护对象。作为新的一类著作权保护的对象，“受保护的建筑作品既包括各种建筑物或类似建筑物，也包括为了建造这些建筑物而拟定的规划方案、设计图、草图、平面图和模型”。[1] 我国著作权法中所规定的建筑物作品是指以建筑物或者构筑物形式表现的有审美意义的作品。可见我国对建筑作品的保护仅仅限于建筑物本身，并未涉及相关的设计图纸、模型，等等。建筑设计图和模型也受著作权保护，它属于我国著作权法规定的第七类的保护对象。建筑艺术作品不仅是一种造型艺术，而且也是实用的社会物质产品。具有独创性是成为建筑作品的基本标准，一般的建筑物并不能成为建筑作品。

五、摄影作品

摄影作品是指借助器械在感光材料或者其他介质上记录客观物体形象的艺术作品。摄影本身就是一种技术，它需要摄影者对画面内容、光

---

〔1〕 [西班牙]德利娅·利普希克. 联合国教科文组织译. 著作权与邻接权. 北京：中国对外翻译出版公司，2000. 54

线、焦距、背景、时间、周边环境等有一定的把握。通常都是作者个性的体现。摄影作品有表现自然景观的,也有表现人物活动的。我国著作权法对二者都给予保护。

六、电影等视听作品

我国著作权法所称电影等视听作品是指摄制在一定介质上,由一系列有伴音或无伴音的画面组成,并且借助适当装置放映或者以其他方式传播的作品。美国版权法中对电影的定义是含有一系列有关联的图象,在连续放映时——如伴有声音,连同声音同时放映——给人以活动的印象的音像作品。电影是随着工业革命而出现的一种新的媒体传播手段,它将声音、图像、人物等等结合于一体,电影文学剧本是电影艺术的创作基础,再通过一定的编排和演员的表演,结合摄影、音乐、配音、剪辑,等等,其中包含了多项的创作过程,是许多作品综合而成的。我国 2001 年修改著作权法改变了以前此款关于“电影、电视、录像”的表述方式,而采用“电影作品和以类似摄制电影的方法创作的作品”的提法,主要是与国际通行的说法相衔接,另外也避免原有的“录像作品”与“录像制品”相混淆。

七、工程设计图、产品设计图、地图、示意图等图形作品和模型作品

图形作品是指为施工、生产绘制的工程设计图、产品设计图,以及反映地理现象、说明事物原理或者结构的地图、示意图等作品。工程设计图图形作品是指通过各种线条、图形绘制的用以描述工程构造的平面图纸。产品设计图是指通过各种线条、图形绘制的用以描述生产产品的构造的平面图纸。

模型作品是指为展示、试验或者观测等用途,根据物体的形态和结构,按照一定比例制成的立体作品。

八、计算机软件

计算机软件是指计算机程序及其有关的文档。计算机程序是指为了

得到某种结果而可以由计算机等具有信息处理能力的装置执行的代码化指令序列,或者可以被自动转换成代码化指令序列的符号化指令序列或者符号化语句序列。计算机程序一般可以分为源程序、目标程序、操作系统程序以及应用程序四类,同一计算机程序的源程序和目标程序为同一作品。文档,是指用来描述程序的内容、组成、设计、功能规格、开发情况、测试结果及使用方法的文字资料和图表等,如程序设计说明书、流程图、用户手册等。文档的内容中包含很多的技术信息,具有十分重要的经济价值和技术价值。计算机软件是随着计算机技术和网络技术发展起来的新的作品形式,在英国版权法中将计算机程序列为文学作品给予保护。而在我国是列为单独的一类作品形式给予保护,由于计算机软件的技术性强、发展变化快,使得各国对软件的保护形式也不尽相同,有采用版权法、专利法和商业秘密法的;也有采用单独立法的。我国国务院特别颁布了《计算机软件保护条例》予以保护。

九、民间文学艺术作品

民间文学艺术作品没有明确特定的作者,是由某社会群体创作的流传于民间的歌谣、音乐、戏剧、故事、舞蹈、建筑、主体艺术、装饰艺术等文学艺术形式。[1] 在教科文组织大会第二十五届会议(巴黎,1989 年 11 月 15 日)通过的《保护传统的民间文化建议案》中,传统的民间文化被定义为:“传统的民间文化是指来自某一文化社区的全部创作,这些创作以传统为依据、有某一群体或一些个体所表达并被认为是符合社区期望的作为其文化和社会特性的表达形式;它的准则和价值通过模仿或其他方式口头相传。它的形式包括:语言、文学、音乐、舞蹈、游戏、神话、礼仪、习惯、手工艺、建筑及其他艺术。”[2]可见民间文学艺术作品具有较强的民族性和区域性。对于民间文学艺术作品的保护,最早开始于 20 世纪 60 年代,1967 年突尼斯率先开始将民间文学艺术作品列入了著作权的保护范围。1976 年的《突尼斯著作权示范法》、1977 年的关于建立非洲知识

〔1〕 刘春田. 知识产权法. 北京:高等教育出版社,2003. 57

〔2〕 [西班牙]德利娅·利普希克. 联合国教科文组织译. 著作权与邻接权. 北京:中国对外翻译出版公司,2000. 65

产权组织的《班吉协定》都将民间艺术作品列为保护的对象。那么如果运用民间技法独立创作完成的作品是否应属于民间文学艺术作品？1997年，郭某编著出版了《中国民俗吉祥剪纸》一书，该书以图、文相兼的形式介绍了中国的民间剪纸艺术。其中，大量的剪纸图案都是郭某所作。1999年，国家邮政局出版发行了《2000年邮政贺年有奖名信片》，每套中有5副使用了《中国民俗吉祥剪纸》中的剪纸图案。郭某认定国家邮政局的行为构成了对自己著作权的侵犯，向法院提起诉讼。而邮政局认为，使用的剪纸作品具有民间性，应属民间艺术范畴，不适用著作权法。法院审理认定，郭某运用民间剪纸技法，自己独立创作完成的这五副剪纸作品，不属于世代相传、没有特定作者的民间文学艺术作品。因此，郭某应该是该五副剪纸的作者，其合法的著作权应该受到保护。

我国《著作权法》第六条规定："民间文学艺术作品的著作权保护办法由国务院另行规定。"尽管目前为止并没有确切的文本颁布，但是我国已将民间文学作品作为著作权保护的对象。特别是对于我国这样一个拥有56个民族的多民族国家，更具有5000多年的历史文化，在历史的发展过程中，各民族都创作了各种形式不同的带有本民族特点的文学艺术形式。如何合理地利用和保护这些文化遗产，弘扬中华民族几千年的文化传统，具有十分重要的现实意义。

十、法律、行政法规规定的其他作品

这是一条弹性条款，主要便于应对由于科学技术和传播手段的发展所出现的新的著作权对象予以保护。现今社会飞速向前、日新月异，计算机网络、新的传播手段、新的物质载体的出现会导致新的作品形式的出现。随着人类认识的深化，从著作权法保护形式而不保护思想的原则出发，设置这样的条款是十分有益的。

第三节

信息化时代著作权法保护对象的新发展

作为信息基本内容的作品，即著作权的客体，是指在文学、艺术和科学领域内，具有独创性并能以某种有形形式复制的智力成果。对此，无论是传统的著作权还是现代信息化时代的著作权，法律并无异议，但是进入信息化时代，作品的载体即表现形式却发生了很大的变化。一方面，传统著作权的表现形式并未走向消亡，而是继续发挥着其应有作用，并开始适应数字化技术发展，不仅有纸介质的产品，还有光电、磁介质产品，特别是发布在因特网上的数字化作品。另一方面，新的作品表现形式却不可阻挡地涌现出来，这不仅丰富了作品的种类范围，而且其规模数量的扩张都是惊人的。其传播速度及影响，不论是时间还是空间都不是过去农耕时代和工业文明时代所能比拟的。各国和地区立法者为回应网络数字技术对著作权的冲击，纷纷修订其著作权法，不仅美国、欧盟、日本等国和地区进行修订，世界知识产权组织也修订了著作权法的相关内容，如 1996 年出台的《WIPO 版权条约》和《WIPO 表演和录音制品条约》。

一、多媒体作品

多媒体技术不仅使人类创作和传播作品的手段有了新的拓展，而且使人们对作品的使用形态也随之发生改变。什么是多媒体？1992 年日本通产省调查会把多媒体定义为“利用数字技术将文字、图形、声音、图像等复合表现方法进行统一处理而有效表示信息的手段；并且使无线、有线、程序包等最适合的传递手段成为可能”。简言之，多媒体是使用数字技术，集文字、图形、图片、声音、动画、影像的多种表现形式，最终给用户展现出一个达到声、画、图、文并茂的特殊效果的动态界面。

我国学者认为多媒体作品的特征可归纳为:(1) 多媒体作品的制作方式特殊——其过程表现为一项系统工程。多媒体作品并非一般文本作品的汇编组合,其每个阶段都融入了不同创作人员的劳动,是文本编创、计算机软件开发及项目总体策划等多方面智力劳动的成果。(2) 多媒体作品的表现形式特殊。多媒体作品是文字、符号、声音、图像的二进制数码形式固定在某种载体上的产品,它不是传统的单一文本形式,其中包含了人的视觉、听觉所能感受到的各种信息。(3) 多媒体作品的信息传达具有"交互性"。即人们在使用多媒体作品时,不仅能看到文字,同时还能看到图像、听到声音,满足多种感官的需要。[1]

从多媒体作品的制作过程和使用方式看,多媒体作品理应受到著作权法的保护,因为它具有著作权法规定的独创性和可复制性。

然而正如日本学者所描述的那样,"现在著作权法的世界处于混沌的时代,而加速这种混沌时代到来的是多媒体的出现[2]"。多媒体涉及到的法律问题,首先是著作权法有无必要将其单独列为一类作品。持肯定意见的人认为基于多媒体作品的特征,特别是它的交互性,不同于传统作品;另外,电影既然可以成为单独的一类作品,那么多媒体也可以成为一类作品。持反对意见的人认为多媒体并没有改变其汇编作品的属性;而且多媒体技术还处在不断发展中,不宜过早规定多媒体作品。其二是多媒体作品制作过程中使用素材的著作权问题。多媒体创作不可避免地要利用大量的单一媒体信息素材,而这些素材,他人可能已依法享有著作权,按现行著作权法可能会限制多媒体技术的发展,因为多媒体创作面对的是大量不同来源的素材,如果要求制作者分别从著作权人那里一一取得许可,将需要花费大量的人力和时间,况且制作者往往很难完全掌握各种素材的著作权人的信息,即便一一取得许可,其费用之高,成本之大恐怕也难以承受,而且制作时每个素材的利用情况是有差别的,又造成许可内容、条件、费用的洽谈及许可合同等的复杂性。多媒体作品中使用素材有两种形式,一是不加变动地利用现有素材;另一是对原有素材进行改变利用或部分利用。无论是哪一种形式,为避免前述复杂性都必须联系相

〔1〕 吴汉东、胡开忠等.走向知识经济时代的知识产权法.北京:法律出版社,2002.104

〔2〕 中山信弘.数字时代著作权法的变化.外国法译评,1995(2)

应的著作权集体管理机构,专门处理多媒体制作和使用过程中原始素材的著作权问题,以调和权利人与使用人之间的矛盾。由于多媒体作品是多种信息、多种技术、多种内容的综合体,有时制作中常常涉及邻接权问题,因此操作不易。特别是如何取得著作权人的授权往往是国内外多媒体作者棘手的问题,而我国相应的著作权集体管理缺位,更易引起法律纠纷及侵权问题。其三是多媒体作品的作者之间及其与用户之间的权利问题。多媒体作品的复合性、系统性,作者的复数或群体性,就涉及作品使用中的统一授权和单独授权问题以及不同授权方式与使用者的联系问题。什么样的行为构成侵害多媒体作品的著作权呢?同业竞争者原封不动地进行盗版,显而易见是侵权;令人难以解决的问题在于用户的使用——因为用户可以原封不动地浏览文字、欣赏图像、聆听音乐、阅读小说,等等。另外,用户能十分容易地改变多媒体作品的内容。所以,由于对多媒体作品的利用方法的多样化及不固定,用户的利用行为就与多媒体作品的著作权行为之间存在权利冲突。那么,如何确定多媒体作品的合理使用与侵权行为之间的界限是多媒体作品保护的关键之所在[1]。

二、计算机软件的若干问题

计算机软件是指计算机程序及其有关文档。计算机软件作品前一节已述及,此处应注意根据国务院于 2001 年 12 月 20 日重新颁布的《计算机软件保护条例》第 4 条和第 6 条的规定,符合著作权保护条件的软件必须具有原创性和可复制性,即必须由开发者独立开发,并固定在磁带、磁盘、光盘等有形物体上;对软件著作权的保护不延及开发软件所用的思想、概念、发现、原理、算法、处理过程和运行方法等。[2]

由于计算机软件是人类脑力劳动的智慧成果,凝聚了开发者的大量时间和精力,是人脑周密逻辑性的产物,一般具有很高的社会价值和经济价值,加之其具有易复制、易改编、易盗版等特点,所以对其的法律保护是高新技术发展带来的主要问题。区别于著作权法保护的其他客体,软件

---

〔1〕 吴汉东,胡开忠等. 走向知识经济时代的知识产权法. 北京:法律出版社,2002. 105
〔2〕 薛虹. 数字技术的知识产权保护. 北京:知识产权出版社,2002. 3

作品具有技术性、依赖性、多样性和功能运行等特点，[1]其经常遇到的问题有：

1. 源代码与目标代码的问题

源代码和目标代码是计算机程序存在的两种方式，源代码是"用人工语言或自然语言编写的、反映设计人的思想，具有较强的可读性，但机器不可执行"。源代码最终被转换成规定的软件数据结构、属性以及相关需求语言形式；目标代码是指"语言将由一个翻译程序来处理，从而转换成机器可执行的指令形式"。源代码与目标代码是同一软件开发过程中不同的成果形式，二者具有不同的表达方式，分别具有独创性。因此，同一程序的源代码与目标代码应被视为分别具有著作权的同一作品的不同形式，应分别享有著作权；但同一计算机程序的源程序和目标程序为同一作品。

2. 反向工程问题

反向工程是软件开发与使用过程中常用的一种形式，即它是从软件的目标代码出发，通过反汇编的方式寻找源代码。关于软件反向工程的合法性问题，是国际上研究的热点。主张对反向工程严格限制、偏向于保护著作权人利益的观点认为，"出于开发和生产兼容性程序的目的，未经许可对目标代码程序进行反汇编或反编译，是侵犯著作权的行为"。但另有观点认为，"计算机软件的合法持有人，可不经过著作权人的授权，而进行观察、研究或测试软件的功能，以确定软件的思想与原则；在进行此项工作时，可以进行为此目的的表演、装载、展示、运行、传输或存储软件的行动"。即允许一定条件下的反向分析。欧盟计算机软件法律保护指令的有关规定，为合法软件及其合法复制品的所有人实施反向工程提供了依据，但反向工程所获得的信息不得用于独立创作程序以取得互动性之外的目的或给予他人，或用于开发、复制以及市场推广与该程序具有实质相似性之表达的程序，或为任何侵犯著作权的行为。[2]

3. 侵权判断标准及其认定

对于计算机软件的侵权问题的认定主要在于其判断标准。一般认

---

〔1〕 曲三强. 知识产权法原理. 北京：中国检察出版社，2004. 239

〔2〕 吴汉东，等. 高科技发展与民法制度创新. 北京：中国人民大学出版社，2003. 211 ~ 212

为，两件作品实质性的近似应作为是否侵权的判断依据；而何种程度成立“实质性近似”则主要有两种判断标准：一般人标准和专家标准。“前者是指身心健康的人立即、未经思考便直接反映出来，认为两件作品相似或相同；后者则是由专家进行技术鉴定来判定，包括所谓的‘模块标准’（pattern test）、平衡定义标准（definition balance test）、抽象标准等等”。这也被称为“实质性相似＋接触”的判断方法，即在普通计算机软件用户看来，如果两个软件从功能、结构、用户界面等方面难以区分，构成“实质性相似”，而且能够证明被告对原告构成侵权。还有一种缘于美国1990年第二巡回上诉法院Computer Associates Int'lv. Altai，Inc案而确定的判断计算机软件侵权的规则——三步测试法（three part test），[1]即“抽象（提取）——过滤——比较，也称三步判断法”（简称AFC分析法），即首先确定软件的独创性，过滤掉原被告软件中属于使用公有领域运用标准化等内容，其次将属于思想范畴以及思想表达同一性的内容抽象出去，最后对两个软件进行对比。一般来说，通过“三步判断法”可以确定原被告软件是否实质性相似，而通过被告是否实际接触过原告的软件，即可确定或推定被告是否构成对原告软件的版权侵权。例如，北京市中级人民法院审理的《中文之星1.1》软件著作权侵权案件就采用这样的侵权认定分析方法。目前，对软件作品的文字部分给予保护的问题已经解决，对其非文字部分的保护还有待进一步完善构成侵权的认定标准。

4. 计算机软件著作权合理使用的范畴

软件的合法复制品所有人享有下列权利：根据使用的需要把该软件装入计算机等具有信息处理能力的装置内；为了防止复制品损坏而制作备份复制品。这些备份复制品不得通过任何方式提供给他人使用，并在所有人丧失该合法复制品的所有权时，负责将备份复制品销毁；为了把该软件用于实际的计算机应用环境或者改进其功能、性能而进行必要的修改；但是，除合同另有约定外，未经该软件著作权人许可，不得向任何第三方提供修改后的软件。审判实践中，区分合理使用与非合理使用一般有四条标准：标准一，看软件作品是否合理取得，这是合理使用的基础。标准二，看使用的目的。合理使用的目的具有非商业营利性，如果使用的目

〔1〕 李扬.知识产权基础理论和前沿问题.北京：法律出版社，2004.239

的是为商业性营利，就不属合理使用的范围。标准三，看使用的数量。合理使用一般为少量的使用，所谓少量的界限根据其使用的目的以行业惯例和人们一般常识所综合确定。超过通常被认为的少量界限，即可被认为不属合理使用。标准四，看被使用作品的内容。不同内容的软件会有不同的使用范围，如合法取得某文字输入为内容的程序，未经允许就不能提供给他人。但某种加密软件，合法取得者在向他人转让自己的软件产品时，就可以附加取得加密软件。

应该指出，由于专利法对计算机软件的保护远较著作权法保护的程度高。所以，尽管对其专利性存在争议，但计算机软件的专利保护趋向日益明显，如美国等发达国家不断降低审查标准对软件专利大开方便之门。

三、数字化作品（网络作品）

数字作品并非我国著作权法所列举的作品，而只是泛指。当它和网络结合出现，就成为网络作品，数字作品与网络作品都只是一个类概念，而非严格意义上的规范的属性概念。可以说，所有通过网络传播的作品都是数字作品，但此处主要是讲诞生于网络的作品，指在互联网上出现的作品，既包括新作品，也包括传统作品的数字化。而后者实际就是一种复制权，但因其从纸质作品转化为网络作品，故也称为数字作品。具体讲，传统原创作品通过数字化上载到网络上，著作权人不仅享有原有的权利，还增加了新的权利——信息网络传播权。

数字作品是指以二进制数字编码为记载形式的作品。数字作品可以分为两类：一类是传统作品的数字化（模数转换）产生的作品；另一类是自创作之时，就以数字形式存在的作品，如电子数据库、多媒体作品等。数字作品有三个重要特征：

第一，数字性。用指令电子脉冲开和关的“0”和“1”可表示信息的两种相对状态（如图像的“黑”与“白”），用“0”和“1”的组合系列可表示信息的任何状态（如图像的“灰”）。换言之，数字技术能以二进制编码将各类作品、信息或数据分解与记载。因此，依作品的表现形式和载体的不同而划分的文字、美术、音乐、影像等作品，数字化之后都具有相同的本质属性，即数字性。这不仅从根本上打破了现有作品分类的疆界，而且在技术上实现了各种作品的相互结合,产生出多媒体作品。

第二,交互性。若数字作品的计算机驱动程序设置了人机对话的功能和界面,数字作品就表现出交互性。交互性被分成浅层交互性和深层交互性两个层次。浅层交互性的意义是指用户不再是信息的被动接受者,而可以自主地选择所访问的信息,决定访问顺序及进程。这与看书时翻动书页,观看录像时快进与重放是完全不同的。深层交互性是指用户不仅接受信息而且参与创造信息。创作者和受众之间的界限变得模糊乃至消除。信息双向交流促进了智力创造的无线延伸。

第三,可在线性。数字作品的传播有在线(on-line)和离线(off-line)两种方式。与通过载体流通作品的离线方式不同,在线传输是作品在计算机的服务器之间或服务器与终端之间的无载体转移。在"网络就是计算机"的时代,在线传输因远程、高速、巨量的特点,凸现传输优势。无缝(seamless)网络的发展,实现了在网络上传输包括文字、声音、图形和视像等多种表达形式的多媒体信息。在这样的技术环境下,计算机系统在世界不同地方的千万用户实现了信息资源的共享。随着商业性在线服务的兴起,网络传播大大拓展了作者的版权市场,但也增加了作品被擅自使用和盗版的风险。[1]

网络出版是指互联网信息服务提供者将自己创作或他人创作的作品经过选择和编辑加工,登载在互联网上或者通过互联网发送到用户端,供公众浏览、阅读、使用或者下载的在线传播行为。其作品主要包括:已正式出版的图书、报纸、期刊、音像制品、电子出版物等出版物内容或者在其他媒体上公开发表的作品;经过编辑加工的文学、艺术和自然科学、社会科学、工程技术等方面的作品。

网络作品具体是指通过数字化技术在互联网上运行的,具有独创性并能以有形形式加以复制的文学、艺术和科学智力成果,包括数字化的文字作品、美术作品、摄影作品、音像作品、视频作品、软件作品以及经过智力创作的网页等。网页是伴随网络出现的数字化作品的一种载体形式,是由 HTML 语言构建而成的文件,是文字、表格、图像、声频、视频交互在

---

〔1〕 杨志军.数字作品的版权保护研究.厦门大学法律评论第三辑.厦门:厦门大学出版社,2002.59

一起的集合体，是编排者经过精心选择并经过一定的智力创作、设计等演绎行为而成的汇编作品，它具备了新作品的产生基础，即具有“独创性”的实质要件，因此应纳入网络作品的范畴。

网络作品虽具备作品的特征，但因反映作品承载体的形式是在互联网上，所以在信息化时代，它已被赋予特定的含义。网络作品在形式上具有的数字化和不稳定性，并不影响它的著作权。最高人民法院关于计算机网络著作权纠纷案件适用法律的司法解释对“网络作品权”及其相关权利也表示认可。网络作品争议较多的为网页的著作权保护问题，如在北京百网公司诉北京新浪公司侵犯其网页著作权案〔1〕、天津星云网络科技开发公司诉被告上海海瑛服饰有限公司网页著作权侵权纠纷案〔2〕、厦门信达公司诉汤姆公司侵犯网页著作权纠纷案〔3〕中，原告的主张都得到法院的支持。法院认为网页符合作品构成要件，应当按汇编作品予以保护。

四、数据库(Databases)

作为人类生活和生产的重要资源的信息，随着网络化、数字化的发展，已成为一种巨大的财富资源。广泛的、海量的、不断更新的信息已经成为可以交易的商品。专门从事信息收集、整理、储存以及扩散的信息服务业也应运而生，并且成为经济社会中的一个支柱产业。数据库产品就是在这样的背景下产生的，并进而成为信息化时代著作权法律的保护对象。《TRIPs 协议》第十条第二款规定：“数据或者其他资料的汇编，不论是用机器可读形式还是其他形式，由于对其内容的选择或者编排而构成智力创作，应当受到保护。这种保护不延及数据或者资料本身，不应损害存在于数据或者资料本身的任何版权。”

数据库实际就是一种信息集合体(collections of information)，它是指围绕某一特定目的收集起来，由有序排列的作品、数据或其他材料组成的，并且能以电子或非电子方式单独访问的集合体。欧盟 1996 年的《数

〔1〕 参见北京市第二中级人民法院(2000)二中知初字第 54 号民事判决书。
〔2〕 参见天津市第二中级人民法院(2001)二中知初字第 5 号民事判决书。
〔3〕 参见北京市第二中级人民法院(2001)二中知初字第 135 号民事判决书。

据库保护指令》、美国 1999 年 10 月的《H. R. 354 法案》(《制止盗版信息集合体法案》)以及世界知识产权组织 1996 年的《数据库公约草案》,对数据库规定了大致相同的上述含义。有人认为受著作权保护的数据库就是汇编作品的一种,因此在相关的著作权法中不必再单列一种"数据库作品"。但是我们从上述规定中可以看出:不同于一般的汇编作品,数据库是数据或其他材料的汇编,也就是说,汇编的内容不仅限于作品,还可以是并未构成作品的数据或其他不受著作权保护的材料,因此在对数据库进行著作权保护时就需对著作权法作适当的调整。例如可以将汇编作品的内涵予以扩大,即不再限于作品或作品的片段的汇编,还可以包括其他不受著作权保护的数据或材料的汇编,这样做可以既适应信息技术的发展,也可以通过对著作权法局部调整,体现著作权法本身的发展性。

数据库作为信息社会的支柱产业,具有集合性、有序性、可访问性、信息容量的庞大性等特征,其投资和价值的巨大性、侵权的简便性要求法律给予强有力的保护。数据库的法律保护模式有著作权保护、合同保护、反不正当竞争法保护、技术措施保护、特殊权利保护之争。相比之下,欧盟数据库保护指令采取的版权保护和特殊权利保护这种双重的保护体制模式比较可取。数据库版权保护为数据库必须具备版权法的原创性才能获得版权保护,欧盟指令具体采用类似传统著作权法的立法模式,对数据库制作过程中作者在选择和编排数据过程中所表现的创造性成果进行保护,它明确规定了数据库权利人的一系列的排他性的权利,并规定了几种权利限制情形。[1] 数据库特殊权利保护(sui generis right protection)是为了适应数据库信息产业的发展而产生的。"sui generis"是拉丁词"独立一种或一类"的意思。在知识产权法领域,特殊权利保护被用来称呼既类似于又独立于版权、专利、商标等专门法律制度的知识产权保护制度。数据库特殊权利保护就是一种独立于版权保护的法律制度,它的根本目的就是保护数据库制作者在数据库上的投资。[2] 欧盟指令对数据库的特殊保护的保护期限为 15 年,自数据库完成当年 1 月份开始计算。

根据 WTO《与贸易有关的知识产权协议》第十条第二款规定:"数据

〔1〕 Directive article 5~6。

〔2〕 薛虹. 网络时代的知识产权法. 北京:法律出版社,2001. 93

或其他资料的汇编,无论以机器可读形式或其他任何形式,只要由于其内容经选编或整理而成智力创造,均应予以版权保护。这种保护不延及创意或数据等资料本身,也不损害选编或整理中的数据或资料本身已存在的任何版权”。受版权保护的数据库从作品属性上看,属于汇编作品;在内容的选择或编排上具有独创性;另外,版权只保护数据库具有的独创性的选择与编排,而对于组成数据库的数据不提供版权保护,他人可以进行任何目的的使用。版权不保护数据库中心内容,即不及于数据库的数据本身。这也体现了著作权思想与表达两分法原理的要求,也符合美国Feist一案中克雷(O’Connor)法官的判决阐述。[1] 独创性是授予版权的必要条件。它要求作品必须是作者独立创作完成的而不是抄袭他人的,为了获得版权保护,应当表现出最低限度的独创性。事实的汇编可能表现出必要的独创性,选择哪些事实,按什么顺序进行汇编,而且更加有利于使用者有效使用的方式进行汇编。但是随着计算机检索技术的进步,数据库内容的选择或者编排的作用将进一步降低,所以利用版权法保护数据库具有独创性的选择或者编排并不能达到数据库保护的真正目的。只要行为人的行为不涉及到数据库具有独创性的选择或者编排,版权法就不能制止他人复制或者使用数据库内容的行为。版权法对于数据库独创性的要求也会与数据库的实用性发生矛盾,增加数据库制作者的成本,会阻碍数据库产业的发展;如果为了数据库的保护放宽版权法对于独创性的要求,则将造成版权法与其他法律的混淆,从根本上动摇版权法的理论基础。此外,版权法要求的数据库在选择或者编排方面的独创性标准本身的含混不清也增加了版权法保护数据库的难度。版权法保护数据库存在的这些缺陷说明,仅靠版权法不足以保护数据库。[2]

由于著作权法对数据库投资者的保护太弱,而欧盟确立的数据库特殊权利保护模式太强,用技术措施来保护就成为一种自力救济手段。但技术措施不能给数据库设置一种私法上的财产权,甚至会阻碍信息的自由流通,因此不能单独利用来保护数据库。

《欧盟数据库保护指令》和《WIPO数据库公约草案》出台以后,在国

---

〔1〕 李扬.数据库法律保护研究.中国政法大学出版社,2004.33

〔2〕 同上.64

际范围内引起了广泛而深入的争论；数据库特殊权利的内容主要包括提取权和再利用权；数据库特殊权利之所以特殊，是因为相对于只保护独创性表达形式的著作权来说，它对思想内容又没有独占权，它不能禁止他人利用同样的思想内容制作同样的数据库进行产业上的竞争；从私权归类上看，数据库特殊权利并没有脱离知识产权的本质属性，仍然属于知识产权的范畴。

在晚于西方国家二十年后，我国也于20世纪70年代末期开始登记和开发数据库，并取得积极成效。但我国保护数据库的主要法律是新修订的《著作权法》，该法第十四条规定：汇编若干作品、作品的片段或者不构成作品的数据或者其他材料，对其内容的选择或者编排体现独创性的作品，为汇编作品，其著作权由汇编人享有，但行使著作权时，不得侵犯原作品的著作权。可见，我国目前对数据库采取的完全是《伯尔尼公约》、《TRIPs 协议》以及《世界知识产权组织版权公约》的保护模式，一是只保护原创性的数据库，二是采取著作权法的方法。显然，我国著作权法是不保护非独创性数据库的。如1991年"广西广播电视报社诉广西煤矿工人报社电视节目预告表使用权纠纷案"，1996年"北京阳光数据公司诉上海霸才数据信息有限公司案"等。从案件审判过程和审判结果看，保护数据库的法律不明确、不健全，严重影响到了审判的公正与效率。总之，我国数据库产业既面临着极好的发展机遇，也面临着严峻的挑战。随着社会信息化程度的加快，数据库产业的经济地位迅速上升，相关的版权保护问题会日益尖锐，我国数据库的法律保护现状不利于数据库产业的发展。我国应当建立数据库统一保护法，在保护方式上，应当借鉴《欧盟数据库保护指令》中的特殊权利保护模式和美国《H. R. 354 法案》的优点，采取特殊权利保护，既注重数据库生产效益的追求，也兼顾社会公共利益[1]。正确处理公平和效率的关系问题，准确把握数据库保护的立法方向，以保证在新的制度设计中不使著作权保护中的利益关系失衡。

---

〔1〕 李扬. 数据库法律保护研究. 中国政法大学出版社，2004. 318

五、集成电路

集成电路也是著作权保护的一种作品，但它又是不同于专利保护和著作权保护的一种新类型保护制度。其受 WTO《与贸易有关的知识产权协议》和《集成电路知识产权条约》的影响很大。在我国，2001 年，国务院颁布并实施《集成电路设计保护条例》（以下简称《集成电路条例》），建立了我国的集成电路布图设计保护制度。

根据我国《集成电路条例》第二条的规定，集成电路是指半导体集成电路，即以半导体材料为基片，将至少有一个是有源元件的两个以上元件和部分或者全部互连线路集成在基片之上，以执行某种电子功能的中间产品或者最终产品；集成电路布图设计（以下简称“布图设计”），是指集成电路中至少有一个是有源元件的两个以上元件和部分或者全部互连线路的三维配置，或者为制造集成电路而准备的上述三维配置。布图设计权利人是指对布图设计享有专有权的自然人、法人或者其他组织。

中国的自然人、法人或者其他组织创作的布图设计，依照“集成电路条例”享有布图设计专有权。外国人创作的布图设计首先在中国境内投入商业使用的，依照“集成电路条例”享有布图设计专有权。两个以上自然人、法人或者其他组织合作创作的布图设计，其专有权的归属由合作者约定；未作约定、或约定不明的，其专有权由合作者共同享有。受委托创作的布图设计，其专有权的归属由委托人和受托人双方约定；未作约定或者约定不明的，其专有权由受托人享有。

布图设计专有权的保护期为 10 年，自布图设计登记申请之日或者在世界任何地方首次投入商业利用之日起计算，以较前日期为准。但是，无论是否登记或者投入商业利用，布图设计自创作之日起 15 年后，不再受本条例保护。[1]

《集成电路条例》还规定了布图设计的登记，专有权的许可和转让，专有权的限制及法律责任。在我国，同半导体芯片保护很少发生知识产权诉讼一样，集成电路的诉讼也很少发生。这恐怕一方面与高新技术飞

---

〔1〕《集成电路布图设计保护条例》第 3 条、第 10 条、第 11 条、第 12 条等。

速发展,集成电路布图设计更新速度极快有关,另一方面,与操作中界定非商业使用的困难及善意的保护过宽有关。

六、电子商务等混合著作权作品

电子商务是建立在计算机和互联网基础上的新型交易方式,从网络作品角度看,它是既含有著作权内容又含有商业秘密等内容的混合体。具体讲电子商务是利用现有的计算机硬件设备、软件和基础网络设施,按一定的协议连接起来的电子网络环境下从事各种各样商务活动的手段,也就是"通过采用现代信息技术手段,以电子通讯网络代替传统交易过程中的纸介质信息载体来完成信息的存储、传输、统计、发布等环节,从而实现商品的生产、广告、销售和分配以及服务交易的完成,整个交易和交易管理等活动的全过程无纸化"。[1] 通常来看,传统的有形商务信息与版权并无多大关系,而更多属于商业秘密,但在互联网的世界,交易通过电脑进行,这就产生了电子商务(electronic commerce:EC)。作为一种新型的贸易手段,电子商务具有信息化,即电子商务的实施和权属依赖于信息技术;虚拟性,电子商务是在互联网数字化的电子虚拟市场达成交易;全球性,电子商务不受地理位置限制,面对全球开放;社会性,电子商务的参与者及运行规则均与社会相联系等特点。把现实生活中的市场搬到网上的"虚拟市场",有偿的信息服务成为电子商务中非常重要的贸易形式,与传统的实物贸易所不同的是,信息服务不仅可以在网络上完成合同的签订,而且还能在网络上完成信息的提供和价款的支付。

电子商务中的著作权问题是一个交叉的概念,它体现在各种著作权的表现形式中,如涉及数据库的著作权保护的重叠等。与著作权相联系的网上信息服务,就是将著作物上载于网络,通过授权使用的方式以获取收益的电子商务形式。但是,网络的技术特点也给了某些人可乘之机。他们往往把他人著作权的作品作为自己的作品,在网上出售以获取收益、或吸引众多的访问者和广告商以赚取广告费。另外,网络上的著作物很容易被侵害,著作权人在其合法权益无法得到保障时是不愿意将其作品

[1] 张楚.电子商务初论.北京:中国政法大学出版社,2000.11

上载至网络而进行信息服务的，而这对于信息服务的发展是不利的。为解决这个问题，一是按照著作权和《信息网络传播权保护条例》等法律法规的有关规定，支持著作权人的网络传播权，取缔、打击电子商务中侵犯他人著作权的行为；保护作者设置的技术保护措施，署名许可使用条件和标示权利信息等，禁止他人的非法解密行为；禁止对明知已改动的权利信息的作品的传播和复制。二是加强网络著作权的集体管理，成立专门的机构承担这项职能，著作权人欲使其作品通过网上信息服务以盈利，就必须在该机构登记；该机构就如同一个中介组织，负责在网络上发布交易信息、著作物使用人支付的使用费由其代为收取、向使用人提供“密码”（电子钥匙）、将使用费交付著作权人。

根据《TRIPs 协议》第十条第二款的规定和《伯尔尼公约》第二条确立的版权保护原则，即版权保护只延及表达的形式，而不延及表达的创意，任何属于智力创造成果的文字或其他信息表达，均属版权保护的范围[1]。在电子商务中商务信息的版权问题值得重视和保护，因为电脑存储的商务交易信息和经营政策不论是初始的商务数据或资料还是经过整理的也涉及到版权保护问题，如复制权等，应该成为防止“盗版”的法律保护的重心。应考虑防范的技术保护措施，信息的可获取性，侵权的证据采集与认定，司法管辖权等。

另外在 BBS（电子公告系统）、Blog（博客）等网络产品上，也涉及著作权问题，有人建议用“实名制”来解决。这涉及到其广泛的开放性、国际性、虚拟性和用户终端的分散性以及著作权的国际保护问题与网络技术的发展等问题，尚有待研究。

---

〔1〕 吴汉东，胡开忠等. 走向知识经济时代的知识产权法. 北京：法律出版社，2002. 107

第四节

著作权法保护对象的例外

著作权保护的对象是作品,但并不是是作品著作权就会给予保护。也就是说,有些作品是不受著作权保护的。总体来说著作权法保护对象的例外领域应包括,不受著作权法保护的作品和不适用著作权法保护的作品。不受著作权法保护的作品是指,不具备著作权法保护作品的合法构成要件,也就是说因作品当中存在违法因素,或是法律禁止出版和发行的作品,因而当然的不受著作权法的保护;所谓不适用著作权法保护的作品是指那些不具有独创性,或该作品本身的公用性色彩较为强烈,比如国家制定的法规、政府发布的决定、社会事实新闻等等。日本著作权法规定:"只是传播事实的杂闻和时事报道,均不属于著作权法所保护的著作物。"同时该法还认为"本法对于法条所列的著作物的保护,不涉及为完成该著作物所使用的程序语言、规约和算法。此时,这些词语的含义分别规定如下:(一) 程序语言:指作为表现程序手段的文字或其他符号及其体系;(二) 规约:指前项所规定的程序语言在特定程序中有关用法的专门规则;(三) 算法:指程序中对电子计算机的指令组合方法"。

一、依法禁止出版、传播的作品

出版权和传播权是著作权的一部分权能,是我国公民的基本权利,作为著作权的组成也是自动产生的。我国《民法通则》第九十四条规定:"公民、法人享有著作权(版权),依法有署名、发表、出版、获得报酬等权利。"我国《宪法》第三十五条规定:"中华人民共和国公民有言论、出版、集会、结社、游行、示威的自由。""当然,任何自由均有限制,所谓'权利是绝对自由的'的命题是虚假命题,在作品的创作与出版上亦如此。并非所有的作品均当然地、毫无疑问地会受到法律的保护。”[1]当作品所表现的内容与法律的规定相抵触或者严重地侵犯了他人的利益时，那么这些作品的保护就会受到限制。我们所说的一般意义上的依法禁止出版、传播的作品，通常指的是那些内容上有违反法律规定或原则的而被确定禁止出版和传播的反动、淫秽作品。这里要注意，对于这些作品并不是认定没有著作权，而是对于它的权利不予支持。

我国著作权保护的目的就是通过对作者权利的保护，激励广大作者的创作热情，不断地创作出健康有益的作品（作品的内容要积极向上）以满足广大人民群众的精神需求，从而促进整个社会的精神文明建设和善良风俗的形成。那么对于内容上有损人们身心健康的、对于不利于社会文明建设的要坚决地禁止出版和传播。例如，那些传播淫秽、反动内容的报刊、图书和电影；对社会国家制度进行恶意诋毁的、侮辱宗教信仰的作品，等等。如果对其视而不见，就会严重影响整个社会思想意识的导向，阻碍社会主义建设进程。我国《著作权法》第四条规定：“依法禁止出版、传播的作品，不受本法保护。著作权人行使著作权，不得违反宪法和法律，不得损害公共利益。”国务院《出版管理条例》第二十六条具体列举了10种禁止出版发行的作品：

“（一）反对宪法确定的基本原则的；（二）危害国家统一、主权和领土完整的；（三）泄露国家秘密、危害国家安全或者损害国家荣誉和利益的；（四）煽动民族仇恨、民族歧视，破坏民族团结，或者侵害民族风俗、习惯的；（五）宣扬邪教、迷信的；（六）扰乱社会秩序，破坏社会稳定的；（七）宣扬淫秽、赌博、暴力或者教唆犯罪的；（八）侮辱或者诽谤他人，侵害他人合法权益的；（九）危害社会公德或者民族优秀文化传统的；（十）有法律、行政法规和国家规定禁止的其他内容的。”

法律是一种社会制度，我们就要通过这种制度形成良好的社会秩序，那么一切损害社会秩序的行为，我们当然要给予制止。

---

〔1〕 费安玲. 知识产权法学案例教程. 北京：知识产权出版社，2004. 70

二、不适用著作权法保护的作品

我国《著作权法》第五条规定："本法不适用于(一) 法律、法规，国家机关的决议、决定、命令和其他具有立法、行政、司法性质的文件，及其官方正式译文；(二) 时事新闻；(三) 历法、通用数表、通用表格和公式。"

（一）法律、法规，国家机关的决议、决定、命令和其他具有立法、行政、司法性质的文件，及其官方正式译文

法律、法规，国家机关的决议、决定等等这些都是国家意志的体现，我国制定这些的目的就是要大众知晓、遵守，因此不需要限制这些文本的复制和使用。所以不适用著作权法的保护。近年来，随着信息技术的发展，行业标准或者是国家标准开始在技术行业中广泛采用，那么国家标准是否应受到著作权法的保护呢？在这方面的司法实践中还是经常会遇到一定的问题。1991 年，甲出版社出版了《劳动安全卫生国家标准资料汇编》一书，在该书中收录了乙出版社曾经出版的强制性国家标准和推荐性国家标准总和 34 个。乙出版社认为甲的行为对其构成了侵权行为，向法院提起诉讼。而甲出版社认为国家标准是由国家颁布的统一实行的，和法律、法规一样，不适用著作权法保护，以此认为自己并不构成侵权。法院审理认为，国家标准应分为推荐性国家标准和强制性国家标准，对于推荐性国家标准属于自愿采用的技术标准，不具有强制性，并且从这些标准的制定过程来看凝结了大量的智力创作，应该属于智力成果的范畴，具备作品的要件属于著作权法保护的范围；国家强制性标准是国家通过标准化管理机关依法组织制订的规范，具有同法律、法规一样的性质。因此，不适用著作权法的保护。可见对于国家标准的保护，具体的情况不同，保护也就不同。

（二）时事新闻

时事新闻是指通过报纸、期刊、广播电台、电视台、网络等媒体报道的

单纯事实消息。这种报道单纯事实消息的行为只是反映一定客观事实的存在,不属于创作的范畴,并且这类事实消息属于公共领域内发生的,属于公共信息,某个单位或个人的独占将不利于消息的快速传播,因此不适用著作权的保护。但是,如果是对这些时事新闻进行加工、整理,并且加入了一定的个人或组织观点予以报道的就应该属于创作的作品。

(三)历法、通用数表、通用表格和公式

历法是指推算年月日和节气等时间的方法,如阳历、阴历等。通用数表通常是指含有一定数字,并反映一定关系的图表,如三角函数表、常用对数表、元素周期表等。通用表格是指普通适用的、按一定项目绘制的分别填写文字或数字材料的表格。公式是指用数字符号或文字表示各个数量之间关系的式子,具有普遍性,适合于同类关系的所有问题。如数学中圆周率计算公式、勾股定理的计算公式,物理学中的万有引力定律计算公式等。由于这些都是属于常识性的知识,具有很强的社会使用性,是人类的共同财产,是社会发展的基础,因而不适用著作权法保护。

三、超出保护期限的作品

在我国著作权法中规定,公民的作品,其著作权法规定的权利的保护期为作者终生及其死亡后 50 年,截止于作者死亡后第 50 年的 12 月 31 日;如果是合作作品,截止于最后死亡的作者死亡后第 50 年的 12 月 31 日。法人或者其他组织的作品、著作权(署名权除外)由法人或者其他组织享有的职务作品,其著作权法规定的权利的保护期为 50 年,截止于作品首次发表后第 50 年的 12 月 31 日,但作品自创作完成后 50 年内未发表的,不再受法律保护。电影作品和以类似摄制电影的方法创作的作品、摄影作品,其发表权、著作权法规定的权利的保护期为 50 年,截止于作品首次发表后第 50 年的 12 月 31 日,但作品自创作完成后 50 年内未发表的,不再受保护。当作品超出我国著作权法规定的保护期限后,作品也就自然地成为公众的共有财产,这时对作品的使用既不需要征得作者的许可,也不用向作者或相关的组织支付报酬,当然作者的著作人身权利是没

有期限限制的，因此在使用作品时仍然要署明作者的姓名，同时要保持作品的完整性。

综上我们可以看出，属于社会公共领域内的作品，要经常为大众所利用，并且这类作品的产生，其目的就是为了让公众知晓、使用，从而促进知识的传播与交流，最终达到推动文学、艺术、科学技术的发展。因此我们可以这样推断，一旦进入公共领域的作品就不适用著作权法的保护。例如，超过保护期限的作品，由于过了保护的期限，成为了公共领域的作品即公众共有的财产，那么就可以善意地无偿适用，也就不适用著作权法的保护。

第二章

著作权的主体制度与归属

第一节 著作权的主体制度

著作权的主体制度
- 著作权的原始主体
  - 一、作者
  - 二、法人或其他组织
- 著作权的继受主体(通过继承、受赠、受让等形式)

著作权的主体也称为著作权人,是依法享有著作权的权利人,既可以是公民,也可以是法人或者其他组织。在这一点上,不同法系下的各个国家认同也不尽相同。在大陆法系国家中,通常都只承认自然人为作者,比如德国、法国;而在英美法系国家中,有的国家不仅认为自然人可以成为作者,同时认为法人也可以成为作者。例如,《英国版权法》第九条中指出:“作者是指创作人,但是在文学、戏剧、音乐或艺术作品产生自电脑的情况下,作者应当是对作品创作之必要安排承担责任的人。”显然,在英国不仅仅是自然人可以成为作者,法人或其他团体组织也可以成为作者。著作权的主体制度也就是有关著作权人的制度。通常著作权的主体分为原始主体和继受主体,原始主体一般是指作品的创作者,继受主体是指通过继承、转让或赠与等形式取得著作权的主体。确立著作权的主体制度有利于著作权贸易的开展,著作权人权利的明确是版权贸易的基础。我国《著作权法》第九条规定:“著作权人包括作者以及其他依法享有著作权的公民、法人或者其他组织。”通常著作权的主体分为原始主体、继受主体;按照国籍划分还可以分为内国人主体和外国人主体。

一、著作权的原始主体

著作权的原始主体是指作品创作完成后,依据法律规定或合同约定,在没有其他权利干扰的情况下对作品享有著作权的人。一般情况下,著作权的原始主体即作者,是指直接对作品进行创作的人。所谓的创作是指直接产生文学、艺术和科学作品的智力活动。那么在创作过程中,为他人创作进行组织工作,提供咨询意见、物质条件,或者进行其他辅助工作,均不能视为创作。可见创作是作者自身的智力活动,是将各种素材整合加工并且融入作者的思想情感的过程。当然我们的作者也并不局限于文学作品的作者,还有书画大师、摄影艺术家、作曲家、舞蹈的编导等等,都属于作者的范畴。

我国《著作权法》第十一条规定:"创作作品的公民是作者。"对此有学者认为应是自然人为好,公民是指拥有我国国籍,年满18周岁的自然人。那么如果一个不满18周岁的孩子创作出了一幅好的美术作品,但是由于年龄限制还不能成为公民,那么自然就不能成为著作权法所规定的作者。同时我国《著作权法》规定,著作权属于作者,因此这幅美术作品的著作权就不属于这个孩子,这又与著作权是基于作品自然取得相悖。综上,"创作作品的自然人是作者"的提法更妥。应当说明,创作能力和民法上的"行为能力"并不是同义语,即使是无行为能力的未成年人,如果他(她)进行了创作行为,并且产生了作品就能够成为著作权法中的作者。这在我们实践中经常看到的少年作家、儿童画家署名的作品即是如此。无论是大陆法系国家,还是英美法系国家都将作品创作的自然人认定为作者。对于作者的认定标准,我们认为应该至少满足三点:(1) 要具有一定的创作能力;(2) 实施了具体的创作行为;(3) 有作品产生。

同时我国《著作权法》还规定:"由法人或者其他组织主持,代表法人或者其他组织意志创作,并由法人或者其他组织承担责任的作品,法人或者其他组织'视为'作者。"

对法人或者其他组织被视为作者,在我国学术界颇有争议。有学者认为,作者是在直接创作的作品的基础上产生的,这种创作能力是自然赋予人类的一种特性,只有自然人才具有这种智力创造能力。法人或者其他组织作为一种组织体,其本身并不具有思维能力,没有自己的意志和情感,也不可能有自己的创作行为,所以从严格意义上说法人和其他组织不能成为作者,[1]而只能称为法定作者或伪作者。

[1] 丁丽瑛.知识产权法.厦门:厦门大学出版社,2002.51

也有学者认为,法人和其他组织作为一个整体,有自己的思想和意志,在他们主持和承担责任的情况下,其成员创作的作品体现的是本单位的思想和意志;随着科技的发展与进步,作为个体的公民面对高科技作品、集体攻关项目、大规模著作和耗资巨大的电影作品,其创作才能要受到财力、物力、人力的限制。这些作品由法人或者其他组织出面进行运作则容易得多,将它们视为作者,能较好地体现责、权、利统一的原则。[1]

二、著作权的继受主体

继受主体是指通过受让、继承、受赠或法律规定的其他方式取得全部或一部分著作权的人。[2] 对于继受主体而言,继受主体的存在并不是著作权原始主体存在的前提,但是继受主体所享有的著作权却要从原始主体那里通过某种方式取得,并且要以原始主体所享有的著作权的合法存在为基本条件。相对应于作者的完全或完整的著作权(包括著作人身权和著作财产权),继受主体拥有的著作权只是全部或部分的著作财产权。继受主体一般包括下列情形:(1) 国家、集体、法定继承人之外的人通过接受作者遗赠而取得著作权;(2) 继承人因继承而取得著作权;(3) 作者死亡后,继承人声明放弃继承权,或者没有继承人或受遗赠人,由国家或集体经济组织取得著作权。

此外通过合同关系法人或者其他组织可以取得部分的著作权,具体有:"(1) 委托作品的委托人在委托合同中约定取得著作权,委托人在作品诞生后成为著作权所有人;(2) 职务作品的作者单位根据我国著作权法第十六条(2)之规定取得除署名以外的著作权,成为著作权人;(3) 影视录像作品的制作者,根据我国著作权法第十五条(1)的规定取得除署名权以外的著作权,成为著作权主体。"[3]

国家在特殊情况下也可成为著作权的主体,依据我国著作权法和继承法的有关规定,国家成为著作权法的主体主要有以下几类:(1) 作者生前将作品的原件及著作财产权无偿地转让给国家,或者将已发表的作品

〔1〕 陈兴华. 知识产权法学. 昆明:云南大学出版社,2004.58
〔2〕 曲三强. 知识产权法原理. 北京:中国检察出版社,2004.107
〔3〕 冯晓青. 试论著作权法中的作者. 湘潭大学学报,1995(3)

的著作财产权无偿转让给国家;(2) 作者通过生前所立遗嘱,死后将其著作财产权赠送给国家;(3) 作者死亡后,继承人声明放弃继承权,或者没有继承人或受遗赠人,著作财产权由国家享有。

三、外国人的主体资格

对于外国人的主体资格而言,《伯尔尼公约》第三条规定:"(a) 作者为本同盟国任何成员国的国民者,其作品无论是否已经出版,都受到保护;(b) 作者为非本同盟任何成员国的国民者,其作品首次在本同盟一个成员国出版,或在一个非本同盟成员国和一个同盟成员国同时出版的都受到保护。非本同盟任何成员国的国民但其惯常住所在一个成员国国内的作者,为实施本公约享有该成员国国民的待遇。"我国著作权法第十一条规定:"创作作品的公民是作者。"这里的公民既包括我国公民,同样也包括外国公民。我国《著作权法》第二条规定:"中国公民、法人或者其他组织的作品,不论是否发表,依照本法享有著作权";"外国人、无国籍人的作品根据其作者所属国或者经常居住地国同中国签订的协议或者共同参加的国际条约享有的著作权,受本法保护";"外国人、无国籍人的作品首先在中国境内出版的,依照本法享有著作权";"未与中国签订协议或者共同参加国际条约的国家的作者以及无国籍人的作品首次在中国参加的国际条约的成员国出版的,或者在成员国和非成员国同时出版的,受本法保护"。

第二节

著作权的归属

- 著作权的归属
  - 著作权归属的一般原则
  - 特殊类型作品的归属原则
    - 一、合作作品
    - 二、职务作品
    - 三、演绎作品
    - 四、汇编作品
    - 五、视听作品
    - 六、委托作品
    - 七、美术作品

一、著作权归属的一般原则

我国《著作权法》第十一条规定:"著作权属于作者,本法另有规定的除外。创作作品的公民是作者。由法人或者其他组织主持,代表法人或者其他组织意志创作,并由法人或者其他组织承担责任的作品,法人或者其他组织视为作者。如无相反证明,在作品上署名的公民、法人或者其他组织为作者。"可见著作权属于作者,是著作权归属的一般原则;那么在现实生活中如何确定作者,通常的做法是如果没有相反的证明,在作品上署名的公民、法人或者其他组织即是作者。

二、特殊类型作品的归属原则

作品是作者的创作成品,是取得著作权的基础,但是有时创作作品的作者不一定会是著作权的所有者,这是基于一定特殊原因而产生的作品归属的特殊原则。我国著作权法主要规定了以下几类特殊作品的归属：

（一）合作作品

《美国版权法》第一〇一条指出："合作作品是指两名或多名作者创作的作品，其意图是把他们的创作部分合并成为一个单一体中的不可分割的或相互依存的部分。"在我国，合作作品是两名作者或者两名作者以上合作创作的作品。既然是共同创作，首先，就要有共同创作的合意，也就是双方要在思想上有共同的认识，其次，就是要有共同创作的具体行为。对于是否有具体的创作行为的认定，我国《著作权法实施条例》第三条规定："为他人创作进行组织工作，提供咨询意见、物质条件，或者进行其他辅助工作，均不视为创作。"也就是说，所谓的创作必须是实质性的创作行为。我国著作权法第十三条规定："没有参加创作的人，不能成为合作作者。"

对于合作作品的著作权归属，我国著作权法给予了明确规定，我国《著作权法》第十三条规定："两人以上合作创作的作品，著作权由合作作者共同享有。没有参加创作的人，不能成为合作作者。合作作品可以分割使用的，作者对各自创作的部分可以单独享有著作权，但行使著作权时不得侵犯合作作品整体的著作权。"我国《著作权法实施条例》第九条规定："合作作品不可以分割使用的，其著作权由各合作作者共同享有，通过协商一致行使；不能协商一致，又无正当理由的，任何一方不得阻止他方行使除转让以外的其他权利，但是所得收益应当合理分配给所有合作作者。"可见在我国，合作作品的著作权可以分为整体著作权和独立著作权，多数国家都认定合作作品的著作权有一定的可分割性，但是也有的国家认为合作作品的著作权是不可分割的。例如，《日本著作权法》中就认为，合作作品的著作权是不可分割的。《日本著作权法》第十二条中规定："合作著作物是指由两人以上共同创作，并且每人的创作成果无法分开单独使用的著作物。"在我国，对于可分割的著作权，著作权人各自独立享有，但权利的行使不得侵犯整体著作权；对于共有著作权而言，合作作品的共同享有应该包括按份共有和共同共有。著作权人按照各自创作的那一部分作品所应得的权利比例，分享权利和承担义务，即按份共有。

著作权按份共有的著作权人，在将自己的权利全部或部分转让时，其他共有著作权人在同等条件下有优先购买的权利。共同共有著作权，即共有的著作权人不划分各自对著作权所占有的份额，共同对合作作品享有权利和承担义务。在财产分割上一般采取平均分割原则。合作作者之一死亡后，其对合作作品享有的著作财产权无人继承又无人受遗赠的，由其他合作作者享有。

在合作作品中，将合作作品稍加改动后以个人名义发表，构成对他人著作权的侵权。张某于1990年4月去世，此人生前为厦门市第一医院耳鼻喉科主任医师。1989年，张某和当时同科的副主任医师欧某共同署名，在1989年第4期《福建医药杂志》上发表了一篇《耳源性脑脓肿12例治疗体会》的文章，厦门市第一医院1991年7月《医药资料汇编》上转载了该文。为参加在香港举行的第七届亚洲太平洋地区耳鼻喉科学术会议，欧某将该文在文字、数字上略加改动后，以《耳源性脑脓肿13例分析》为题，以个人名义报送会议，并于1991年12月参加会议时，在大会上以个人名义宣读了该文。该会会刊对该文作了摘要刊登，作者署名为欧某。张某之子张中当时也参加了此次会议，就该情况向厦门市第一医院作了汇报后，同时和第一医院一起要求欧某更正署名。但被欧某以该文原系他本人所写，并未侵犯张某的著作权，且会议已经结束为理由拒绝。为此，张某之子向厦门市思明区人民法院提起诉讼称：《耳源性脑脓肿12例治疗体会》是张某和欧某共同署名的作品，张某对此作品享有著作权。欧某个人署名的《耳源性脑脓肿13例分析》一文系对《耳源性脑脓肿12例治疗体会》个别数字、标题略加变动后而成，其宣读发表前文时未经张某的继承人同意，又不接受原告方要其更正署名的要求，侵犯了张某的继承人的权利，要求欧某停止侵害，向学术会议提出更正作者署名的声明，消除影响，公开赔礼道歉，赔偿精神、经济损失。

法院审理认为，《耳源性脑脓肿12例治疗体会》一文系张某与欧某共同署名，至于该文由谁执笔，并不影响两人共同创作的认定。欧某没有举出足以说明张某未参与合作创作的证据，故该文应认定为张某与欧某合作创作的作品。张某去世后，其对该作品享有的著作权依法应由其合法继承人继承和保护。欧某个人署名的《耳源性脑脓肿13例分析》与同张某共同署名的《耳源性脑脓肿12例治疗体会》内容基本相同，其未经张某的合法继承人允许即以个人名义在学术会议上宣读，构成侵权，应承担民事责任。

（二）职务作品

所谓职务作品，是指公民为完成法人或者其他组织的工作任务所创作的作品。职务作品的作者与所在单位之间存在劳动法律关系，因此，职务作品与公民所担任的职务紧密地联系在一起，它是雇员或工作人员为完成“工作任务”而创造的成果。即履行一定的职责所创作的作品。职务作品由于不同的情况会产生不同的归属。职务作品的一般归属原则同样是属于作者，但是法人或者其他组织有权在业务范围内优先使用。而且作品在完成两年内，不经单位同意，作者不得许可第三人以与单位使用的相同方式使用该作品。我国《著作权法实施条例》第十二条规定：“职务作品完成两年内，经单位同意，作者许可第三人以与单位使用的相同方式使用作品所获报酬，由作者与单位按约定的比例分配。作品完成两年的期限，自作者向单位交付作品之日起计算。”我国《著作权法》第十六条规定：“有下列情形之一的职务作品，作者享有署名权，著作权的其他权利由法人或者其他组织享有，法人或者其他组织可以给予作者奖励：(1)主要是利用法人或者其他组织的物质技术条件[1]创作，并由法人或者其他组织承担责任的工程设计图、产品设计图、地图、计算机软件等职务作品；(2) 法律、行政法规规定或者合同约定著作权由法人或者其他组织享有的职务作品。”

（三）演绎作品

演绎作品是根据一个或更多个原有的作品对其进行重新安排、改变形式和改编的作品，例如译文、乐曲改编、原作品改编成的戏剧、改编成的小说、改编成的电影剧本、录音作品、艺术复制品、节本、缩写本或任何其

〔1〕 根据我国《著作权法实施条例》第15条的规定，这里的物质技术条件，是指法人或者非法人单位为创作专门提供的资金、设备或者资料。

他的形式。凡作品内有编辑的修订、注解、详细解释或其他修改,作为整体成为作者的独创的作品均为演绎作品。依据我国《著作权法》规定,演绎作品是指改编、翻译、注释、整理[1]已有作品而产生的作品,可见演绎作品应该是一类作品的总称。它是在原有作品的基础上进行的二次创作,体现了再创作人的思想情感。例如,将文学艺术作品改编成电影、电视;对国外著作的翻译;等等。

对于演绎作品的权利归属,《美国版权法》第一〇三条规定:"编辑作品或演绎作品的版权仅限于该作品的作者撰写的部分,以区别于该作品中所使用的原有材料,而且并不意味着对原有材料有任何专有权利。这类作品的版权独立于原有材料的任何版权保护之外,也不影响或扩大原有材料的版权保护的范围、期限、所有权或存在。"我国《著作权法》第十二条规定:"其著作权由改编、翻译、注释、整理人享有,但行使著作权时,不得侵犯原作品的著作权。"这里的"不得侵犯原作品的著作权"不仅指在演绎作品中必须要表明原作品的名称和原作者的姓名,而且在进行演绎创作前必须征得原著作权人的同意。

(四)汇编作品

汇编作品是指汇编若干作品、作品的片段或者不构成作品的数据或者其他材料,对其内容的选择或者编排体现独创性的作品。通常所说的汇编作品有选集、期刊、报刊、百科全书等。在《美国版权法》中又将汇编作品称为集体作品,第一〇一条对集体作品的定义是:"集体作品是期刊、选集或百科全书之类的作品,由一些本身单独独立的作品所组成,汇编成一个集体的整体。"显然汇编作品是多个作品的汇集而成,汇编人通过对不同材料的编排以及独特的构思从而具有独创性。因此与其选取的素材相比是新的作品。

汇编作品同样是自作品创作完成后产生著作权,我国《著作权法》第

---

[1] 改编,是指在原有作品的基础上,通过改变作品的表现形式或用途,创作出具有独创性的新作品;翻译,是指将作品从一种语言文字转换成另一种语言文字;注释,是指对文字作品中的字、词、句进行解释;整理,是指对内容零散、层次不清的已有文字作品或者材料进行条理化、系统化的加工。

十四规定:“汇编作品的著作权由汇编人享有,但行使著作权时,不得侵犯原作品的著作权。”可见,汇编作品具有双重的著作权。即汇编作品的著作权由汇编人享有,汇编作品当中使用的素材作品的著作权由原作品的著作权人享有。

(五)视听作品

视听作品是指以类似摄制电影的方法创作的作品。我国《著作权法》第十五条规定:“电影作品和类似摄制电影的方法创作的作品著作权由制片者享有,但编剧、导演、摄影、作词、作曲等作者享有署名权,并有权按照与制片者签订的合同获得报酬。”

依一般的归属原则,电影作品的著作权应由作者享有,但是对于一部电影作品而言,它融入了各种不同的作品,例如,美工、背景设计、烟火、音乐、摄影,等等。因此,也就会产生不同的作者,有导演、编剧、作词、作曲、摄影等,但是除去音乐、剧本或美术作品外,大多数作者的创作作品又必须借助同一表现形式所体现出来,因而也就不能单独行使其著作权。

对于影视作品的权利归属问题学术界有三种不同的观点:一是认为应该归制片人享有,因为影视作品的创作是一种风险性很大的事业,需要大量的投资,各种风险责任一律由制片人承担,因此,权利的主体也应该是制片人。第二种观点认为应该归于导演所有,因为是导演按影视艺术的特点和要求自始至终对片子进行指导、创作。第三种观点认为应由导演、编剧、音乐、摄制、演员、舞蹈等诸多作者所共有,应属于一种合作作品。我国《著作权法》第十五条规定,电影作品和以类似摄制电影的方法创作的作品中除去导演、编剧、作词、作曲等作者享有署名权以外,其他权利转归制片者享有。《日本著作权法》对电影著作物的著作权的归属规定得十分详细,《日本著作权法》第二十九条规定:“著作人与电影制片人商定,参加该电影著作物的制作时,该电影著作物(不包括适用第十五条第一款、第二十九条第二款或第三款)的著作权归属于该电影制片人。第二款:广播事业者专门作为广播的技术手段而制作的电影著作物(不包括适用于第十五条第一款)的著作权中,下列权利都归属于作为电影制片人的广播事业者:(1) 播放该著作物的权利和用有线广播播放该著作物或使用接收设备公开传播该著作物的权利;(2)复制著作物、或向广播事业者颁布其复制品的权利。第三款:有线广播事业者作为有线广播的技术手段专门制作的电影著作物(不包括适用第十五条第一款)的著作权中,下列权利都归属于作为电影制片人的有线广播事业者:(1)用有线广播播放该著作物的权利和使用接收设备公开传播被有线广播播放的该著作物的权利;(2)复制该著作物或向有线广播事业者颁布其复制品的权利。"[1]

(六)委托作品

委托作品是依据委托人和被委托人的合同约定而创作的作品。《美国版权法》第一〇一条指出:"雇佣作品是指雇员在其受雇范围内所制作的作品;或经特约或委托的作品,用来作为集体作品的创作部分,作为电影或其他音像作品的一个组成部分,作为译文、补充作品、编辑作品、教学课文、试题、试题解答材料、或地图集,如各方以签署的书面文件明示同意则该作品应视为雇佣作品。"上述规定中的"补充作品"是指作为另一作者的某一作品的附属物而出版的作品,其目的是介绍、断定、用图解释、说明、修订、评注或协助使用该某一作品,例如序言、跋、插图、地图、图表、表格、编辑注释、乐曲改编、试题解答材料、书目、附录和索引;"教学课文"是为出版而制作的并以在系统的教学活动中使用为目的的文字、绘画或刻印作品。"我国《著作权法》第十七条规定:"著作权的归属由委托人和受托人通过合同约定。合同未作明确约定或者没有订立合同的,著作权属于受托人。"

最高人民法院《关于审理著作权民事纠纷案件适用法律若干问题的解释》(2002年10月15日)第十二条规定:"按照著作权法第十七条规定委托作品著作权属于受托人的情形,委托人在约定的使用范围内享有使用作品的权利;双方没有约定使用作品范围的,委托人可以在委托创作的

---

[1] 《日本著作权法》第15条(第一款):"按照法人或使用者(以下在本条中称为'法人等')的提议,从事该法人等的业务的人在履行职责时作成的著作物(程序著作物除外),该法人等以自己的名义发表这种著作物时,只要在其作成时的合同、工作规章中无另外规定,则该法人等视为著作人。"

特定目的范围内免费使用该作品。”第十四条规定：“当事人合意以特定人物经历为题材完成的自传体作品，当事人对著作权权属有约定的，依其约定；没有约定的，著作权归该特定人物享有，执笔人或整理人对作品完成付出劳动的，著作权人可以向其支付适当的报酬。”

（七）美术作品

美术作品，指绘画、书法、雕塑、建筑等以线条、色彩或者其他方式构成的有审美意义的平面或者立体的造型艺术作品。美术作品的载体形式相对较为特殊，这一类作品的复制作品相对较少，所以这些作品一旦作为商品交易的对象，往往会对权利的归属问题造成混乱，我国《著作权法》第十八条规定：“美术等作品原件所有权的转移，不视为作品著作权的转移，但美术作品原件的展览权由原件所有人享有。”可见作品原件的转移并不影响著作权人的权利，只是对于作品的展览权可由作品原件的所有人享有。倘若作品原件的所有人擅自使用其他著作权人的权利，也会构成侵权。

不同类型的作品的归属不尽相同，在司法实践中，汇编作品、职务作品与委托作品三者的正确区分在审判示例中是十分重要的。例如，王某在某县县志办公室工作，在任职期间按县志编委会的指示完成了《某县地名志》一书，同时王某还通过下乡采访，收集整理了“××的故事”。在某县县委和政府主持编纂的《某县县志》中采用了王某的“××的故事”和《某县地名志》的部分内容，同时县志编委还口头委托王某为《某县县志》提供部分初稿，王某将自己发表的《某县方言志》提供给编委会，同时还为《某县县志》提供了其他部分初稿，并且《某县县志》在“人口志”中采用了王某初稿的部分内容。在最后《某县县志》完成后，王某并没有获得相应的报酬，同时在编委名单中也没有王某的署名。因此，王某向法院提起诉讼认为县志编委会侵犯了自己的著作权。法院审理判定：王某对《某县县志》中的“人口志”和“社会志”中的部分内容享有全部著作权，对“××的故事”、“人口志”部分享有署名权。认为某县县志编委会的行为构成了侵权行为，要求向王某赔偿损失并且道歉。

在这个案例中，某县的县志属于汇编作品，该作品的著作权整体上属于县编委会，王某完成的《某县地名志》和“××的故事”是在其任职期间完成的，应属于职务作品，王某应享有署名权，《方言志》是王某的独立创作作品，因此享有全部的著作权，由于在《县志》中委托王某撰写的初稿中存在委托不明确，依照我国《著作权法》第十七条规定：“著作权的归属由委托人和受托人通过合同约定。合同未作明确约定或者没有订立合同的，著作权属于受托人。”

第三章

著作权的内容与取得

- 著作权的内容
  - 著作人身权
    - 发表权
    - 署名权
    - 修改权
    - 保护作品完整权
  - 著作财产权
    - 复制权
    - 发行权
    - 广播权
    - 展览权
    - 出租权
    - 汇编权
    - 放映权
    - 摄制权
    - 改编权
    - 信息网络传播权
    - 翻译权

第一节

著作权的内容

所谓著作权的内容，通俗的理解就是著作权的主体所享有哪些权利。当今世界上对于著作权问题主要以英美法系的“版权体系”和大陆法系的“作者权体系”为代表。英美等国的“版权体系”立法是以经济价值观为基础，认为版权是一种经济权利而且只是一种经济权利，在这些国家的版权法中并不注重对作者精神权利的保护。在英美法系国家，著作权的确立在于保护出版商的利益，进而鼓励商家对精神产品的投资。这些国家坚持"单一财产性质的传统观念"。[1]很少会顾及到作者的精神权利。而法德等国的"作者权体系"则以人格价值为立法基础,不仅保护作者的经济权利,同时也注重作者的精神权利的保护,在这些国家中版权分为作者的经济权利和精神权利。在"天赋人权"的影响下,大陆法系国家认为著作权是作者人格的体现,当然的要对作者的精神权利给予保护,所以大陆法系国家更倾向以作者的精神权利作为立法的重心,强调在保护作者人身权利的同时,对作者的财产权利加以保护。但是在大陆法系国家当中又分为"二元论"和"一元论",讨论的焦点主要集中在著作人身权和财产权能否分割。以法国为代表的国家坚持"二元论",他们认为著作权应是可分割的,应该具有相互独立的著作人身权和著作财产权;而以德国为代表的国家则坚持"一元论"思想,认为著作权是著作人身权和财产权的有机结合体,不能加以分割。

著作权是作者基于文学、艺术和科学创作作品产生的权利,作品是著作权产生的基础,著作权的内容与作品更是息息相关。首先,作品是作者人格的延伸,作品中体现了作者的个性,因此著作权应该体现作者的人身权利;其次,作品可以作为商品进行交易和流通,作者可以通过作品的传播获得利益,故作品又应该体现作者的财产权利。综上,著作权应该是人身权和财产权的合一。现今,世界上多数国家都承认著作权包括人身权和财产权。原《联邦德国著作权法》规定:"著作权保护著作人与著作之间的精神及人身关系并保护著作人对其著作的利用。"我国《著作权法》第十条规定:"著作权包括人身权和财产权。"

一、著作人身权

著作人身权即作者的精神权利,是指基于作者创作性的智力劳动成果(作品)产生的以人身利益为内容、不可转让的没有直接财产权利内容的权利。《日本著作权法》第五十九条、第六十条规定:"著作人人格权,属著作人个人享有,不可转让。即使在著作人死亡后,将其著作物提示或提供给公众的人,亦应同该著作人在世时一样,不得有侵犯该著作人人格

[1] 吴汉东.著作权合理使用制度研究.北京:中国政法大学出版社,1996.7

权的行为。但是,其行为性质、程度等因社会情况的改变等认为其行为不损害该著作人的意愿时,不在此限。”作品是作者人格的体现和延伸,或者可以说作品是作者人格、思想的外在表现。作者通过文字、图片或者声音将自己的思想感情固化,并通过不同的形式表现出来,从某种意义上来说,我们可以认为作品是作者思想和人格的凝聚,作者对于自己的思想和人格享有排他的权利。

人身权与财产权相对应,是民法上的概念。在民法上,人身权,乃人格权和身份权的合称,又称人身非财产权,是指民事主体依法享有的,与其自身不可分离亦不可转让的没有直接财产内容的法定民事权利。[1]从法理上来看,我们通常可以将人身权分为两类:一类是基于主体人身产生的人身权利,如姓名权、肖像权等;另一类是基于主体创造性的智力劳动成果产生的人身权利,如署名权、发表权等。[2]那么著作人身权(精神权利)从法理上理解,就当属于此类人身权。从中我们不难看出,著作人身权具有非财产性、不可转让性和绝对性等特征。

尽管著作权是一种特殊的民事权利,但是著作人身权与民法上规定的人身权还是有其自身的一些特点:(1)权利产生的条件不同,民法上的人身权是天赋人权的体现,从民事主体出生拥有到死亡结束;而著作人身权是要基于主体的创作行为,并且产生作品的前提下产生。(2)权利的内容不同,民法上的人身权是人格权和身份权的合称,内容上主要是肖像权、名誉权、生命权、健康权,等等;著作人身权主要是署名权、发表权、修改权和保护作品完整权。(3)保护期限不同,著作人身权的保护期限除发表权外是不受期限限制的;而民法上的人身权始于权利主体的出生,终于权利主体的死亡。

早期的著作权并不关注作者的人身权利,由于著作权是从版权(复制权或出版权)而来,所以早期的多数国家并不承认著作人身权,由此也就没有著作人身权的规定,可是随着著作权保护国际体制的逐步建立,著作人身权越来越多地得到了多数国家的认可。在大陆法系国家中作者的精神权利被认为是著作权的核心,通常认为,作者就作品所享有的权利是

〔1〕 王利明.民法.北京:中国人民大学出版社,2006.579－580

〔2〕 黄名述,等.民法学.北京:中国检察出版社,2002.439

先有的精神权利而后有的经济权利，甚至有人认为当作者的经济权利都不存在的时候，作者的精神权利仍然存在。《伯尔尼公约》规定："不受作者财产权的影响，甚至在上述财产权转让之后，作者仍保有主张对其作品的著作者身份的权利，并享有反对对作品进行任何歪曲或割裂或有损于作者声誉的其他损害的权利。"恰恰是由于精神权利的重要性，以及作品与作者人格的不可分割性，多数国家对作者的精神权利都给予保护。

多数国家都认为著作人身权包括发表权、署名权、保护作品完整的权利和收回作品权。因为它们都直接反映着作者与作品之间的不可割裂的"血缘"关系。这些关系不同于财产关系，惟有作者与作品之间才发生，是其他人无法替代的。[1] 尽管在《伯尔尼公约》中只规定了作者的署名权和保护作品完整权，但是作者的署名权和保护作品完整权恰恰是作者精神权利的精髓，作者的署名权是让外界知悉自己的基本权利，作品是作者人格的延伸，保护作品的完整其实就是保护作者人格的完整。在我国《著作权法》当中第十条对著作人身权也做了四种划分，分别是发表权、署名权、修改权和保护作品完整权。

（一）发表权

1. 发表权的概念

发表权指的是作者决定作品是否公之于众的权利和使用何种方式向外人公开的权利。即作者享有是否决定将其作品向外界公开、以什么样的方式、在什么时间、什么地点向外界公开的绝对的权利。发表权是作者的基本权利，也是作者享有其他权利的前提，如果一件作品完成后并未向外界公开，那么对应的作者的其他人身权利和经济权利，也就无法实现。所以说发表权是作者的首要权利。

所谓的公之于众就是要以某种具体的方式为不特定人所知晓，为不特定人所知晓也就是要求在知悉的人数和范围上有一定的量，而不是作者本人或者作者的亲属，再或是作者在小范围的权威人士之间的讨论等等。这就意味着作者要在一个多数的人群中传播，进而满足公众的合理

[1] 刘春田. 知识产权法. 北京：高等教育出版社，2003. 61

需求。公开的方式可以是单一的，也可以是多种多样的，可以是通过报刊广播，也可以通过公开表演，还可以通过公开展览，甚至是通过多种方式的结合。

在有了人数和具体方式的前提下，什么样的度才可以算是公开了呢？这也就涉及到了公开标准的问题。在公开的标准问题上各国的法律也都有详细的规定。例如，《美国版权法》第一〇一条规定："公开地演出或展出一个作品是指(1) 演出或展出作品的地点是向公众开放的地点，或聚集超出一个家庭及其社交关系正常范围的相当数量的人的任何地点。(2) 利用任何装置或方法向以上第(1)项规定的一个地点或向公众播送或用其他方式播送作品的演出或展出，不论能够收听收看该演出或展出的公众是否在同一地点收听收看以及是否在同一时间收听收看该作品的演出或展出。"《英国版权法》中对公开发表的规定较为详尽，对不同的作品作出了不同的规定。例如，在公开发表关系到文学、戏剧或音乐作品时，公开表演，或者被广播或收入电缆节目服务即算作公开发表；在关系到艺术作品时，公开展览或者载有该作品的影片被公开放映，再或者被收入广播或电缆节目服务即可作为公开发表；在关系到录音或影片的"发行"时，首次出版、广播或被收入电缆节目服务，或者关系到影片时，影片之首次公开放映都可算作公开发表。总之，就是要以一种公开的表现形式呈现给大众。

2. 发表与出版的关系

论及到作者的发表权就不得不注意发表与出版之间的区别。所谓的出版是指，制作并且向公众提供一定数量的原作品的复制品，是复制和发行的结合行为。在出版的过程中不仅使用了复制权同时也使用了发行权。《日本著作权法》第四条(1)规定："著作物得到发行，或权利人以及获得许可的人以上演、演奏、广播、有线播送、口述、展览或上映的方式向公众提供时，即视为发表。"同时《日本著作权法》规定："著作人有权向公众提供或提示其尚未发表的著作物。"《伯尔尼公约》第三条(3)规定，出版应理解为在其作者同意下出版的著作，不论其复制件的制作方式如何，只要复制件的发行在数量和方式上足以满足公众的合理需要。在一些作品中尽管已经达到了发表的要求即公之于众，但是却不能构成作品的出版。例如，《伯尔尼公约》第三条中规定："戏剧、音乐戏剧或电影作品的上演，音乐作品的演奏，文学作品的当众朗诵，文学或艺术作品的广播或转播，美术作品的展出及建筑作品的建造不是出版。”

发表的含义范围较之出版也显得更加宽泛，从形式上来说广播、放映、表演、展览等等这些形式都可以称为发表，当然出版也应该是发表的一种有效形式。总之，发表是指允许自己的作品公开，出版则是复制作者的作品并且公开作品的行为，如果我们把发表理解为一种允诺行为的话，那么出版就应该是一种传播行为。在出版的过程中本身就要行使作者的发表权。

3. 发表权与其他著作财产权利

我国《著作权法实施条例》第二十条规定：“著作权法所称已经发表的作品，是指著作权人自行或者许可他人公之于众的作品。”相反，如果在未公之于众前，那么作品就属于作者的个人私隐，对于私隐是否公开就是作者的自由，任何人不能干涉，所以对于作品是否发表、以何种方式、何时何地发表就是作者的一项根本权利，即作者的发表权。换句话说，我们可以认为发表权就是将作品公之于众的权利。发表应该是指公开性的发表，从内容上看，发表权是包括时间、地点、形式和范围的专有权利。[1]

从发表权的性质上来看，理论界存在着两种观点：一种观点认为，发表权是著作人身权的一部分，同时也是经济权利或财产权利的一部分；另一种观点认为，发表权仅仅是著作人身权的一部分，并没有财产权利的属性。毋庸置疑，发表权是人身权的范畴，但是发表权的行使也必然会为作者带来某些经济上的利益。例如，戏剧作品的表演，或者制作成音像制品，等等，这些都会给作者带来一定的经济收入。进而我们也不难得出，发表权中具有财产权利的某些属性，所以发表权应是兼有人身和财产属性的多元体。我们在行使任何一项财产权利的时候必然地会涉及到发表权的行使，这是因为财产权利的行使事实上就是要作者决定通过哪种具体的形式利用自己的权利，然而无论通过哪种形式使用权利都会将作者的作品公之于众，这本身也就是发表权的行使。例如，当作者决定公开表演自己的作品的时候，或者决定出版自己的作品的时候，都会将作品向公众公开，可见完全与财产权利隔绝的发表权是不存在的。显然，在作者第

〔1〕 丁丽瑛.知识产权法.厦门：厦门大学出版社，2002.79

一次行使自己的财产权利或者授权他人行使权利的同时就已经在同一时刻行使了发表权。正是基于此,很多国家在著作权法中并没有关于作者发表权的规定,而在那些作出了单独规定的国家当中,尽管发表权是精神权利,但在规定中对财产权利也予以保护。例如,我国《著作权法》对发表权的继承和期限问题都作出了与署名权、保护作品完整权和修改权不同的规定。我国《著作权法》规定:“作者生前未发表的作品,如果作者未明确表示不发表,作者死亡后50年内,其发表权可由继承人或者受遗赠人行使;没有继承人又无人受遗赠的,由作品原件的所有人行使。”“公民的作品,其发表权的保护期为作者终生及其死亡后50年,截止于作者死亡后第50年的12月31日;如果是合作作品,截止于最后死亡的作者死亡后第50年的12月31日;法人或者其他组织的作品其发表权的保护期为50年,截止于作品首次发表后第50年的12月31日,但作品自创作完成后50年内未发表的,本法不再保护。电影作品和以类似摄制电影的方法创作的作品、摄影作品,其发表权的保护期为50年,截止于作品首次发表后第50年的12月31日,但作品自创作完成后50年内未发表的,本法不再保护。”

同时,发表权作为一项专有权利在使用上只能够使用一次,作为一项精神权利,如果作者无限地使用其发表权就有可能干扰作品的有效使用和传播。基于著作权的社会利益本位,给予发表权一定的限制也是十分必要的。例如,对使用次数的限制,作者在使用了一次发表权后就不能再次地使用。发表权一般情况是不能转移的,并且也同样不能继承。我国《著作权法实施条例》第十七条规定:“作者生前未发表的作品,如果作者未明确表示不发表,作者死亡后50年内,其发表权可由继承人或者受遗赠人行使;没有继承人又无人受遗赠的,由作品原件的所有人行使。”这些都是对发表权的某些限制。

(二)署名权

1. 署名权的概念

署名权是指作者为表明身份,在作品上署名的权利。作品是作者的智力劳动成果,就像工厂生产的产品一样表明生产的厂家是厂家的权利,同样作者在作品上署名也是作者的基本权利。《伯尔尼公约》第六条(2)规定:“不受作者财产权的影响,甚至在上述财产权转让之后,作者仍保有主张对其作品的著作者身份的权利。”署名权不仅仅意味着作者在自己的创作作品上署名,可以署真名,也可以是笔名、假名,甚至可以放弃署名,同时不管著作权人的署名采用什么方式,都有权拒绝其他任何未参与该创作的人要求署名的权利,并且有权禁止他人冒用自己的姓名发表作品。例如,在《日本著作权法》第十九条中规定:“著作人有权在其著作物的原作上,或在其著作物提供或提示给公众时,署其真名或假名,亦可不署名。在将以该著作物为原作的二次著作物提供或提示给公众时,此种原作的署名权亦同。只要著作人无特别声明,使用著作物的人,可照著作人已署的称谓表示著作人的姓名。按照使用著作物的目的和状况,认为不会损害“著作人就是创作者”之主张的利益时,只要不违反惯例,可省略著作人姓名。”

2. 署名权的行使

署名权是作者精神权利的核心所在,作者通过在作品上署名,向外界表明了作者和作品的关系,作者与作品中所体现出的人格和精神品质的关系,作者在作品创作完成之初,两者之间就构成了一种天赋的关系,或者说是一种血缘关系,就像父子关系、母子关系一样。作者在自己的作品上署上姓名,作者拒绝他人在自己的作品上署上名字都是基于这样一种关系。作者的署名权的行使可以是积极的也可以是消极的,可以在自己的作品上署真实的姓名或者署笔名也可以不署名,即便是作者在作品上没有署名,也可在任何时间、任何地点行使作者的署名权。署名权的行使还可以是以消极的方式,如果在知道他人在自己的作品上署名,而自己并未主张权利视为放弃署名权,但是倘若此后作者主张了权利,仍然是可以的。

署名权是作者神圣的权利,不容任何人侵犯。2005 年,中国美术学院教授李以泰向法院起诉杭州雁南艺术品制作有限公司。作为该雕像的原作者,他认为,浙江绍兴鲁迅故里广场的一面境墙上所印的大幅雕像《鲁迅先生手持香烟凝视远方》侵犯了他的署名权。如果官司胜诉,这面标志着绍兴的景墙就有可能被拆除。这一案件被文化部评为 2005 年度十大知识产权侵权名案,最终在浙江省高级法院的主持下,双方达成调解协议。被告向李以泰赔偿25万元,并在墙上刻上作者的署名。可见,作为政府而言,在树立城市形象时,也不可侵犯作者的署名权。

署名权是确认该作品作者身份的重要法律依据,不仅向公众表明了作品的所有权人,亦向公众表明该创作引起法律责任的承担人。对于职务作品而言,法人或其他组织是著作权人,享有著作权,但是署名权由作者享有。署名权属著作权人的人身权利范畴,同发表权一样其权利不能转让、抵押、继承、赠与,一部作品的署名权,归作者永远享有。我国《著作权法实施条例》第十五条规定:"作者死亡后,其著作权中的署名权、修改权和保护作品完整权由作者的继承人或者受遗赠人保护。著作权无人继承又无人受遗赠的,其署名权、修改权和保护作品完整权由著作权行政管理部门保护。"

3. 署名权的限制

署名权的行使过程中,署名方式受到一定作品特定的要求,会存在一定的限制。通常情况下,署名一般是在出版物、音像制品、摄影作品上,这主要是遵从了一般署名的通用规则,作者对于自己的署名就应该接受。但是在有些作品中,如雕刻作品、建筑作品等一些实用作品上的署名,由于作品整体美感的要求,此时作者的署名就可能被限制署名或者以其他的方式署名,这样的署名我们可以称为"合理的署名"或者是恰当的署名。这样的署名方式可以看做是对作者署名的一定限制。

(三)修改权

修改权是指修改或者授权他人修改作品的权利,是作者对自己创作的已发表或者未发表的作品进行修改的权利。作者对自己创作的作品不仅可以对作品的立意、观念和文字上进行修改,还可以对已发表的作品收回进行修订。我国《著作权法》第三十三条规定:"图书出版者经作者许可,可以对作品修改、删节。报社、期刊社可以对作品作文字性修改、删节。对内容的修改应当经作者许可。"修改权不同于发表权和署名权,是可以转移的,一般经著作权人同意或者委托,著作权人以外的其他人也可享有对作品的修改权,但是受托人必须按作者的要求进行。并且不经著作权人同意,报社、杂志社可以对作品进行的修改有一定的限制,具体表现为:(1)对其错别字、明显的疏漏作文字修改和补充;(2)因篇幅的限制可作内容上的删减;(3)对该创作作品的引文进行校正修改。同时编辑在对作品作上述修改时,不能改变原作品内容,如果创作者不接受编辑的修改,编辑应尊重创作人的意见。创作人对已发表的作品也可以进行修改,但对其艺术作品的原件已经转让的,应事先征得受让人的同意。

(四)保护作品完整权

保护作品完整权是保护作品不受歪曲、篡改的权利,是作者精神权利的一种。保护作品完整权可以看做是作者修改权的延伸,保护作品不受歪曲、篡改不仅禁止对作品非合理使用的恶意修改,而且禁止他人在以改编、注释、翻译、制片等方式使用作品时对作品进行歪曲性的改变,破坏作品内容的完整性。作品是作者人格的体现,这种人格的体现主要在于作品的内容当中,尽管著作权是对作品的形式保护,但是作品是内容和形式的统一体,不能将两者分割来看,没有了内容的形式是空洞的,内容歪曲了的形式也会是扭曲的。所以,保护作品完整性就是保护作品形式的和内容的统一性。在《日本著作权法》第二十条中规定:“第一款:著作人有权保持其著作物的完整性和标题的完整性,不接受违背著作人意愿的修改、删改或其他改动。第二款:前款规定不适用于下列任何一项的改动:(1)根据第三十三条第一款(包括适用于本条第四款)或第三十四条第一款的规定,出于学校教学目的,而对著作物的用语和用词所作的不得已的改动;(2)由于建筑物的扩建、重建、修缮或更换图案的改动;(3)为了把不能使用的程序著作物在特定的电子计算机上得到使用,或为了使程序著作物在电子计算机上发挥出更好的功效,而对程序著作物所作的必要的改动;(4)除前三项外,按照著作物的性质及其使用目的和状况所作的不得已的改动。”

保护作品完整权是作者精神权利的一部分,由作者独立行使,同时对于判断侵权行为的标准也由作者自己掌握,也就是说由作者自己认定哪一种情形是对作品的歪曲、篡改和割裂。但是这种判断也不是随意的判断,倘若随意地由作者判断也有可能会导致权利的滥用。因此,对保护作品完整权给予一定的限制也是必要的。在《伯尔尼公约》中规定:对作品的歪曲、篡改和割裂，必须达到损害了作者声誉程度，即构成了对作者保护作品完整权的侵犯。由此编辑们对作品进行的必要的文字修改、建筑工人们对建筑物在建设过程中进行的必要的修改都是合理的修改，也就是说是一种善意的修改，这样的修改并未影响到整个作品的完整性，同时在大多数时候是被作者所接受的。在一些作品形式当中这样的善意修改可能会对作品作大量的删减和修改，例如，我们所熟知的影视作品，在这样的一种状况下一般认为一旦作者决定将自己的作品摄制成影视作品，也就意味着作者同意对自己作品做大幅的修改。我国《著作权法实施条例》第十条规定："著作权人许可他人将其作品摄制成电影作品和以类似摄制电影的方法创作的作品的，视为已同意对其作品进行必要的改动，但是这种改动不得歪曲篡改原作品。"

二、著作财产权

著作财产权也叫著作中的经济权利，是指著作权人利用作品并且获得一定的经济利益的权利。这里我们要注意这样一个问题，著作经济权利即著作财产权的享有者，不仅仅是作者享有，同时其他被授权的人同样地也可以享有，这是因为著作财产权是可以通过一定形式进行转让的，也正是因为有了这样的特性，权利人才可以在权利的转让中获得一定的经济利益。而在著作人身权中，就仅仅限定作者享有。著作人身权是作者的人格体现，由于二者之间的密切关系也就只能由作者享有。

著作财产权是著作权使用当中最为广泛的权利，也是与权利人的经济利益直接相关的权利，英美法系国家称之为 Economic Right。同时，英美法系国家的著作权，仅指著作权的财产权利。例如，《英国著作权法》第一条就开宗明义地说明："版权是一种财产权利。"[1]它主要包括复制权、发行权、出租权、展览权、表演权、放映权、广播权、信息网络传播权、摄制权、改编权、翻译权、汇编权以及应当由著作权人享有的其他权利。《美国著作权法》第一〇六条规定："版权所有者依据本法享有从事和授权从事以下任何一项行为的专有权利：(1) 将有版权作品复制成复制件

〔1〕 胡开忠. 知识产权法比较研究. 北京：中国人民公安大学出版社，2004. 99

或录音制品;(2) 根据有版权作品制作演绎作品;(3) 通过出售或所有权转移的其他方式,或者通过出租或出借,向公众发行有版权作品的复制件或录音制品;(4) 公开演出有版权的文字作品、音乐作品、戏剧作品和舞蹈作品,哑剧、电影和其他音像作品;(5) 以及公开展出有版权的文字、音乐、戏剧和舞蹈作品,哑剧及绘画、刻印或雕塑作品,包括电影或其他音像作品中的个别图像。”

可见,无论是著作人身权还是著作财产权都有很强的排他性,也就是说,在未经作者的许可和授权的情况下,任何利用作品获得经济利益的行为都将构成对作者权利的侵犯;作者利用自己的作品或者授权他人利用自己的作品从而获得相应的经济利益,同时还可以转让自己的权利而获取经济利益。作者通过自己的作品获利,这既极大地鼓舞了作者的创作热情和积极性,进而对整个社会的文化事业发展也是十分有益的。

财产权利在出版产业当中的重要性也是不容忽视的。一部好的文学作品或者好的影视作品要得到大家的认可就必然要通过各种形式向公众展示,那么出版公司或者出版企业就恰恰在公众和作者之间扮演了一种中间人的角色。作者通过与出版企业签署协议,出让一定的经济权利,并向出版企业提供作品由出版企业批量地出版发行,以达到向公众传播的目的。同时,作者和出版企业都利用各自的财产权利获得一定的经济利益。

著作财产权的内容范围较之著作人身权更加广泛,从形式上来看,涉及发行、复制、表演、展览、广播、摄制、翻译,等等。随着人们利用作品的方式的发展,财产权利的内容也在不断地发展和变化着。比如,在网络技术发展的今天,信息网络传播权就已经被列入了我国著作财产权的内容之中。在各国规定的具体内容上由于各国的政治、经济、文化的差异,规定也不尽相同。例如,在《日本版权法》中规定著作权人享有复制权、上演和演奏权、广播权、有线播放权、口述权、展览权、上映和颁布权、借贷权、翻译权和改编权。在我国,著作权法对著作财产权利主要划分为复制权、发行权、出租权、展览权、表演权、放映权、广播权、信息网络传播权、摄制权、改编权、翻译权、汇编权,等等。

(一) 复制权

复制权是指以印刷、复印、拓印、录音、录像、翻录、翻拍等方式将作品制作一份或者多份的权利。复制权可以说是其他财产权利实施的基础，因此，复制权对于权利人来说是一项十分重要的财产权利。复制是使作品能够广泛传播和使用的重要手段，作者著作权集中体现在行使复制权上。复制通常指以印刷、照相、复写、影印、录音、录像或其他行为做成同一有形复制物，如将文书加以手抄、印刷、照相，将绘画、雕刻加以摹拓，将录音带、录像带加以翻版录制，等等。在《英国版权法》中不同的作品形式的复制是不同的，例如，在《英国版权法》第十七条中规定："(1) 对作品进行复制是每一种版权作品之版权都禁止的行为；本编所涉及的复制及复制件应按下列规定作出解释。(2) 关系到文学、戏剧、音乐或艺术作品，复制系指以任何物质形式再现作品。此种复制包括利用电子手段将作品存贮于任何介质中。(3) 关系到艺术作品，复制包括对平面作品所进行的立体复制以及对立体作品所进行的平面复制。(4) 关系到影片、电视广播或电缆节目，复制包括将构成影片、广播或电缆节目之任何影像的全部或任何实质部分拍成照片。(5) 关系到版本之版面安排，复制系指对该安排进行照搬拷贝。(6)对任何作品的复制都包括制作暂时性的或附属于作品其他用途的复制件。"

复制权是一项非常重要的著作财产权利，在最初的《安妮女王法令》中就明确规定，再次印制自身所有的书籍时享有独占权。可见，复制权是较早得到各国认可的权利，但是，由于各国具体国情的特点，对复制和复制权的理解也不尽相同。总的来说，对于复制的理解有以下几种：① 不改变原始载体的情况下的复制，例如复印、影像等等；② 将无载体的以有载体形式固定下来，比如将演唱的歌曲进行录音，录像等等；③ 将平面的变为立体的或着变成多维的。复制的目的就是为了制作一份或多份与原作品相同的副本，制作的目的更多的是为了传播，同时获取经济利益。从现代意义上来看复制本身就是一种生产行为，生产的目的很简单，就是要销售，从而实现商品的价值。因此，复制权通常是与发行权和广播权一同使用。

由于复制权与财产权利结合得较为紧密，因此，擅自复制他人作品构成侵权。1991年10月，北京市海淀区微宏电脑软件研究所（下称微宏研究所）开发完成了unfox软件，并于1992年6月15日取得计算机软件登记证书，登记号为920009。登记证书载明：著作权人系微宏研究所，推定自1991年10月21日起享有该软件著作权。该软件登记情况已于1992年6月16日在《中国计算机报》上向社会公告。微宏研究所自1991年10月起向社会销售编有加密程序的unfox软件。1992年9月间，北京中科远望技术公司（下称远望公司）下属的黑马产品部未经微宏研究所许可，将unfox软件列入其软件产品目录，在全国计算机产品展销会上向外报价推销。又于9月28日—11月9日现场复制已经解密的unfox软件，并以380元、340元的价格向外销售两盘，销售货款入远望公司账户，出具的发票加盖了远望公司财务专用章。1992年11月9日，微宏研究所起诉至北京市海淀区人民法院，认为远望公司未经其许可，将unfox软件列入自己的产品对社会宣传，并且自行销售不加密的unfox软件，影响了其销售市场，故请求判令远望公司停止侵害、公开赔礼道歉、赔偿已发生的销售损失及将发生的销售损失共186 057.99元。

海淀区人民法院经审理认为，微宏研究所对其开发并已登记注册的unfox软件享有著作权，远望公司未经微宏研究所许可，公开把unfox软件列入其软件产品目录向外报价推销，并且采取现场直接复制方法对外销售解密的unfox软件，该行为违反了《计算机软件保护条例》的规定，侵犯了微宏研究所对unfox软件享有的著作权。微宏研究所起诉主张判令远望公司停止侵害、公开赔礼道歉、赔偿损失，应予支持，

（二）发行权

发行是指为满足公众的合理需求，通过出售、出租等方式向公众提供一定数量的作品复制件。[1] 例如音像制品、书籍等等。发行权，是以出售或赠与方式向公众提供作品的原件或其复制件的权利。既然是向公众提供，那么自然作者也就享有许可或者禁止他人向公众提供作品原件或

〔1〕 曲三强. 知识产权法原理. 北京：中国检察出版社，2004. 123

者复制件的权利。

一般认为,作品复制后,如果不向社会发行,就限制了向社会传播作品,不能很好地满足公众的合理需求,也无法实现复制作品所追求的经济利益。因此,发行权是一项重要的财产权利。[1]《美国著作权法》第一〇六条规定对发行所作的解释是:"通过出售所有权转移的其他方式,或者通过出租或出借,向公众发行有版权作品的复制件或录音制品。"[2]目前常见的发行权还是主要指以出售方式向公众提供作品复制件的权利,例如音像、影视作品的发行权。一般情况下发行权是以复制权为前提的,发行的基础要有大量的复制品,换句话说复制的目的就是发行。因此,往往发行权是隐含在复制权当中的。

在多数的时候发行仅仅是就作品的复制件而言。发行一词在著作权法当中的含义较为广泛,图书、美术作品可以称为发行,影视作品、录音制品也可称为发行,甚至对于摄影作品或者是计算机软件的销售都可称为是发行,从一定范围上讲,我们通常所说的出租和出借也可以称为是发行。在发行权当中也存在权利用尽的问题。发行权的权利用尽是指,一旦他人合法地获得了作品的合法复制品后,如果该复制品的占有人进一步地销售、转卖、转租或者是以其他的方式处置该复制件,著作权人不能干预。可见,发行权仅仅是作者第一次公开发行自己的作品,同时获取报酬的权利。也就是说,在作者第一次使用了发行权后,就不能再干预他人对自己作品复制件的处置。《世界知识产权组织版权条约》第六条规定:"文学和艺术作品的作者享有通过销售或其他所有权转让的形式向公众提供其作品原件和复制件的专有权利;在作品的原件或复制件经作者授权首次销售或以其他形式转让所有权之后,上述权利不再适用。对此本条约没有约束。"当然事事并非绝对的,发行权的权利用尽也存在特例,比如计算机软件、影视或录音作品的复制件,合法获取上述作品的持有人,就不能将上诉作品出租。

发行权的平行输入问题也是目前发行权中受到瞩目的问题,发行权的平行输入是指,著作权人可以禁止其他国家的该著作权人享有的作品

---

〔1〕 吴汉东.知识产权法学.北京:北京大学出版社,2005.721

〔2〕 胡开忠编著.知识产权法比较研究.北京:中国人民公安大学出版社,2004.110

的复制件进口到本国。比如一个中国人在中国授权他人享有自己作品的发行权,同时授权另一个人在日本享有该作品的发行权,但是第三人在日本买到了该作品的复制件,将其进口到中国,此时该作品的作者就可以禁止复制件的进口。可见,发行权在日本的用尽并不会影响到该权利在中国的用尽。也就是说,发行权在某一国的用尽不会影响到在其他国家和地域的用尽。

谈及发行权与出版的关系,我们在前面已经阐述过。出版是复制和发行的结合,在一般情况下我们将出版社、唱片公司等对作品的复制、发行称为出版。这种出版显然是在特定的领域内,例如,计算机软件、音像作品、文字作品,等等。随着网络技术的发展,作品不仅仅是通过传统的形式进行传播,互联网络上的传输也已经变得十分的普遍。但是将作品从网络上的一个终端传到另一个终端是否可以视为发行,多数的学者认为,发行的是作品的复制件,发生了载体的转移。但是,这种网络上的数据或信息传输,没有载体的实际转移,所以,对于这样的信息传输是否可以作为发行的发式还有待进一步的探讨。

(三)出租权

出租权是从发行权之中衍生出来的权利。在我国1991年的《著作权法》中只是作为一种发行方式,而在2001年修订时,根据国际上的发展趋势,增加了出租权。我国《著作权法》第十条第(七)款规定:"出租权,即有偿许可他人临时使用电影作品和以类似摄制电影的方法创作的作品、计算机软件的权利,计算机软件不是出租的主要标的的除外。"

作品的出租权,即著作权人有偿许可他人临时使用作品的原件或复制品的专有权。临时使用就是指出租或是出借作品的原件或复制件,供承租人在租期或借期内使用。关于可供出租的作品,《TRIPs协议》第十一条规定至少是计算机程序和电影作品,意思就是说也可以包括其他作品,这应由各成员自己决定。WIPO《版权条约》也有大体相同的规定。我国《著作权法》根据国际社会的发展趋势和本国的实际情况,规定出租的作品为电影作品、以类似摄制电影的方法创作的作品和计算机软件(计算机软件不是出租的主要标的的除外)。这些作品的原件及复制品,即可以作为有形物体投放流通的固定的复制品,都可以出租。所谓以类似摄制电影的方法创作的作品,是指作者授权他人以类似摄制电影的方法,通过独创性的智力劳动,将已有的作品转化而成的电视作品、录像作品以及固定在载体上的其他作品,如VCD、DVD等。和电影作品一样,制片人对于这种作品是享有著作权的。它们不是一般的录音或录像制品。一般的录音或录像制品也是出租权的客体,不过那是录音录像制作者的出租权的客体,属于邻接权的范畴。二者是有区别的,不可混同。[1]

欧盟1995年的"绿皮书"建议用出租权来调整网络传输,它认为"出租权"的范围相当广泛,足以把网络上的"点对点"的传输和按需提供影像等行为包括在内,以电子形式出租作品或其他受保护客体与店铺里的出租相同,应当适用同样的权利和法律规则。但这一建议存在更大的理论障碍,因为出租权的客体是作品的原件和复制件,这里的复制件是指有形物体,不包括网络上的复制;另外,大多数网络传输服务提供的信息并没有时间限制,这与欧盟自己于1992年颁布的《出租权与出借权指令》中所规定的出租权存在根本冲突,因为该指令明确规定出租是在有限时间内提供使用。这种质疑在1996年世界知识产权组织颁布的两个条约中就得到了反映,在这两个条约所附的声明中,都主张"出租权采取和发行权同样的解释,只适用于被固定的能够作为有形物投入流通的复制件的出租"。因此,出租权能否适用于网络传输同样取决于对"复制件"的解释:既然我们已经认定作品在网络上的传输属于著作权法意义上的作品复制件的发行,那么我们就没有理由将暂时复制件排除在出租权的客体之外。换言之,如果承认网络上的一切行为——上载、浏览、缓存(离线浏览)、下载均构成著作权法意义上的复制,那么,不把网络传输纳入出租权的范畴将损害权利人的利益。至于"出租是在有限时间内提供使用"的问题,似不应成为理论上的障碍,因为我们完全可以通过一定的技术措施,将著作权作品在网络上的传输限定在一定的时间之内,让用户在付费之后,于此段时间内得以使用该作品,从而保护权利人的出租权。出租权作为著作权中一项重要的授权,它理应随着网络传播条件的变化而调整。即它虽未产生新的产品,但载体和使用手段的变化,却可以产生新

〔1〕 汤宗舜.著作权法原理.北京:知识产权出版社,2005.75

的权利或延伸版权的保护范围。

（四）展览权

展览权，即公开陈列美术作品、摄影作品的原件或者复制件的权利。展览权的行使可以由著作权人本人行使，亦可由著作权人委托他人行使，美术作品和摄影作品原件所有权的转移，不等于作品著作权的转移，但是作品的展览权应由作品原件所有人享有。展览不仅是作品的原件也可以是作品的复制件，在《美国版权法》一〇一条中规定："展览一部作品是指直接展示，或者以胶片、幻灯、电视形象或其他的设备或程序来展示作品的复制品，或者在涉及电影或其他影视作品时，以非连续的方式展示单个的画面。"

在互联网技术的条件下，展览已经更多地从展览馆走入了网络。今天我们可以在网络上看到很多精妙的设计图样，由于图形技术的发展还可以在网络上看到甚至3D的图形式样，也同样地可以看到立体的美术作品。

（五）表演权

表演权，即公开表演作品，以及用各种手段公开播送作品的表演的权利。表演者可以利用声音、道具、肢体语言、音乐背景等各种手段在舞台上再现原创作品的内容。表演是对他人作品一种新的形式的再现。例如，将文学作品以朗诵或舞蹈的形式加以表现。表演者是原创作品的使用人，我国《著作权法》第三十六条规定："表演者使用他人作品演出，表演者（演员、演出单位）应当取得著作权人许可，并支付报酬。演出组织者组织演出，由该组织者取得著作权人许可，并支付报酬。使用改编、翻译、注释、整理已有作品而产生的作品进行演出，应当取得改编、翻译、注释、整理作品的著作权人和原作品的著作权人许可，并支付报酬。"我国《著作权法实施条例》第三十三条规定："外国人、无国籍人在中国境内的表演，受著作权法保护。外国人、无国籍人根据中国参加的国际条约对其表演享有的权利，受著作权法保护。"表演权可以是著作权人自身行使也可是授权他人表演著作权人创作的作品。

表演既可以是舞台表演，例如，诗朗诵、舞蹈、相声，等等，又可以是一种通过机械设备的表演，比如，电影、电视、广播台的广播，等等。在《伯尔尼公约》中对此也作出了相应的规定，公约中认为，戏剧作品、音乐戏剧作品或音乐作品的作者享有许可公开演奏和公演其作品，包括用各种手段和方式的公开演奏和公演，这也就是确定了，作者享有许可或禁止他人以各种舞台形式的演出自己作品的权利。同时，公约还规定，戏剧作品、音乐戏剧作品或音乐作品的作者享有许可公开演奏和公演其作品，包括许可用各种手段公开播送其作品的表演和演奏。该条的规定即是对机械表演权的确认。

（六）放映权

放映权，即通过放映机、幻灯机等技术设备公开再现美术、摄影、电影和以类似摄制电影的方法创作的作品等的权利。也就是说，作者有权禁止或者许可他人通过放映机械来放映作者作品的权利。在国内的相关书目中认为："放映权是属于机械表演权，即通过放映机、幻灯片等设备来表演美术、摄影和电影作品，放映不属于舞台表演作品。"[1]

（七）广播权

广播权，即以无线方式公开广播或者传播作品，以有线传播或者转播的方式向公众传播广播的作品，以及通过扩音器或者其他传送符号、声音、图像的类似工具向公众传播广播作品的权利。由于该项权利的行使要以广播电台或电视台为平台，因此，作者通常情况下不能够自己行使。在《伯尔尼公约》中对广播权的规定较为详细，公约规定："文学和艺术作品的作者享有下述专有权：(1) 许可以无线电广播其作品或以任何其他无线播送符号、声音或图像方法向公众发表其作品；(2) 许可由原广播机构以外的另一机构通过有线广播或无线广播向公众发表作品；(3) 许可

〔1〕 李明德，许超. 著作权法. 北京：法律出版社，2003. 101

通过扩音器或其他任何传送符号、声音或图像的类似工具向公众传送广播作品。”

广播也是表演的一种有效形式。通常情况下，我们所看到的在电视、电影院、互联网络、宾馆酒店、娱乐场所的有线或者无线的广播都属于表演的形式。这种通过有线、无线还是使用扩音器广播的广播形式，多数的情况都不是直接的而是间接的对作品的表演。所以，我们也可认为广播权是在表演权的范畴之内。

（八）信息网络传播权

信息网络传播权，即以有线或者无线方式向公众提供作品，使公众可以在其个人选定的时间和地点获得作品的权利。该项权利的设置，是为了保护著作权人和与著作权有关的权利人，鼓励优秀作品、表演和录音录像制品通过信息网络向公众传播，根据我国《信息网络传播权保护条例》第二十六条规定：“信息网络传播权，是指以有线或者无线方式向公众提供作品、表演或者录音录像制品，使公众可以在其个人选定的时间和地点获得作品、表演或者录音录像制品的权利。”该条例第二条规定：“权利人享有的信息网络传播权受著作权法和本条例保护。除法律、行政法规另有规定的外，任何组织或者个人将他人的作品、表演、录音录像制品通过信息网络向公众提供，应当取得权利人许可，并支付报酬。”（信息网络传播权在第五章予以专门介绍）

（九）摄制权

摄制权，即以摄制电影或者以类似摄制电影的方法将作品固定在载体上的权利，是作者享有的将自身创作的作品摄制成电影、电视、音像制品等的权利，或者是授权他人将作品摄制成电影、电视、音像制品等并同时获得报酬的权利。实践当中有将作者的原作品摄制成电影、电视，也有将原作品的演绎作品摄制成电影、电视的。因此，除了原作者可享有摄制权外，演绎作品的作者也可享有摄制权。

（十）改编权

改编权是指在不改变作品核心思想的前提下对作品进行的在形式上的独创性改动，即创作出具有独创性的新作品的权利。《伯尔尼公约》第十二条规定："文学和艺术作品的作者享有批准对其作品进行改编、整理和其他改变的专有权。"从改编的意义上来看，作为著作权法上改编主要还是指对作品形式的改变，由于作品传播方式的多样化，进而要求作品表现形式的多样化，这样才会利于作品更好地传播。例如，网络技术的发展，就要求作品的数字化发展，这样才可以使作品更好地在网络下传播。

（十一）翻译权

翻译权就是将作品从一种语言文字转换成另一种语言文字的权利。在国际性版权贸易发展迅猛的今天，翻译权转让可谓是众多著作权转让之中的重点。著作权是专有权，任何人要对作品进行跨国界的传播，将作品翻译成该国的语言文字是必经的一个环节，在翻译前获得著作权人的许可也是必经的过程。所以，翻译权也就成为了著作权人一项重要的权利。从利于文化交流和传播的角度考虑，多数国际公约对翻译权都作出了强制许可制度，例如《伯尔尼公约》、《世界版权公约》都规定了强制许可制度。在一定条件下，对外国人的作品，可以由政府强制许可翻译，而无需征得外国著作权人的同意。[1]

（十二）汇编权

汇编权是指将作品或者作品的片段通过选择或者编排，汇集成新作品的权利。与上述权利一样，汇编权的行使可以是本人亲自行使也可授权他人行使。我国《著作权法》规定："汇编权是将作品或者作品的片段通过选择或者编排，汇集成新作品的权利。"汇编作品的编排人在将他人

〔1〕 曲三强. 知识产权法原理. 北京：中国检察出版社，2004. 129

作品汇编成新的作品之前应当取得作品作者的同意，否则就有可能会构成侵权。汇编权是汇集作品的权利，而汇编作品的著作权是汇编作品创作权利人的权利，是就整个汇编作品的权利，并不涉及到汇编作品中独立作品的著作权，也不会影响到独立作品的著作权。

第二节 信息化时代著作权的扩张

一、精神权利的发展

（一）网络环境下主体范围权能的扩大与作者身份的确认

署名权、发表权、修改权和保持作品完整权都与著作权主体密切相关，进入信息化网络时代，网络作品的主体一改在许多国家传统著作权人的范围仅限于自然人的状况，或自然人与特殊情况的法人并存的状况（电影作品、法人职务作品、雇主是法人的作品、继受人是法人的继受作品），法人或法人、组织与自然人混合成为著作权人的情况日益增多。如一些网络数字作品，即非传统意义上的合作作品，因其难度大，需由许多人协作完成，人们借鉴电影作品经验，授予多家软件开发公司或制作单位等法人单位以著作权。另外，投资者将成为著作相关权的重要主体，根据WTO《与贸易有关的知识产权协议》（TRIPs）第十条第二款和WIPO版权条约（WCT）第五条的规定，对在整理和编排过程中，具有原创性的数据库（数据汇编）给予版权保护，而《欧盟数据库保护指令》又给投资者以"摘录权"和"再利用权"等特殊权利。

国外对软件等数字技术作品的著作人身权的保护有两种模式，一种是限制和排除,如法国限制著作人身权但可修改,而英国则排除;另一种是等同于一般的作品予以保护,如《伯尔尼公约》第二条和第六条的规定。《TRIPs 协议》虽然有规定,但从整体上排除了人身权的内容。

我国著作权方面的法律在保护作者精神权利方面与大陆法系作者权传统相类似,而且与国际公约接轨后,保护的水平还相当高。我国《著作权法》赋予作者四项精神权利,即发表权、署名权、修改权和保护作品完整权,赋予表演者表明其身份、保护表演形象不受歪曲的权利;《计算机软件保护条例》除赋予软件著作权人发表权、署名权外,增加了开发者身份权的精神权利。超出了《伯尔尼公约》只要求成员国必须保护表明创作者身份和制止作品被歪曲、篡改两项精神权利范围。

与传统作品出版后的修改署名权等难度相比,数字化网络环境下,作品与其载体很容易分离,修改署名,变相发表轻而易举。而且网络署名多为假名,这就给作者身份的确定带来前所未有的难题。对于博客或网上的个人主页尚能认定,但对 BBS 上发的帖子,因无密码、账号等,认定起来绝非易事。对此,世界知识产权组织 1996 年的两个条约(WCT12 条与 WPPT19 条)均禁止未经许可去除任何权利管理的电子信息。世界许多国家著作权立法和司法也都明确信息网络环境下著作权人的精神权利。技术措施,权利管理信息以及著作权集体管理组织,也都在保护著作权人的精神权利方面发挥着积极的作用。

(二) 网络环境对著作权精神权利的挑战

网络轻便、快捷、广泛易得、低成本的上载或下载信息的特点,不仅降低了人们获取信息的成本,也打开了侵犯著作权的方便之门。特别是数字技术提供的对作品进行加工、修改和重新组合的手段和数字作品极易被存储篡改、选取、传播和再利用的特性,一方面随着网络全球的传播性和交互性,使作者的署名权、保护作品完整权等精神权利受到前所未有的威胁,另一方面又使精神权利受到“阻碍作品的流通和有效利用”的质疑,这种威胁对传统出版物的改变也许能力有限,对网络作品则往往是致命的。所以,认识网络环境下著作权人精神权利的变化及采取积极的法律保护极为重要。

精神权利自从在法国立法加以确认以来，在国内法和国际法层面获得很大的发展。数字化时代的到来其权利主体、内容和行使方式的扩张态势并未停止。尽管网络是一把双刃剑，其正负效应都很明显，但无论如何，精神权利的独特价值使其在鼓励和促进文学艺术创作，繁荣文化科学事业，实现作品的经济权利以及保证社会公众能够获得真正可靠的信息方面，都发挥着不可替代的地位和能量。

有学者认为因特网将是作者精神权利的"终结者"，这句话虽然危言耸听，但的确可以感到高科技的发展已经给精神权利带来强烈的冲击。

(1) 网络环境下有些人身权认定困难。数字技术带来计算机生成作品的人身权概念模糊，软件等数字作品的适格判断困难。《TRIPs 协议》第十条规定计算机软件作为文字作品保护，但作品是作者人格的延伸，对计算机软件作品是否合适，因为技术同艺术是有区别的。还有自由软件开发源代码引起利益本质的变化，人格利益如何体现？数字技术与文学艺术的交汇，技术因素越多，作品与作者的关系越难确定。又如，网络的交互性及点对点传输，商业应用的翻新，新型创作群体的出现，如网页设计人、短信写手、电子邮件编写人、垃圾邮件制造者等文化的通俗化、大众化，使创作不仅仅再是文人墨客闲情逸致的表达，或专家学者深思熟虑的见解，而更多成为社会公众赚取生活费的劳作。[1] 作者身份大多不明确，即使明确也有合作、委托、雇佣、职务创作或投资者买断等多种创作形式或署名方式。有些作品人身权合理性的质疑和人身权实施的困难，已经成为严重的问题。作者的精神权利正在某种程度走向商品化，垃圾信息的产生就是一个明证。

(2) 网络环境对精神权利的保护造成极大威胁。数字技术使得对网络作品进行加工修改重新组合简便易得，网络侵权纠纷不断发生，使侵犯精神权利的行为变得更加频繁且难以发现，虽然在著作权法中规定了严格的精神权利制度，但在实践中大部分形同虚设，一是认定作者的信息能被轻易消除，改动极难发现，网络侵权盗版盛行；二是加密技术、电子水印等反规避的技术措施很容易被淘汰，而且作用有限。其结果反而影响了法律的权威性。

---

〔1〕 何炼红. 网络著作人身权研究. 中国法学，2006(3)

(3) 单方面强化精神权利很可能会成为利用数字网络技术条件进行作品创作的重大障碍。毋庸讳言,大部分作品的创作源泉往往是来自于对前人作品的借鉴,在高新技术下更是如此,而且可能涉及的作者会更多。若作者享有程度相当高的保持作品完整权,有权反对任何对其原作的改动,实际上就无异于授权作者对一切派生作品的绝对否决权,从而很可能完全切断其他作者进行再创作的源头。例如,唐诗宋词、绘画等讲解性作品。

(4) 过分强调与坚持精神权利的完整性,会抑制计算机软件等科学技术性作品的发展。软件业的发展特别依赖程序员能自由利用现有软件。计算机软件的委托作品、合作作品、雇佣作品很多,程序修改很频繁,对作品完整性等过多的限制必然会束缚其发展。

(5) 过分坚持精神权利很可能会成为互联网信息自由的重大障碍。信息的传输必然要以一定的信息产品为载体,这就不可避免地涉及著作权制度。保护作者的精神权利与互联网自由出入、资源共享的精神和交互性、虚拟性的特点有相悖之处,利益的冲突,不可避免地影响信息的传输和使用。

但是,人类是科学技术事业发展的主宰者,人类的精神世界是经济利益和科技数据无法替代的。正如美国版权局前局长欧曼所说,"关于技术与作者利益的争论是版权思想的本质,是使版权法具有历史独特性、社会革命性并且值得为之奋斗的核心所在。无论年代如何更替,无论技术如何更新,作为一个人的作者应当屹立于版权世界的中心,数字技术应当置于作者的控制之下"。[1] 人们总要在自己的精神权利和物质权利之间,在作者与公众之间之间找到一个平衡点。于是我们可以得出结论,在整个世界全面进入以高科技为支持的信息时代,尽管高科技也的确使精神权利面临严峻挑战,精神权利无论在实践中还是在理论上仍然具有不可动摇的存在价值;我们必须顺应新技术的要求而重新建构精神权利制度,从而达到在充分保护作者权利的同时又适应信息时代发展的目的。鉴于保护精神权利与著作权产业发展之间存在的关系,我们所需解决的问题就是"将精神权利保护设计在怎样一个适度的层面上"。目前,世界

〔1〕[美] 拉尔夫. 欧曼. 因特网上责任分担的必要性. 何育红译. 版权公报,1998(2)

范围内就这一问题存有三种模式：其一，精神权利的放弃，这是日本知识产权协会于1994年发布的《关于多媒体知识产权新规则的建议》中所主张的[1]。其二，对精神权利的侵犯仅限于有损作者名望或声誉的贬抑行为，其又被称为伯尔尼模式。其三，将某些改动作品的行为视为合理使用，不构成侵犯精神权利的行为，即所谓合理使用模式。由于精神权利制度继续存在的价值，故模式一不可取，因为它会从整体动摇整个著作权制度合理性的根基，但部分的放弃还是可行的；模式二在实践中缺乏明确性和可操作性，特别是对于何谓"有损作者名誉或声誉的贬抑行为"，从制度上讲，损害作者的声望和名誉是构成著作人身权侵权的前提条件，但网络的开放性、虚拟性和无国界性在跨国跨区域利用的情况下，确切认定作者的"名誉或声望"似乎不太现实。一是在一些国家贬损而在另外一些国家提升该如何维护；二是不同的国家有不同的社会评价标准，以道德评价为基础的侵权判断标准是否需要重新审查和取得同一；三是不同的人的解释可能会大相径庭，从而造成实践中适用上的不一致甚至是偏差。学者一般认为模式三最为可取。

具体地讲，在高新技术条件下，精神权利制度的重构并不是表现为权利种类的变化，而是体现在侵犯精神权利的行为之判断标准的变化上。所以建议以下因素应作为适用"合理使用模式"的重要基础：(1) 被使用作品的性质。精神权利既然重在保护作者体现在作品中的人格利益，那么，只有能够真正体现作者人格与个性的作品才应当享有精神权利的保护。(2) 使用作品的方式和程度。对于他人改动原作品的具体方式，如"删节"、"歪曲"、"增加"，一般认为应划清哪些属于作者必须予以容忍的合理使用，哪些则是损害作者人格利益的侵权行为。(3) 使用作品的目的与主观状态。这是在精神权利合理使用的判断中起到至关重要作用的因素。使用作品的目的与主观状态会直接影响到作者对改动行为的主观反映，而后者虽不足以认定某些行为构成侵犯精神权利，但却能够将某些行为排除在侵犯精神权利之外，因为作者有权决定主张或不主张精神权利。(4) 使用作品的后果。这一因素其实就表现为《伯尔尼公约》所

〔1〕 See Institute of Intellectual Property Exposure: A Proposal for the New Rule of Intellectual Property for Multimedia, 18 (Feb. 1994).

述之"对作者名誉或声望造成的损害",即是作者人格利益的负面影响。当然,在实践中要准确衡量对作者人格利益造成的损害后果并非易事,人们往往只能通过主观臆断来确定这种损害。比如以社会公众之一般评价(对于名誉而言)或特定领域的专门评价(对于声望而言)为标准。需要说明的是,以上因素在对合理使用进行判断的过程中并不是单独地起作用,我们必须对这些因素进行综合考虑;另外,这些因素不但可以用来衡量是否构成侵犯精神权利,也可以用来判断某个侵犯精神权利的行为所造成损害的严重程度以及如何进行救济。[1]

(三)网络环境下精神权利保护的原则与途径

权利的配置是利益博弈的产物,利益的平衡是法律规范价值理性的保障,面对数字化网络时代对著作权精神权利的挑战,一味沿袭传统著作权精神权法律制度保障并不是出路,旧的平衡被打破,需要建立新的平衡,这是一种动态的平衡。需要与时俱进,因时制宜,顺应高科技信息化的发展,修补和创新精神权利保护制度。放弃精神权利的保护,可能会导致创造性劳动的结构枯竭,互联网上空空如也;绝对的保护又可能扼制版权所蕴涵的社会价值与公共资源,使社会公众利用信息资源举步维艰,处处面临侵权的危险,其后果是造成信息的全面窒息,损害著作权人的长远利益,并最终威胁人类文化的传播与进步。利益平衡机制是著作权法的精髓,灵活保护精神权利,积极平衡各方面的利益,恐怕这才是著作权保护的基本要求。

1. 坚持"权益平衡"的基本原则

网络环境打破了传统著作权规定的利益格局。在新环境下,精神权益保护是如何在"保护版权人的利益,以维护其创作的积极性"和"教化大众,推动整个文明向前进"之间选择一个微妙的均衡,从而促进作品的创作和传播,让公众从作者的智力劳动中获益。正如 Brennan 大法官所言,"只有在合法的垄断不构成各种间接使用,以及信息和思想的广泛传

〔1〕 吴汉东. 高科技发展与民法制度创新. 北京:中国人民大学出版社,2003. 227 ~ 228

播的瓶颈的情况下,著作权法才成其为言论自由的引擎[1]”。为此应当建立一个与社会发展相适应的协调各方面的权益均衡原则:与权利保护相辅相成的权利限制。既保障版权人的合法权益,又要防止过度的权利扩张,从而使著作权人和广大网络用户在网络这块巨大利益蛋糕面前,能获得公平合理的分配。

首先,权益均衡原则彰显了版权法的立法宗旨。版权法的最终目的在于通过赋予版权人对其作品有限的垄断权以促进科学和技术的进步,同时避免在科学和文化艺术领域由于垄断的产生伴随着的阻碍科技进步的负面影响。因此,需要在版权垄断与公共利益之间进行适当平衡。

其次,权益均衡体现了公正的价值理念。著作权人不能就包含其未曾作出创造性贡献的作品取得垄断权,否则的话,其实质后果将导致大量处于公有领域的知识归于私有。如果赋予版权人过宽的权利主张并使之有效,它将从功能上严重阻碍后续研究和知识进步。

第三,权益均衡符合效益最大化的帕累托定律。解决公共利益和私人利益之间的矛盾和规则是试图有效地分配资源,而最理想的状态是既不损害公共利益,又不影响私人利益。版权保护水平过低,不能激励原著作权人;同样,如给予权利人的独占性过大,一方面版权人因垄断地位而产生惰性会阻碍了创造力,另一方面过高的门坎使得公众难免有侵权之忧而放弃对作品的利用,从而造成社会的不经济性。[2]

2. 坚持网络环境下的法定许可使用

法定许可使用是指根据法律的直接规定,不经著作权人的许可,以特定的方式使用已经发表的作品,但应向著作权人支付报酬,并注明作者姓名、作品名称及出处,并尊重著作权人其他人身权和财产权的制度。著作权法是协调著作权人、作品传播者及作品使用者利益关系的法律规范。同合理使用制度一样,法定许可又称非自愿许可,都是对著作权的一种限制,是要求著作权人为作品传播者和使用者等其他相关主体作出一些利益上的牺牲。在著作权法中,合理使用和法定许可使用的利益设定得越多,对著作权人的利益限制就越大,相反,对公众的利益考虑得就越多。

〔1〕 转引自万鄂湘.知识产权法理论与适用.北京:人民法院出版社,2005.142

〔2〕 同上.143

我国《著作权法》、国务院《信息网络传播权保护条例》和《最高人民法院关于审理涉及计算机网络著作权纠纷案件适用法律若干问题的解释》，明确规定了我国法定许可的范围和要求。但是，也有学者认为，法定许可虽解决了著作权作品的海量许可问题，有利于信息的传播和流通，但因事先不需要征得著作权人的同意，有违权利主义之精神，因而建议网络等使用人应向作者支付双倍的报酬。[1]

3. 注意网络环境下精神权利的重新定位

网络环境使用作品要尊重作者的精神权利，不得丑化和歪曲作品，但在尊重传统著作权精神权利的基础上，应当根据网络环境的变化，灵活掌握，重新定位。具体如精神权利的分解，某项专有权的使用，有些作者除保留作品的署名权、发表权外，表示自愿让出作品的修改权等。又如引用网上作品不同于传统作品只需标明哪个书报杂志、页码、版面即可，而只能用域名、网页、网址、站点、电子邮箱或代码来表示作品的出处。表现在：

(1) 发表权。发表权即作者决定作品公之于众的权利，它是指作者有权决定其作品是否发表，以何种方式、通过何种载体发表，这是作者的一项主要的精神权利。任何人不能违背作者的意志，强行发表其作品，更不允许未经作者同意擅自发表作品，否则构成对发表权的侵犯。网络环境下的发表权，通常意义上除指将网络作品以书籍、刊物连载、录音制品、广播等形式公开外，还包括将网下作品在网络上向公众公开。修订后的《著作权法》将网络传输权设计为经济权利。笔者认为发表权本属版权精神权利与经济权利交错领域的权利，在网络上将他人作品公开，实质上也是对作者发表权的侵犯，不单纯构成网络传输侵权。另外，在网络环境下，作者将自己的作品在主页上发表，也应视为著作权行使。在国外与发表权对应的是收回权，如德国、法国《著作权法》均有此规定。它是指作者在有正当理由的前提下，有权以赔偿使用者损失为条件，收回已经公开发表的作品的权利。当然，收回权并不是指收回作品的原件，而是阻止其作品继续在社会上传播。其表现形式是将已经转让的发表权、利用权收回。法律明确规定收回权很有必要，因为它能够真正地实现发表权所要

---

〔1〕 饶传平.网络法律制度.北京:人民法院出版社,2005.179

表达的保护精神权利的立法目的。

（2）署名权。署名权即表明作者的身份，在作品上署名的权利。网络环境下的署名权包括几方面的内容：一是有权确认作者身份；二是有权选择署名方式：署名或不署名，署真名或署假名；三是禁止他人在自己的作品上署名；四是禁止自己的名字被署到他人的作品上。由于网络环境下作者身份的确认困难，作者应慎重选择作者的署名方式。技术的进步使得更改增删署名轻而易举，因而署名权的保护是网络作品作者的一项重要权利。为避免产生版权权属纠纷，除法律手段和技术手段外，作者可依据《作品自愿登记试行办法》的规定，将自己的作品进行登记，作品登记证书将会成为作者证明自己著作权人资格的初步证据，便于产生纠纷后的司法解决。同时也应该注意网络作品的客观可识别性。这里要注意国外法律的作者署名权与作者身份权是两个概念，二者不可相互替代。署名权是作者用一定符号形式表示自己的身份，而作者身份权是因创作活动而产生的，是作者维护各项著作权的基础。

（3）修改权和保护作品完整权。修改权与保护作品完整权被认为是一种权利的两个方面，作者一方面有权修改自己的作品，另一方面有权禁止他人修改歪曲其作品，禁止对作品作有损作品声誉的改动或者其他侵害破坏作品的完整性。作品的改变主要有：作品名称的改变、作品自身内容的改变、作品外部表现形式的改变。网络环境下作品的修改非常简单。认定侵犯修改权和保护作品完整权应当考虑以下因素：侵犯行为的程度、作品的性质、改动的目的、改动后公众利益的平衡问题。一般的改动不应视为对作品完整权的侵害，防止权利的滥用，否则可能影响作品的正常传播。在网络环境下，著作权执法就我国的著作权保护体系中对作者的修改权及保护作品的完整权作一定有利于使用者的灵活解释，应当是可取的[1]。按法律规定，修改权是可以转让的，我国《著作权法》第十条第三款规定作者有授权他人修改作品的权利，而保护作品的完整权是不可转让的，它也是对思想、人格、智慧的纯正权利的保护。

应当指出，在我国，计算机生成的作品或类似的作品，《著作权法》没

〔1〕 万鄂湘. 知识产权法理论与适用. 人民法院出版社，2005. 147

有专门规定精神权利的保护，可以推定为按一般规定获得保护。而计算机软件的著作权保护是被作为一类特殊的客体。关于著作人身权，《计算机软件保护条例》中虽然规定了发表权、署名权和修改权，但却与其他作品的精神权利保护有差异。表现在署名权范围狭窄，没有明确规定禁止假冒署名权，修改权定义模糊，保护作品完整权缺位等，应当进行必要的修正[1]。

版权不是绝对的，否则会妨碍文化和科技的发展与传播。美国实用主义强调在这两者潜在的冲突困境中予以协调。针对我国版权立法精神保护过高，而司法保护力度不足的现状，当前精神权利的保护应主要立足于司法实务的运作，在立法层面进行适当的限制，以避免立法与司法保护脱节的现象。

二、财产权利的发展

网络与数字技术对著作权法的最大冲击，在于它彻底改变了作品的使用与传播方式。以复制为例，过去传统方式总存在质量上的差异或失真现象，而计算机的产生，改变了这种状况，1+0两个二进制代码的排列组合，数字化作品被计算机存储后，任何网络用户，在任何地方，都可以无限次地向其他用户发送和传播数字化作品的复制件，也可以将作品复制后发送到电子公告版系统（BBS）、FTP网站（可以接受用户上载文件和允许用户下载文件的网络站点）或其他互联网站，供用户浏览或下载。高新技术的发展，导致了著作权原有权利体系及所决定的利益分配关系的变化。尽管传统著作权的机制仍在运转，但新的著作权形式和内容已经不容置疑地站立起来了。作品新的创作方式、使用与传播方式在计算机网络环境下的变化，亟需著作权法的及时调整，著作权人在网络数字环境下的各项权利的扩张已成为当代著作权法的重要发展趋势。

---

〔1〕 何炼红.网络著作人身权研究.中国法学，2006(3)

（一）复制权的扩张

1. 网络环境下复制权概述

高新技术的发展，出现了与传统物质不同的复制，如以扫描的方式使印刷出版的作品数字化，在计算机内存和其他电子装置中存储数字化的材料等。传统的复制概念已无法解释新的复制方式，互联网的出现使得大量的数字化作品可以被更轻松复制，并且在全球范围内被访问和下载。在这样的环境下，复制越来越难以为权利人控制。版权人处于两难的境地：一方面，作者不希望自己的作品数字化，因为这样的话，作品很容易脱离版权人的控制，增加被盗版或者侵权的危险。另一方面，版权人又不得不将自己的作品数字化，以最大化实现自己的经济利益。在这种情况下，必须赋予版权人相应的网络复制的控制权，以控制网络上产品的复制。在当前网络化、数字化的条件下，以下几种行为也可以导致对作品的复制：(1) 博客(Blog)、BBS、FTP 站的经营者和 ICP 直接将数字化作品置于网络服务器的硬盘中，供其用户浏览或上/下载，我们一般将之称为“作品直接上网”；(2) 网络用户将数字化作品通过网络上载至 Blog、BBS、FTP 站或其他网站供用户浏览或下载(简称“上载”)，此时数字化作品会在 BBS、FTP 站或其他网站的服务器硬盘中形成复制件；(3) 从 Blog、BBS、FTP 站或因特网其他网站下载数字化作品(简称“下载”)，此时被下载的数字化作品将在用户计算机硬盘中形成复制件；(4) 用户向其他特定用户通过网络传输数字化作品，作品会在到达接受方用户计算机时，在其硬盘中形成复印件，有人将之称为“发件”；(5) 用户通过网络阅读或欣赏置于 Blog、BBS 或因特网网站上的数字化作品。包括在线阅读网上书籍、欣赏网上图片，以及收听网上音乐或收看网上电影(简称“浏览”)。此时数字化作品会被用户的计算机自动调入内存，形成复制件。用户关机或调用其他信息时，该复制件会自动消失。浏览还可以导致一种特殊的复制件：用户在多次登录同一网站或浏览同一网上信息时，某些上网软件将自动在硬盘中划出一块区域作为缓存区(或称“虚拟内存”区)，将被浏览的网上作品以临时文件形式存入其中(简称“缓存”)形成复制件。用户下次登录同一网站或浏览同一作品时，上网软件将直接从硬盘的缓存区调取，以加快速度。用户如长时间不访问同一站点，上网软件将自动删除包含该站点上信息的临时文件。

如果这五种行为是在未经过著作权人授权的情况下作出的，则从它们的后果来看，都可能给著作权人的经济利益造成损害。如"作品直接上网"和"上载"会导致作品被置于网络服务器中，任何对作品感兴趣的用户都可以自由下载，从而阅读和欣赏作品。"发件"等于直接将作品送至其他用户手中。"下载"作品可使网络用户在计算机硬盘中长期保存作品的复制件，并反复阅读和欣赏。"浏览"虽不能使网络用户长期保存作品的复制件，但却可以使其即时阅读和欣赏网上作品。如果网络用户可以随时在网上免费阅读书籍、收听音乐、观看电影，或将这些作品的复制件下载至自己的计算机以便反复欣赏，则他们将可能不会再从书店等有形市场购买作品或为欣赏作品支付费用了。而且，这些网上行为在事实上也正严重威胁着著作权人的利益。目前国内不少 FTP 站和 ICP 服务商提供大量享有著作权的计算机软件、文学作品、流行歌曲（以 MP3 格式保存，其音质甚至超过一般的磁带）和整部电影，供网络用户免费下载或浏览。有些 FTP 站和 ICP 服务商的内容更新得相当快，许多最新作品一经出版发行，这些站点很快就会收录其数字化版本。[1] 显然，对这些网上行为进行控制是著作权人和出版商所希望的，也是著作权保护应该明确的。

以上五种复制行为，有些可称为暂时复制，其中除"浏览"行为只会导致作品在内存或缓存中被复制，而其是否构成著作权法意义上的复制尚有争议，其他四种行为导致的在内存中形成的复制最终会转化为作品在硬盘中形成稳定的，可被用户直接调用的复制件。

2. 网络环境下国际条约及国内外对复制权的再认识

网络数字化环境下，复制权的概念应当被重新认识。1995 年 9 月，美国颁布了信息基础设施工作机构知识产权工作组的报告——《知识产权和国家信息基础设施》（即通称的"白皮书"）。在解释复制权时"白皮书"指出，"据美国法，享有版权的材料进入计算机内核就是对该材料的复制"，因此，复制在计算机网络的传输中是广泛存在的，暂时性复制是

〔1〕 罗玉中．知识经济与法律．北京：北京大学出版社，2001．588

不可避免的,也是复制的一种形式。如果不承认暂时复制,版权人的利益将无法得到保护。"白皮书"大大扩张了复制权的内容,按其观点,在现有技术条件下,文件材料只要进入计算机内存就可以借助机器或装置被观看、复制或传播;另外,计算机系统产生的复制、在用户计算机与BBS系统或其服务器之间的作品上载或下载以及文件在计算机网络用户之间的传输,都属于著作权法意义上的复制。

欧盟及其成员国不仅认可美国的立场,而且还积极推动暂时复制在世界范围内被承认。欧盟于1995年颁布了《信息社会的版权与邻接权绿皮书》以及1996年的"续绿皮书",用以协调各成员国在高新技术条件下的著作权保护。欧盟"绿皮书"及"续绿皮书"对复制权也采用了广义的解释,将短暂的或其他暂时的复制都包括在著作权法意义上的"复制权"之中。欧盟决心确立大一统的复制权概念,将一切直接或间接的、暂时或永久的、在线或离线的、物质或非物质的复制都包括在内。欧盟的计算机程序指令和数据库指令都将暂时复制置于权利人的控制之下[1]。美国与欧盟对于"复制权"的态度当时在世界范围内引起广泛的争论,世界知识产权组织在制定、颁布1996年的《版权条约》和《表演与录音制品条约》的过程中,就如何界定"复制权"的内涵而煞费苦心,最终也没有给"复制权"一个定论,对"暂时复制"更是只能予以搁置。

客观讲,高新技术的发展使得作品传播行为的全过程成为一个数字化、网络化的过程,其中的所有环节——从作品被数字化,到其被上载到网上,再到被传输或在硬盘上存储信息,直至被截取或下载,虽然没有传统的有形载体作为基础,但应认为在计算机网络系统中每一次新的数字信息的脱离都构成"复制"。主要存在争议的就是在计算机随机存储器里暂存、供用户浏览而并不涉及下载的行为,即通常说的"暂时复制"是否构成"复制"?像美国、欧盟那样持肯定意见,即认为应扩张复制权的内涵,以使著作权人能因此而享有由高新技术的发展带来的利益份额;而像大多数发展中国家那样持否定意见则是认为,若将暂时存储界定为复

[1] E. C. Directive on the legal protection of computer program, L122/42, Art. 4(a); E. C. Directive on the legal protection of Databases, L77/20, Art. 5 and Art. 7.

制，会极大地妨碍用户通过国际互联网络阅读和浏览有价值的作品信息[1]。也有一种折衷的观点，认为暂时存储构成复制，但将某些情况下的暂时性复制作为复制权的限制和公众的合理使用。如澳大利亚政府认为，“存储的暂时性复制件如果只是传输版权材料技术过程的一部分，就应被排除在复制权范围之外[2]”。1996 年 8 月，《WIPO 版权公约（草案）》规定，如果暂时复制的目的纯粹为使作品等能被感觉到，或这一复制属于短期或一时的行为，只要此种复制被版权人或法律所许可，则复制权受到限制。

3. 对“暂时复制”等现象的理论争议及解决方案

界定复制权的关键就在于作品是否被“固定”，是否能够保持充分稳定的状态，以便公众观看、复制或进一步传播。暂时复制是否属于著作权人复制权控制的范围，目前国际、国内均未形成最后的定论。总的来看，对于网络环境下“暂时复制”问题，主要有两派意见。一派是反对将“暂时复制”纳入著作权人复制权中。理由主要为：一是存储时间太短，一旦计算机出现故障、断电或关机，有关信息就会消失，而且在计算机运行过程中前面的信息随时可能被后来进入的信息所替代。二是有些复制是在因特网正常使用过程中产生的，且在现有技术下难以避免，如用户浏览，网络中介服务提供者的计算机系统在用户信息传递过程中产生的自动复制等。如果将所有这些复制都归入著作权人复制权的控制下，则著作权将延伸成为一种新的“数字化使用权”，而这种使用权是与著作权保护的一贯原则相冲突的，因为著作权保护并不限制消费行为或信息的接收。公众自由浏览他人已发表作品的权利在传统著作权法中是被认可的，这种权利不应该由于作品被数字化而被剥夺。如果公众失去网上浏览的自由，就会妨碍信息的自由流通，如果网络中介服务者由于无法察觉的系统自动复制而承担责任，就会损害在互联网上的投资，新兴的网上图书馆、远程教学都会受到很大的影响，从而损害公众利益，破坏著作权制度原有的平衡。另一派赞成将“暂时复制”纳入著作权人的复制权中。理由主要是：第一，从最广义的含义上，可以把复制理解为一切原作的再现。任

---

〔1〕 袁泳. 计算机网络上数字传输的版权问题研究. 中外法学，1998（1）

〔2〕 Australia Discussion Paper, Copyright Reform and the Digital Agenda, July, 1997.

何一部作品只要固定于有形载体上，能被人们感知和利用，这种再现就构成了复制，计算机显示器无疑是有形载体，虽然在其上生成的复制件是一次性的，而非永久性的，但这并不表明人们感知和利用它的时间不够充足，它对于人类的价值往往与传统形式的复制是一样的。第二，随着网络数字技术的发展，将来暂时复制很有可能会成为网上作品利用重要的甚至是唯一的方式，不将暂时复制归入著作权人专有复制权中，将会给著作权人带来巨大的损失[1]。

要在著作权法的框架内控制使用盗版的行为，考虑到国外和《伯尔尼公约》等国际组织的规则，根据我国《信息网络传播权保护条例》和最高人民法院相关司法解释的规定，结合我国的具体情况，我们认为前述五种计算机网络上的复制行为应分别确定。结论是：

（1）“作品直接上网”、“上载”、“下载”和“发件”行为构成著作权法意义上的“复制行为”。而“浏览”网上作品的行为则不构成著作权法意义上的“复制行为”。

（2）目前情况下未经授权而对作品进行“下载”的法律责任由提供作品复制件的网站经营者或上载者承担。

（3）授权他人进行“网上发行”或“网上传播”的授权包含了同意其为了完成“网上发行”、“网上传播”而进行的必要复制的默示授权。该默示授权应仅限于完成网上发行或传播所必然涉及的复制。

（4）如未经授权的“作品直接上网”、“上载”和“发件”行为也构成了向社会公众发行作品或传播作品，则著作权行政管理部门对行为人进行行政处罚，或由司法部门追究其刑事责任时，应当根据情况以行为人侵犯了“发行权”或“信息网络传播权”为处罚或起诉的依据。著作权人有要求侵权人承担侵犯“发行权”、“信息网络传播权”或“复制权”责任的选择权。著作权人也应有权在因证据不足等原因无法证明上述行为构成“发行”或“传播”行为时，再次以发件人侵犯其“复制权”为由提起诉讼[2]。

之所以这样做，并将暂时复制纳入著作权人复制权中，其原因是：

---

〔1〕 梁清华.网络环境下的知识产权保护.北京：中国法制出版社，2004.34

〔2〕 罗玉中.知识经济与法律.北京：北京大学出版社，2001.648

其一，从著作权法立法的价值取向和著作权保护的目的看，其所追求的是著作权人利益的实现和促进社会文化事业繁荣进步之双重目标。一方面，应以维持著作权人与社会公众利益的动态平衡为调整的出发点。另一方面，如果不将"暂时复制"置于广义复制权的控制之下，很难全面保障著作权人的利益。如果说在网络环境下公众获取作品信息的机会大大提高而代价大大降低，其结果是公众利益在总体上大幅度提升，为了维护著作权人和社会公共利益的平衡就应当对著作权人的利益给予强化。有人说如此大幅度地扩张著作权人权利将会造成信息流动障碍，著作权人将垄断信息，侵害公众知情权，并影响网络产业的发展。的确，作品上网后就能很容易地被传播、扩散，而其信息数量和质量都不会因他人使用而减损。这样看来，作品在网络环境中具有了类似公共财产的性质，但这绝不意味着为创作而付出独创性劳动的作者因此就该无偿地将该作品奉献给公众领域。首先，作者为创作作品付出的独创性劳动，应当与有体物创造者付出辛勤劳动一样，受到尊重，社会应当保障作者享有对该作品的著作权；其次，作者创作作品并不是为了垄断作品而是为了与社会进行思想交流并得到与创作劳动相应的回报。在网络环境下，赋予作者脱离媒体中介而从一定程度上控制作品命运的权利，也应该说是合乎自然理性的一种回归。如果不给予作者这种权利，作者也许就会停止创作，甚至不仅停止网上创作，而且也会停止现实物质世界中传统形式的创作。网络的特性决定了作品上网传播的简便易行和作者维权的艰难与无力。

其二，从复制本身的含义来看，暂时复制也应属复制范畴。复制，指对作品的再现，暂时复制从技术上已很完美地做到了这一点。有人指责说再现的"时间太短"，但从著作权法设定复制权的本意来看，是为了控制作品的传播，"有形载体"复制件这一要件也是符合传统的传播技术特点的。但在网络环境下，这一要件显得不必要了。暂时复制虽然不是永久的，只是临时的或一次性的，但同样被人们感知并利用，其使用价值并不弱于传统形式的复制。还有，被控制的核心应该是作品本身，而不是作品赖以体现的"有形载体"。也有人将计算机 RAM、显示器认为是有形载体，因而网上作品也具有有形载体，可以随机存储、存取，暂时复制也成了"有形复制件"，则将其纳入著作权人复制权中就更是顺理成章的事了。

总之，与其任人们养成网上免费使用作品的习惯后再去纠正，不如先行立法肯定作者的专有权利，再设计特定的权利限制机制，以平衡公众利益。后一种做法的社会成本可能更低，对各方利益的平衡也更合理一些[1]。简言之，要确定“暂时复制”属于作者复制权，就要破除传统的复制只能是“永久的”和仅限于“固定到有形物质”上的特点，真正明确网络维权的概念，才能有所创新。

其三，若不承认暂时复制是著作权法意义上的复制行为，会造成理论上和执法上的困境：因为在此假设前提下，行为人绕过了技术手段而收听或收看了著作权作品，著作权人无法追究行为人的责任，但法律却是不能允许这种绕过行为存在的。而且，将暂时复制专有权排除出著作权人的复制权范围，并不能保证用户能通过国际互联网而阅读和浏览有价值的作品信息，因为著作权人所采取的越来越精致的技术保护措施同样能控制“暂时复制”，结果会使用户的阅读和浏览受阻。目前，世界上许多国家都不承认对暂时复制的保护，世界知识产权组织1996年的两个条约也没有对“暂时复制”下定论。承认暂时复制是著作权人的专有权，并不必然给公众使用作品造成很大的负面影响，即法律可以对合理使用制度进行重整，规定针对扩张后的复制权的“例外与限制”，以达到权利人与使用人在新的层面上的利益平衡[2]。

综上所述，传统复制权概念不断受到新技术挑战，要鼓励智力创作，促使科学文化事业发展与繁荣，网络环境下，著作权的核心内容之一复制权的扩张就是一种必然的趋势，不承认这一点，抱残守缺，坚守旧有阵地，不利于著作权目的的实现。复制权概念的扩张必然给构建在传统复制技术基础上的合理使用规则带来新的问题，即如何在新的技术条件下重新划定其新的领地以使著作权人的版权和公众的社会信息知悉权都能够受到合理的保护，从而维持一种新的利益平衡。

---

〔1〕 梁清华.网络环境下的知识产权保护.北京：中国法制出版社，2004.35

〔2〕 吴汉东.高科技发展与民法制度创新.北京：中国人民大学出版社，2003.220

（二）发行权及发行权用尽等权利的变化

1. 网络环境下发行权概述

网络技术的发展,突破地域、时间的限制,网络传输成为一种重要的作品传播方式,网上交易越来越多地成为新的结算方式。这种新的发行方式的产生使著作权人及其相关权利人迫切希望加以控制,以保证其收益。世界知识产权组织1987年颁布的《印刷文字的政府专家委员会会议备忘录》中指出:"文字作品和版刻作品的传统(印刷)复制模式是复制完成以后发行拷贝。而用电脑存储或向公众传输文字作品和版刻作品时,拷贝在复制期间(同时)发行。……用电子方式传输或发行时,发行是复制或发行过程的一部分,基于复制权承认这种隐含的发行权看来是必要的。"在网络上,人们很容易地将一个文件从一台电脑传送到另一台甚至更多的其他电脑内。传输一旦完成,原始拷贝一般仍保存在发送方的电脑内,该拷贝的复制件被输送到接受方的一台甚至更多的电脑存储器中。所以,美国1995年白皮书认为,网上信息(作品)的数字传播应视为发行行为,应受到发行权的限制。[1] 与传统发行概念不同的是,传统的作品拷贝发行(比如图书发售和录像带租借)是发行者与其拥有的作品拷贝相分离,而通过网络发送或发行作品拷贝时,发送或发行者的拷贝仍存储在电脑内,他所发送或发行的只是该拷贝新的复制件。[2]

另外,传输暂时性复制件算不算发行,取决于暂时性复制件是不是《著作权法》意义上的复制件。世界知识产权组织于1996年颁布的两个条约虽确立了发行权的概念,但将暂时复制的问题搁置起来,因而"网络传输是否为条约所指的发行"、"发行权所控制的对象是否把永久的和暂时的复制件都包括在内"还存在争议。欧盟对于发行权有不同的理解。在1997年颁布的《协调信息社会版权和有关权利规则指令的建议》中,欧盟指出,"发行权是指作者控制以任何形式向公众发行作品原件或有

---

〔1〕 Information Infrastructure Task Force, "Intellectual Property and the National Information Infrastructure: The Report of Working Group on Intellectual Property Rights", (Sept. 1995), at214～215.

〔2〕 梁清华. 网络环境下的知识产权保护. 北京:中国法制出版社,2004. 38

形复制件的专有权，但是发行权不适用于服务和在线传输”。网络传输因此被排除在发行含义之外。国内有学者认为，欧盟的这一观点难免有前后矛盾之嫌，因为欧盟“绿皮书”及“续绿皮书”都明确了暂时复制的性质，而发行权作为著作权人控制作品复制件传输的专有权，缘何传输了暂时复制件却不构成发行呢？“网络传输是否属于发行”与“暂时复制是否属于复制”这两个问题应该是同向性的。既然暂时复制构成《著作权法》意义上的复制，因此，网络传输当属向公众的发行，著作权人对这一行为的控制应为其发行权的重要内容〔1〕。

2. “发行权一次用尽”原则的突破与改变

所谓“发行权一次用尽”，又称“权利用竭”，是指权利人出售或以其他形式转让了作品复制件的所有权以后，权利即告用尽，权利人不能再干涉复制件随后的转售、分销。我国《集成电路条例》规定，受保护的布图设计、含有该布图设计的集成电路或者含有该集成电路的物品，由布图设计权利人或者经其许可投放市场后，他人再次商业利用的可以不经布图设计权利人许可，并不向其支付报酬。《德国著作权法》第十七条规定，作品原件或复制件因本国发行权人同意通过销售而发行的其以后的销售无需再得到许可。《美国著作权法》第一〇九条(a)规定，“任何合法制作或复制的作品的合法所有人均有权不经作品著作权人许可而出售归他所有的那份作品或复制品，或做其他处置”。这表明著作权人对其作品的控制仅仅基于将作品复制件出售之前，该复制件一旦销售、出租或者发行后，其发行权即告耗尽，不得再次行使。“权利一次用尽”原则是以法律手段来对著作权人施以一定的限制，达到公众接触、使用作品的目的，从而平衡作品创作者、传播者及使用者之间的利益关系，以促进整个社会科学文化的进步。

“发行权用尽”原则有其存在的社会政治、经济、文化发展水平的特定立法背景，但是在高新技术的冲击下已远远不能适应时代的需要。我们看到为数众多的网络用户在这一原则的庇护下，恣意复制著作权作品而不需支付任何报酬，从而使高新技术的发展给著作权人所带来的利益被用户“享用”了，打破了他们之间的利益平衡关系。因此，“发行权一次

---

〔1〕 吴汉东. 高科技发展与民法制度创新. 北京：中国人民大学出版社，2003. 221

用尽”原则应该被突破。美国 1995 年“白皮书”和欧盟 1996 年“续绿皮书”都建议“发行权一次用尽”原则不能适用于作品的在线使用,受保护的客体的每一次在线传输都必须取得授权[1]。此前美国法律规定电脑软件的拷贝或录音作品的某一唱片的所有人不得为直接或者间接赢利的目的而出租、出借该拷贝或唱片,其原因在于人们能用比此类原件制作低得多的成本去获得优质的复印件。美国“白皮书”认为“发行权一次用尽”不适用于作品拷贝通过数字传输发行的场合。该原则性规定仅仅限于著作权人的发行权,决不影响著作权人复制权的行使。“发行权一次用尽”并不允许一作品拷贝通过电脑网络传输。因为按照现有的网络技术和电脑技术,作品一旦上网,在作品的传输者保留了该作品原始拷贝的同时,接受者也获得了该原始拷贝的一件复制件或一份新拷贝,而非传输一拷贝时,这种传输可能构成侵犯著作权人复制权的行为。因此,该合法拷贝所有人可以通过其他方式发行他那份拷贝,但不得擅自将它上网进行传输。该“白皮书”进而认为,“发行权一次用尽”原则是与有形载体的作品发行相联系的,如果将来出现一种控制技术,可以保证作品复制件的原始所有人在传输作品后无法保有复制件,而且接收方也无法擅自制作复制件时,那么“发行权一次用尽”原则也可以适用。欧盟“绿皮书”认为,发行权是否因权利人自身的利用或第三方的利用而用尽,取决于所利用的作品及相关物品的形式。当发行对象是作品的有形复制件时,权利用尽;当发行对象是无形的服务(或作品的使用)时,不适用发行权用尽原则,因为作品的网上传播这种提供数字传输进而进行的服务可以无数次反复进行,所以必须对每一次的数字传输及再传输分别进行许可或授权。可见,欧盟也认为“发行权一次用尽”原则只适用于处置有体物形式的复制件的情形。国内也有学者同意有形复制件的转移是“发行权一次用尽”原则存在的基础,因而网络上传输数字作品无法适用该原则。

在传统物质世界中,作品一般需要承载在一定的有形载体上,如纸

---

〔1〕 Information Infrastructure Task Force, “Intellectual Property and the National Information Infrastrcture: The Report of Working Group on Intellectual Property Rights”, (Sept. 1995), at90 ~ 95; “Follow ~ up to the Green Paper on Copynight and Related Rights in the Information Society”, Ccommunication from the Commission COM (96) 568 adopted, Nov. 1996, at17 ~ 19.

张、胶片等,才可能被人们所感知,所以在这种情况下作品的发行必须通过有形载体的所有权或占有权转让的方式才能实现。在《著作权法》刚立法时,受技术条件限制,立法者显然不可能预见到作品可以脱离有形载体进行发行。然而,在网络环境下,几乎所有形态的作品,无论是文字作品、绘画作品等都被转换成了 0 和 1 的电信号序列组合,并且脱离了书本、胶片等有形载体在网络空间进行流通。可以说,这种流通是符合作品发行的本质内涵的,权利人提供作品(以电信号为介质,并以接收者计算机显示器为有形载体显示),接收者付出对价,取得代表作品的电信号这种特定介质的所有权或使用权,这实际上构成了一个作品著作权转让或者使用许可合同。可见,网络环境中作品的交易比传统的原子时代的作品的交易更纯粹,其真正的交易对象中的使用权得到了最大限度的体现。既然作品通过网络数字传输在经济影响和实际效果上与发行一致,因此网络数字传输只不过是复制或发行的一种新的技术手段。1987 年世界知识产权组织国际局的备忘录也认为数字传输是发行。该备忘录指出:传统的复制模式是复制件的发行在复制之后产生,但在数字传输过程中,发行在复制过程中产生。因此,这种交易不仅只是复制,它可以被称为复制与发行的结合。复制件的产生与发行几乎是同步的。虽然复制件载体是由使用者自己提供的,但这并不影响发行的实际效果,即使用者获得了可使用的复制件。

既然受著作权法保护的作品的网络传输比传统发行方式更能体现出发行的本质含义,那就没有理由不把它看做是作品发行的一种新形式。因此,对传统发行要件进行扩大解释当然也是合情合理的。那么,“发行权一次用尽”原则此时是否适用呢?从前面的有关著作权人独占发行权而阻碍商品的自由流通来看,作为有形商品的作品的流通,涉及两重财产权,即著作权人的发行权和合法复制件所有人的所有权,不能为保护著作权人的专有权就置所有人的财产权于不顾。制造有形商品投入的成本很大,如因为著作权人专有发行权而造成商品所有人利益严重损害是有失公平的。无论作品的某一特定复制件根据发行权用尽原则再转移多少次,最后总是只有一个人持有该复制件,这是发行权用尽原则之所以合理的基础,即防止著作权人对作品的垄断,促使社会公众能够接触、了解和使用作品。在网络环境下,作品使用的传播方式多样化,如作品通过传输,的确在接收者计算机内产生了该作品的复制件(暂时的或永久的),但这一复制件并非传输者手中的那一份,而是另外形成的新的复制件。也就是说,在作品传输的同时也伴随一个复制过程,正是这个事实上存在的复制过程动摇了发行权用尽原则的合理性。即如果仍然坚持发行权用尽原则,那么著作权人本应享有的因技术进步、渠道拓宽带来的经济利益就被划归社会公众,这一结果显然有失公平。

还有学者认为,网络传输不同于有形载体的流通,接收传输的人不必付出多大的代价即可取得作品的使用权;网络传输同时涉及复制权、发行权、传播权等著作权人多重权利,一旦"用竭"就意味着多种权利一同用竭,网上传输没有国界限制,具有全球性,权利一旦"穷竭",就意味着版权人在全世界的权利用尽,这显然不妥,从网络传输的无形性看,它类似于无线电广播、卫星广播或有线传播等传播方式,而"权利用竭"原则是不适用于这些"传播权"的。

总之,为充分保护版权人利益,发行权用尽原则不应适用于网络环境下受著作权法保护的作品的发行[1]。因为"权利一次用尽"适用的前提是:作品的复制件是由著作权人或者其授权的人投放于市场的,在此前提下,复制件的合法所有人或持有人将该复制件再次销售或分销的行为不应受到著作权人的控制。所以,非著作权人或非其授权的人制作作品的复制件或销售、使用非法复制件的行为同样不能因"权利一次用尽"原则而获得豁免。但是在物质世界中,由于受到合法复制件投放数量的限制和时间、空间条件的制约,如果绝对禁止非权利人的复制、使用行为,将严重妨害公众对作品利用的需要,故世界各国都允许少量复制行为的存在,从法律的角度讲,这是对著作权的一种限制措施。网络环境下这一情况发生了变化,上述复制件的投放量以及时空的限制不复存在,作品一经上传后(视为第一次复制),他人的在线阅读、传输、下载(视为第二次复制)将无以限制(不考虑技术措施的因素)。但是,即使如此,在网上的无限量复制,即使在"权利一次用尽"原则下,也是非法的。只是,由于网上复制与机械复制相比,存在技术上的特殊性,故需要专门的法律进行规制,网络传输权也就应运而生。但是,网络传输权的出现,是否属于对"权利

〔1〕 梁清华.网络环境下的知识产权保护.北京:中国法制出版社,2004.41

一次用尽”原则的突破，还是应该斟酌的。笔者认为，网络传输权可以理解为著作权在网络空间的延伸，同时也是“发行权一次用尽”原则在网络环境下的适用。载体和使用手段的变化必然会消除或产生新的著作权利，要适应高新技术，特别是信息网络的发展，要从制度上予以排除或改变。即“发行权一次用尽”不应再作为网络环境著作权限制制度而存在。

（三）进口权与公共借阅权

根据《伯尔尼公约》议定书考虑增加著作权人新类型经济权力项目的精神，适应网络环境下作品使用发行权的改变，在我国，吴汉东等学者建议增加进口权和公共借阅权等作为“发行权一次用尽”原则的突破和补充。

进口权也是一项财产性权利，它是指著作权人所享有的除法律另有规定外，自己进口或禁止他人未经许可为制造、销售、使用等生产经营目的而进口其著作权作品复制件的专有权。尤其是在高新技术条件下，如果不赋予著作权人该项权利，用户完全可以非常便捷地通过进口这一方式而占领本应由著作权人享有的国内市场。而且就“发行权一次用尽”原则的立法背景来看，它也是针对有形商品贸易而言的，因为无形财产权不受限制的行使会阻碍有形商品的流通。随着高科技的发展，无形商品贸易日益成为主要形式，权利一旦用尽，就等于在全球范围内用尽，这对于权利人的利益影响重大，对其也不甚公平。所以“发行权一次用尽”原则理应被突破（该原则也无法得到适用，因为高科技条件下的著作物贸易是可以被无限重复的），并在立法上确立著作权人的进口权这一财产性权利〔1〕。

这可能成为一个问题。

设例1：甲在中国拥有一个作品的著作权，乙在美国将该作品大量复制后进口到中国。问：在中国没有关于著作权人进口权规定的情况下，乙的行为合法吗？

设例2：甲在中国拥有一个作品的著作权，该作品的复制件在中国销

---

〔1〕 吴汉东.高科技发展与民法制度创新.北京：中国人民大学出版社，2003.222

售价为30元人民币,甲将该作品的复制件出口到美国,美国市场的销售价为1美元。于是乙在美国购买了甲自己销售的复制件后,将该复制件返销回中国,扣去各项费用后,乙每销售一件复制件净赚10元人民币。问:假如中国《著作权法》对著作权人规定了进口权,甲有权阻止乙的进口行为吗?假如中国《著作权法》没有对著作权人规定进口权,甲就无权阻止乙的进口行为吗?

对设例1的回答应当是没有问题的。按照《伯尔尼公约》,甲的作品在美国也应当获得著作权保护,故乙在美国的复制行为,按照美国的法律也是侵权的,将未经甲授权的复制品进口到中国市场销售,侵犯甲的著作权,甲当然有权阻止,这与甲有无进口权无关。

对设例2的回答可能就不太容易。这实际上是关于平行进口合法性的问题。在国际贸易领域,平行进口问题始终是争执不休的话题,对平行进口的态度,成为一国贸易政策的重要组成部分。争执的问题不是关于进口权的问题,而是关于"发行权一次用尽"的理解问题,即权利一次用尽是指国内用尽还是国际用尽?如属前者,则不允许平行进口;如属后者,则应当允许平行进口。我国《专利法》中规定有进口权,它是指专利权人不仅有对进口其专利产品的禁止权还可以用自己的专利产品进口以履行其在中国实施专利的义务。

公共借阅权也是对"发行权一次用尽"原则予以突破的产物,它是指著作权人所享有的要求对其作品图书馆等因向社会公众提供借阅而获取收益应向其支付报酬的权利。著作权人的经济利益在很大程度上是通过其作品的销售来实现的,若按"发行权一次用尽"原则,权利人对作品一次出售后的状态无能为力,由于社会公众可以通过图书馆以较小的代价而获取作品,故通常不会再去购买该作品。这样权利人本应获取的经济收益也就因图书馆的这种借阅行为而大大减少。当电子图书馆等高新技术环境下的借阅方式日益成为人们的主要阅读方式时,著作权人对数字化的传输方式就更难以控制了,而且此种借阅方式有速度快、数量大、不受地域范围的限制等特点,作品给权利人所带来的市场份额必然会极大受损。所以,公共借阅权的设置在高科技条件下显得尤为重要。目前,世界上已有丹麦、挪威、瑞典、芬兰、冰岛、荷兰、德国、新西兰、澳大利亚、英国、加拿大、以色列等10多个国家规定了公共借阅权制度。他们大多是采用单独立法方式，只有德国是将公共借阅制度直接规定在其《著作权法》第二十七条中：即如果出租或出借第十七条第二款允许再次传播的著作复制物，用于出租给出借者的营利目的或通过公众可到达的机构（图书馆、唱片中心或其他复制中心）出租或出借复制物，则应向著作权人支付适当报酬。德国将公众借阅权纳入到出租权范畴，并将其从发行权中分离出来。

国内对公共借阅权制度存在着三种不同的观点:第一，反对说。持这种观点的人认为公共借阅权制度违反了图书馆的公益性原则，而且会影响文献信息的传播。第二，赞成说。持这种观点的人主要是从保护著作权人和促进文化发展的角度出发的。第三，中间说。持这种观点的人认为，图书馆应当对其外借活动给作者的利益的受损以一定的经济补偿，但反对以立法的形式赋予作者这一新的财产权[1]。笔者认为图书馆作为代表社会公共利益的信息服务机构，其公益性要求信息必须无偿或低成本使用，但图书馆只有在尊重著作权人利益的前提下，才能更好地履行其信息收集和传播的功能。所以，必须不断完善《著作权法》，以实现作者所代表的私人利益和图书馆所代表的公共利益之间的平衡。同时，著作权人的公共借阅权是靠政府而不是作品的借阅者来实现的，所以，政府对著作权人的合法权益因公共外借行为而受影响的，应给予作者适当补偿。

第三节 著作权的取得

著作权的取得，是指获得著作权的依据原则，或者称作著作权取得的条件，是取得著作权的途径和前提。从整个著作权的发展来看，著作权的

〔1〕 江向东. 对公共借阅权制度的思考. 中国图书馆学报，2001(3)

取得经历了从登记取得到自动取得的转变过程。作为第一部现代著作权法《安娜女王法令》曾经明文规定了“登记”的取得要件,作品取得的要件是在书籍行会的登记簿上进行登记。[1] 随后英美法系国家和少数大陆法系国家纷纷效仿。但是著作权登记取得制度,可能会导致那些未及时登记的作品受到侵害,也不能保护著作权取得原则与之相悖的国家的著作权人的合法权益。《伯尔尼公约》第五条(2)规定:“享有和行使这些权利不需要履行任何手续,也不论作品起源国是否存在保护。因此,除本公约条款外,保护的程度以及为保护作者权利而向其提供的补救方法完全由被要求给以保护的国家的法律规定。”显然这种著作权的登记取得制度与《伯尔尼公约》所体现的原则相悖。因此多数的大陆法系国家采用的是与《伯尔尼公约》精神相一致的自动取得原则。法国 1791 颁布的《表演权法》及 1793 年颁布的《作者权法》都明确宣布,作品自创作完成后就受到保护,作者不需要履行其他登记手续。[2] 随着国际交流的广泛展开,越来越多的国家参与到国际性的组织或加入国际性的条约,这样登记取得制度就与国际条约的精神产生了冲突,多数西方国家纷纷开始修改本国的著作权法,以便可以适应国际规则的需要。例如,美国 1989 年加入《伯尔尼公约》,同时根据《伯尔尼公约》的要求对美国著作权法作了有效的修改,以消除明显的冲突。在我国通常只要基于作者的智力创作作品就可以取得著作权,权利的取得不受行为能力和年龄的限制。我国《著作权法实施条例》规定: 著作权自作品创作完成之日起产生。可见我国在著作权的取得上遵循的是著作权自动取得原则。

(一) 注册取得原则

1. 著作权的注册获取

注册取得,指以登记注册作为取得著作权的条件,作品只有登记注册后方能产生著作权。著作权注册取得的原则,又称为注册主义或登记主义。在历史上最早出现的是登记制。英国 1709 年的《安妮法》最早规定

---

〔1〕 胡开忠. 知识产权法比较研究. 北京: 中国人民公安大学出版社,2004. 77

〔2〕 同上. 79

著作权的享有和行使取决于书籍出版前在伦敦出版业公会（Stationers' Company）的登记，未经登记，书籍不能出版，也无所谓著作权。[1] 从世界各国著作权法规定来看，大多数国家已采取自动取得原则，《伯尔尼公约》和《世界版权公约》也不以登记注册作为取得著作权的条件，但实施1987 年新版权法之前的西班牙，以及受其影响较大的拉丁美洲和少数非洲国家，仍要求将作品提交著作权管理部门登记，否则不受著作权法保护。

从登记制度的历史来看，采用登记取得制度的国家主要有以下几种模式：① 将著作权登记手续作为著作权取得的必要条件；② 将登记作为受保护作品著作权合法转让的必要条件；③将登记作为诉讼和请求法律制裁侵权行为的程序之一。[2]

实行著作权的注册取得原则或登记原则，有利于著作权的有效保护，随着网络技术的发展这一重要性逐渐地凸现出来。实行注册原则不仅可以维护作者或其他著作权人和作品使用者的合法权益，同时能够有助于解决因著作权归属造成的著作权纠纷，并为解决著作权纠纷提供初步证据。近年来，我国也开始实行著作权自愿的登记政策。1995 年，我国开始实行的《作品自愿登记试行办法》尽管当中规定：作品实行自愿登记，作品不论是否登记，作者或其他著作权人依法取得的著作权不受影响。但是登记的作品在日后的著作权纠纷解决中自然在证据方面会更加有力。

2. 著作权的注册

著作权的注册也称为著作权的登记，通常是指在国家指定的特殊机关登记自己的著作权，并获得登记认证。著作权的注册一般情况下是与著作权的取得无关的，并不因为没有进行著作权的登记而不能够获取著作权。当然，在一些要求通过登记制度获取著作权的国家除外，多数国家中都规定了著作权的自动取得原则，也就是说作者从创作作品之日起即自动地获得了著作权。

注册的目的就是尽可能地建立完备的版权记录，进而利于版权的管

[1] 汤宗舜. 著作权法原理. 北京：知识产权出版社，2005. 55
[2] 胡开忠. 知识产权法比较研究. 北京：中国人民公安大学出版社，2004. 77～78

理，在产生版权归属纠纷的时候方便法官和法院的审判工作。美国是要求版权登记的国家之一，版权登记是权利人向法院起诉侵权的前提，尽管登记并不是取得版权的要求要件，但是在提请相关诉讼时登记就成为了要件之一，这也就是说作者要寻求法律上的保护，当作品出版后就一定要对作品的版权向当局的机构进行注册和备案。虽然我国并不要求著作权的登记取得，但是在计算机软件的保护上，在以前的管理当中我国是要求对计算机软件采用登记原则的，同时无论是在行政纠纷还是在法律纠纷上，都要求登记是提起诉讼的必需要件。按照国际上的惯例，并不要求在计算机软件上采用登记的原则，并且随着软件产业的发展，过多的登记要求阻碍了产业的发展。因此，随着我国加入了一些国际条约，在我国2002年颁布的《计算机软件保护条例》中，规定软件的著作权人可以向国务院著作权行政管理部门认定的软件登记机构办理登记。软件登记机构发放的登记证明文件是登记事项的初步证明。可见，我国对计算机软件上的管理已经从过去的要求登记变为了自愿登记，不再对登记成为一定的有效要件加以规定。

（二）自动取得原则

1. 自动取得原则

自动取得是指著作权因作品的创作完成而产生，无须履行任何程序或手续，作品本身也不需要载有任何标记，便可自动地无条件地享有著作权，故自动取得又称“自动保护主义”或“无手续主义”。[1] 这里的自动获取是指不用在任何机关登记、注册，也不像专利和商标那样要得到一定的权利机构的审查和批准，同时也不需要加注任何标记。当作者完成创作之后，无论作品是否发表或出版，都产生著作权。著作权的自动取得原则是大多数国家都遵循的原则，《伯尔尼公约》第三条(1)指出：“作者为本同盟任何成员国的国民者，其作品无论是否出版，都受到保护。”我国《著作权法》参照各国的通行做法，采用了“自动取得”原则。我国《著作权法》规定：“中国公民、法人或者其他组织的作品，不论是否发表，依照

〔1〕 陈兴华.知识产权法学.昆明：云南大学出版社，2004.94

本法享有著作权。”尽管有的作者在完成作品之后并没有向公众发布，但是这并不影响作者对自己作品的著作权。

作品的完成就会使得作者获得著作权，但是依照一个什么样的标准就可以表示作品完成呢？多数人认为必须是作品全部完结。我们认为这样的理解过于僵化，只要是作品中可以独立表意的部分完成就应该认定为完成。比如一部文学作品中，在一章写作的完成后就可以称为作品的完成。再比如一部电视连续剧，一集的完成后也可称为是作品的完成。因此，我们认为阶段性的成果即可以称为是作品的完成。著作权的自动取得原则，有利于著作权人行使权利，防止侵权行为的发生，倘若也像专利权和商标权的取得一样经过大量严格而繁琐的手续，那么著作权人的权利就有可能在申请期间被侵犯。因此采用著作权自动取得原则，可以减少和避免这类侵权行为的发生。

同时，我们应该注意，采用自动取得原则或无手续原则，并不是说对著作权的取得完全没有限制。只有当主体和客体要件都满足的情况下，才适用自动取得原则。主体和客体要件主要是指作者和作品要件的满足。例如，对作者而言必须是中国公民、必须有独立的创作行为，等等；对于作品而言必须有独创性、必须具有可复制性，等等。由此可知自动取得，并不等同于无限制。我国《著作权法》规定，中国公民、法人或者其他组织的作品，不论是否发表，依照本法享有著作权。可见自动取得原则，并不要求作品是否发表，只要作品一经完成即可享有著作权。

2. 自动取得原则对外国人的适用

在我国《著作权法》当中并未作出自动取得原则对外国人的使用规定，我国《著作权法》第二条规定：“中国公民、法人或者其他组织的作品，不论是否发表，依照本法享有著作权。”但是我国《著作权法》中同样规定：“外国人、无国籍人的作品根据其作者所属国或者经常居住地国同中国签订的协议或者共同参加的国际条约享有的著作权，受本法保护。外国人、无国籍人的作品首先在中国境内出版的，依照本法享有著作权。”我国是一些国际公约的缔约国，那么在一些规定上自然要尊重国际条约的规定。《伯尔尼公约》第三条规定：根据本公约，为本联盟任何一成员国公民的作者，其作品无论是否发表，应受到保护；非为本联盟任何一成员国公民的作者，其作品首次在本联盟一成员国出版或在本联盟一成员国和一非本联盟成员国内同时出版的，应受到保护；非本联盟任何一成员国公民但在一成员国国内有经常居所的作者，在适用本公约时，与该国公民作者同等对待。

按照上述的规定，只要是《伯尔尼公约》的成员，那么该国的作者就同我国作者享有一样的权利，也就是说外国作者在我国的著作权上的主体资格同我国本国作者享有一样的对待。可见，外国作者在中国也是基于其作品的完成而自动获得著作权的。条约中第四条还规定：即使第三条规定之条件未具备，下述作者根据本公约也应受到保护：

a）其电影作品的制片人在本联盟某一个成员国有所在地或经常居所的；

b）建造在本联盟某一个成员国内的建筑物或设置在本联盟某一个成员国内房屋中的绘画和造型艺术品的。

（三）其他取得制度

其他取得方式包括：作品必须以有形物固定下来，才能获得著作权。如《美国著作权法》就有此规定；以著作权标记获得著作权，这为世界版权公约所确认。“版权标记”包括三个部分：在英文字母C外加一圆圈，C为英文Copyright的缩写，代表版权©；版权所有者姓名；首次出版年份。当版权作品为音像制品的时候在英文字母P外加一个圆圈，表示版权℗。加注版权标志进而获取版权是较为传统的一种形式。例如在美国，加注版权标志是标注版权的必要程序，否则一旦进入公有领域就会丧失版权。《世界版权公约》第三条规定：任何缔约国依其国内法要求履行手续——如缴送样本、注册登记、刊登启事、办理公证文件、偿付费用或在该国国内制作出版等——作为版权保护的条件者，对于根据本公约加以保护并在该国领土以外首次出版而其作者又非本国国民的一切作品，应视为符合上述要求，只要经作者或版权所有者授权出版的作品所有各册，自首次出版之日起，标有C的符号，并注明版权所有者之姓名、首次出版年份等，其标注的方式和位置应使人注意到版权的要求。

通常加注标记都是在出版物上，比如图书、音像制品等等。在要求加注标记的国家中标记是十分重要的，因为如果一旦不加标记的出版物进入公共领域就会丧失自己的版权。在《世界版权公约》中明确规定了加注标记获取版权,但是在其他公约中,比如《伯尔尼公约》就没有这样的规定,而是确认著作权的自动取得原则。尽管在公约之间的规定中存在一定的差异,我们认为,在出版物上加注版权标记是有一定的积极意义的。版权标记不仅仅是证明版权的的标识,同时也告知外界的使用者所使用的作品是存在版权的,如果使用不当,就会造成侵权,因此在保护版权人利益方面也是十分必要的。

现代出版学丛书

4

第四章

著作权的保护期限与管理

第一节 著作权的保护期限

一、著作人身权的保护期限

著作权的保护期限，是指著作权受法律保护的时间界限或者说是著作权的有效期限。在著作权的保护期限上很长一段时间存在着差异，这主要是因为在著作权的划分上存在着“一元论”和“二元论”两种观点。我们前面讨论过，在“天赋人权”的影响下，大陆法系国家普遍认为著作权是作者人格的体现，当然要对作者的精神权利给予保护。因此，大陆法系国家更加重视对作者精神权利的保护，强调在保护作者人身权利的同时。对作者的财产权利加以保护。保护作者的精神权利同时也保护作者的财产权利成为了大陆法系著作权保护的特点，不同于英美法系的只对作者经济权利的保护。但是在当时的大陆法系国家当中关于作者人身权和财产权之间是否可分割上又产生了分歧，即在大陆法系国家中对这一问题的认识上又分为“二元论”和“一元论”，讨论的焦点主要集中在著作人身权和财产权能否分割。以法国为代表的国家坚持“二元论”，他们认为著作权应该是可以分割的，应该具有相互独立的著作人身权和著作财产权；而以德国为代表的国家则坚持认为著作权是著作人身权和财产权的有机结合体，是不能加以分割的。

这样也就导致了此后在法国和德国的版权法中对作者精神权利和人身权利保护期限上的巨大差别。按照“二元论”理论，法国的学者们认为，作者的精神权利和财产权利是可以分割的，那么既然可分，在权利的保护上就可以采取不同的对待方式，进而在权利的保护期限上也就自然不同。因此，法国对作者的精神权利的保护是不受期限限制的，并且可以由作者的后继者不断地继承下去，而作者的财产权利上保护期限是作者死后 70 年。

德国是“一元论”的坚持者,“一元论”也就是认为作者精神权利和财产权利是一个不可分割的整体,在权利的保护上采取相同的对待方式,依次类推也就是说在权利的保护期限上两者是没有差别的,应当按照同一个标准去对待。所以,德国对于作者权利的保护期限,无论是精神权利还是财产权利都是作者死后 70 年。

一般讲,我国属于大陆法系国家,那么当然承认作者精神权利和财产权利的划分。从我国《著作权法》的规定看,我国还是采取了法国的“二元论”体系,在对作者权利的保护上,通常情况下著作人身权的保护是没有期限限制的。我国《著作权法》第二十条规定:“作者的署名权、修改权、保护作品完整权的保护期不受限制。”但是出于发表权在促进文化、艺术和科技交流等方面的特殊意义,我国《著作权法》特别规定:“公民的作品,其发表权保护期为作者终生及其死亡后 50 年,截止于作者死亡后第 50 年的 12 月 31 日。”从中也不难看出发表权在著作权保护中的特殊性。

二、著作财产权的保护期限

著作财产权也叫经济权利,即与经济利益有关的权利,也就是作者或者是其他著作权人享有的利用作品获取经济利益的权利。我们知道著作权无论是人身权利还是财产权利都是具有排他性的权利,也就是说具有一定的垄断性质的权利,那么在经济活动中无论是政府还是经济活动的参与者本身都是排斥垄断的。因此,通过对这样的垄断性质的权利给予一定的保护期限,既可以防止垄断的膨胀,也可以鼓励创作者或者其他权利人的创作和传播作品的积极性,最终促进整个社会的发展。

关于著作财产权的保护期限,各国的主要做法都是依据主体的不同规定各不相同的保护期限。此外,在某些特殊的作品形式上,例如,对于电影作品、实用艺术作品、美术作品等形式还规定了特殊的保护期限。在《伯尔尼公约》中就规定:各国可以对摄影作品和实用艺术作品规定特别的保护期限。我国依据本国的实际国情,对权利的保护主要依据不同的权利主体和特殊种类的作品作出了保护期限的规定。

（一）公民作品的保护期限

我国《著作权法》规定:作品的作者为公民,其著作财产权的保护期为作者有生之年加死亡后50年。可见保护期限的计算是在作者死亡之后,也就是在作者的生命结束以后,而与作者的作品完成时间无关,与作者作品使用的时间更无关系。作者死亡后,其保护期的计算上是以作者死亡后次年的1月1日开始计算,第50年的12月31日保护期届满。保护期限届满后出于促进整个社会各项事业发展的需要,作品也自然的进入公有领域,作者的财产权利将不再受到法律的保护。从作品归属的主体上来说,公民作品是最为普遍的作品,那么对于公民作品的保护而言也就是其他作品保护的基本标准。

（二）法人和其他组织的作品保护期限

在修改后的著作权法中,规定了法人和其他组织的作品保护期限。依照我国《著作权法》,法人和其他组织的作品主要是由法人或者非法人单位享有的职务作品,由于在主体上所涉及的是一定的组织,不存在生命死亡的说法,那么在保护期限的规定上也就不可能像公民作品那样,保护期从作者死亡后计算。根据我国《著作权法》规定:法人或者其他组织的作品,著作权(署名权除外)由法人或者其他组织享有的职务作品,其发表权以及著作权法中所规定的各项财产权利的保护期为50年,截止于作品首次发表后第50年的12月31日,但是作品自创作完成后50年内未发表的,《著作权法》不再予以保护。

（三）合作作品的保护期限

合作作品是指两人以上合作完成的作品,那么对于合作作品的保护期限,一般是遵循公民作品的保护期限标准,以作者死亡后的50年为限,但是在合作作品保护限期的计算上是以最后一个死亡的合作作品的作者的死亡日开始计算。因此对于合作作品而言,发表权以及其他相关的财产权利的保护期为作者终生加死亡后50年,但50年的计算是以合作作者中最后死亡的作者的死亡时间为起算点。

(四)电影作品、实用艺术作品及摄影作品的保护期限

根据《伯尔尼公约》的规定:对于电影作品,联盟成员国有权规定,保护期限自作品在作者同意下公映后50年届满,如自作品摄制完成后50年内尚未公映,则自作品摄制完成后50年届满。我国《著作权法》规定:电影作品和以类似摄制电影的方法创作的作品、摄影作品,其发表权以及其他各项规定的财产权利的保护期为50年,截止于作品首次发表后第50年的12月31日,但作品自创作完成后50年内未发表的,本法不再保护。

电影作品本身就是一种集合了各种作品形式的结合体,从权利的归属上来看,电影作品整体的著作权归于制片人享有,但是其中的不同作品,例如音乐、剧本等一些作品的著作权是可以独立于电影存在的。因此,有时可能电影作品的财产权利已经过了保护的期限,但是这些独立作品的保护期限依然存在。所以,在使用这样一些电影当中的独立作品是不能认为该电影已经公开,或已经进入了公共领域,那么这些作品也当然进入了公共领域。

实用艺术作品,应该是艺术作品的一种,只是与其他艺术作品相比更具实用性。根据《伯尔尼公约》的规定:联盟成员国有权以法律规定作为艺术品加以保护的实用美术作品的保护期限;但这一期限不应少于自该作品完成时算起25年。可见在《伯尔尼公约》的规定中采用了最低保护的原则,在给予各缔约国自主权的同时,也限定了最低的保护标准。也就是说各国在制定保护期限的时候,最低的也要规定25年的保护期限。

关于摄影作品的保护期限,《伯尔尼公约》同样采用最低期限的保护原则。公约规定:联盟成员国有权以法律规定摄影作品的保护期限;但这一期限不应少于自该作品完成时算起25年。然而在我国,摄影作品与电影作品以及其他的一些作品具有同样的保护期限,保护期限都是50年,截止于作品首次发表后第50年的12月31日,但作品自创作完成后50年内未发表的,本法不再保护。

（五）作者身份不明作品的保护期限

对于作者身份不明作品的保护期限，其使用权和其他相关的权利保护期为50年，截止于作品首次发表后第50年的12月31日。可见，由于作者的身份不明，也就是说无法确定作者的真实有效身份，在这样的情况下也就不能按照作者死亡后的时间来计算保护期限。因此，这样的情况下，是以作品首次发表的时间为起点计算，但是如果作者身份能够确定，那么作者身份确定后，适用一般的保护原则规定，即保护期仍按作者终身加50年计算。

第二节 著作权的管理

一、著作权的行政管理

著作权的行政管理，一般指著作权的行政管理机构、以及机构的行政职能问题。根据我国《著作权法》第七条规定：国务院著作权行政管理部门主管全国的著作权管理工作；各省、自治区、直辖市人民政府的著作权行政管理部门主管本行政区域的著作权管理工作。

可见对于著作权的管理，一般是分为国家和地方两级管理。地方著作权管理部门，主要是指各省、自治区、直辖市人民政府的著作权管理机构，在职能上负责本地区的著作权管理工作，同时查处本区域内的著作权违法行为。这里要注意在管辖范围上的限制，也就是说除了国家著作权管理部门可以跨区域管理全国的著作权管理工作外，其他地方著作权管理部门不能跨地域干涉或管理其他地域的著作权管理。特别是在有关著作权违法行为的管辖级别上是有一定区分的，国家版权局颁布的《著作权行政处罚实施办法》(2003年)第六条规定:“国家版权局可以查处在全国有重大影响的违法行为,以及认为应当由其查处的其他违法行为。地方著作权行政管理部门负责查处本辖区发生的违法行为。”

国务院著作权行政管理部门,主要是指国家新闻出版总署(国家版权局)。其主要职责是:(1)贯彻著作权法律、法规,制定与著作权行政管理有关的办法;(2)查处在全国有重大影响的著作权侵权案件;(3)批准设立著作权集体管理机构、涉外代理机构和合同纠纷仲裁机构,并监督、指导其工作;(4)负责著作权涉外管理工作;(5)负责国家享有的著作权管理工作;(6)指导地方著作权行政管理部门的工作;(7)承担国务院交办的其他著作权管理工作。地方著作权管理部分主要是指各个地方的版权局,在行政上这些管理部门隶属于地方政府。但在业务上受国家版权局指导。

地方著作权管理部门的职责由地方人民政府确定。一般意义上,地方著作权管理部门的职责主要是负责本地区的著作权管理工作。例如,查处著作权侵权行为,进行行政处罚,为著作权人订立专有许可使用合同、转让合同,进行备案,等等。同时负责本地区的著作权法律知识普及、宣传和教育工作。

目前,我国已初步形成国家版权局、省级版权局和地市版权局的三级著作权行政管理体系。各省、自治区、直辖市政府不断加强版权行政管理部门的力量,使版权行政管理与行政执法体系不断健全。

著作权行政管理部门在保障著作权人的权利过程中,起着举足轻重的作用,各种相关的行政法规、规章从实际操作的角度为权利人提供了便利。[1]

我国除设立中央和地方两级著作权行政管理机构之外,为适应经济和社会的发展,保护网络数字化的著作权,还设立了一些专门组织和临时行政单位。如全国和各地的“扫黄打非”工作小组及办公室(简称“扫黄打非办”),省市一级设立的使用正版软件工作领导小组等,并开展专项治理整顿工作。如针对目前网络侵权盗版行为呈现的技术专业化、主体泛众化、组织集团化、体系网络化、问题国际化的趋势和作案手段隐蔽、侵

〔1〕 饶传平. 网络法律制度——前沿与热点专题研究. 北京:人民法院出版社,2005. 186

权盗版行为严重、涉及面广、跨地域取证难等特点,许多版权局成立了打击网络侵权盗版专项行动办公室,采取专项治理整顿措施,规范网络环境,净化网络监管,查处一批案件,取得了积极的阶段性成果。继2005年10月,中央宣传部、全国"扫黄打非"工作小组办公室、新闻出版总署(国家版权局)公安部、信息产业部、文化部、国家工商行政管理总局等部门发出通知,要求在全国范围内集中开展一次打击网络侵权盗版的专项行动之后,2006年全国又成功地举行了"反盗版百日行动",2006年9月,国家版权局要求继续进行打击网络侵权盗版专项行动,以加强著作权保护,规范和整顿市场秩序,净化网络传播环境。

由于互联网成为强势媒体的特征已经显露,与之相伴的网上侵权也不可能短期内消除,所以,著作权行政管理部门在开展打击网络侵权盗版专项行动的同时,积极探索长期有效的监管机制,而与权利人建立长期固定的合作关系,就是解决网上侵权盗版行为的办法之一。2006年12月15日,国家版权局与美国电影协会、商业软件联盟、美国出版商协会、英国出版商协会在北京签订了关于建立网络版权保护协作机制的备忘录。旨在通过加强和促进网络版权保护的国际合作,严厉打击通过网络传播盗版电影、软件、文字作品及录音录像制品的行为,有效保护著作权人的合法权益。实践证明,著作权人与著作权行政管理部门进行充分合作,对打击盗版行为是大有帮助的。

二、著作权的集体管理

(一)著作权集体管理概述

著作权的集体管理制度是关于著作权保护的一种制度,较之专利、商标以及其他的知识产权而言,著作权集体管理制度是在知识产权保护领域中的独有制度,在专利、商标以及其他的知识产权保护中并未曾有过这样的制度。对著作权进行集体管理,最早可追溯到18世纪后期的法国。当时为了便于权利人行使权利和使用人使用权利,特别是对于音乐作品、录音录像制品的使用。18世纪后期,法国成立了大批的著作权管理组织,这些组织的主要任务是负责收取和分配使用本会员作品的费用,就作品的使用进行合同谈判，对有困难的作者给以帮助，等等。在法国之后，以集体管理方式实现著作权的人的权利为越来越多的国家所接受。目前，美、英、德、日等著作权保护比较发达的国家都成立了各种不同类别的著作权集体管理组织。我国现行《著作权法》第八条对著作权集体管理也作出了规定："著作权人和与著作权有关的权利人可以授权著作权集体管理组织行使著作权或者与著作权有关的权利。著作权集体管理组织被授权后，可以以自己的名义为著作权人和与著作权有关的权利人主张权利，并可以作为当事人进行涉及著作权或者与著作权有关的权利的诉讼、仲裁活动。"

可见著作权集体管理是指著作权人、邻接权人或者其他权利人授权有关组织，代为集中管理著作权、邻接权的制度。[1] 依据我国国务院《著作权集体管理条例》(2004 年)第二条的规定，著作权集体管理，是指著作权集体管理组织经权利人授权，集中行使权利人的有关权利并以自己的名义进行的下列活动：(1) 与使用者订立著作权或者与著作权有关的权利许可使用合同(以下简称许可使用合同)；(2) 向使用者收取使用费；(3) 向权利人转付使用费；(4) 进行涉及著作权或者与著作权有关的权利诉讼、仲裁，等等。

随着信息化、网络化的发展，著作权集体管理的价值日益凸现，对于著作权管理组织进行具体的规制也就十分必要。我国《著作权法》第八条规定："著作权集体管理组织是非营利性组织，其设立方式、权利义务、著作权许可使用费的收取和分配，以及对其监督和管理等由国务院另行规定。"2004 年 12 月，国务院颁布了《著作权集体、管理条例》，对著作权集体管理组织的性质、设立方式、权利义务、监督管理和法律责任等作了具体规定，并决定该条例自 2005 年 3 月 1 日起施行。

（二）著作权集体管理的重要性

早期的版权交易主要都是集中在作者本人同作品使用者之间进行的，交易的方式较为简单，同时早期的作品形式较之现在也是十分的简

〔1〕 韦之. 论著作权集体管理机构管理的权利. 法商研究，1999(3)

单,多数的都以著作为主,进而当时交易行为也被称之为出版行为。所以,作者进行版权交易的主要对象就是图书出版公司,交易的过程也是十分的简单,双方只要就达成一致的协议,签署一份出版合同,交易行为就告一段落。可见,这种面对面的交易行为,可以最大程度上满足双方的意思表示。但是,随着作品利用形式的逐渐的趋于多样化和复杂化,这种直接的交易形式变得越来越困难,特别是网络技术的发展,突破了空间上的限制,人们可以在网络上使用来自不同国家的作品,但是在这样的情况下要获得某个国家作者的许可,就变得十分得困难。例如,一家英国的音像公司使用了一位中国作曲家的作品,那么这家英国公司要想合法地使用此作品就不得不获得中国作曲家的授权或许可,但是在这样一个人口众多的国家中,要去寻找这样一个人可能是一件十分耗时的事情,但是又是一件必须去做的事情,从经济利益上来看这显然上一种障碍。在这样的情况下,如果有一个统一的,能够对外代表这些权利人的组织同使用者之间进行沟通,就显得十分的必要。也正因为此,著作权集体管理组织随之产生了。

著作权集体管理组织不仅仅是单个著作权人对外进行版权交易的代表,同时也是对外维护自己合法权益的代表,这样的一种组织的建立,可以说是在版权贸易国际化发展的要求。尽管著作权管理组织代表作者去实现的可能是表演权、广播权这样一些较难实现的或者并不十分重要的权利,但是这样一种组织的兴起却是十分必要,无论对于作者还是作品的使用者来说都是如此。

集体管理制度作为权利人行使权利的有效途径,在现代社会,尤其是技术发展日新月异的信息网络时代是极为重要的。这不仅表现在录音录像、静电复印、电缆电视等技术引起的著作权保护问题方面,而且表现在数字技术引起的版权保护问题上。在网络环境下,随着网站的不断发展,权利人一般很难知道网络侵权事实的存在,即使知道,有时出于讼累的考虑,也很难逐一去主张权利,因为通常大多数侵权行为的侵害看起来是微不足道的;而从网络内容服务提供者的角度看,网络的发展需要大量的信息、作品,如要求他们逐一取得使用许可并支付费用也是不现实的。在网络环境下,著作权集体管理制度具有很大的优越性。不仅有利于权利人行使和保护其权利(因为权利人将权利交由集体管理机构来行使,免去了与网络内容提供者就作品使用一一谈判的麻烦)，而且还有利于作品使用者，如网络内容提供服务商，尽快找到权利人并得到授权(因为其只需与集体管理机构达成协议就可以使用相关作品，而省去与著作权人一一谈判的麻烦)。因此，著作权集体管理是适用于网络环境的一种集中的、规模化的、经济的方法。其作用主要体现在以下几个方面：

第一，高效稳定的管理和交易。集体管理机构具有比个人更强的管理功能和交易能力。由于集体管理机构是接受著作权人授权委托，专门从事信息网络传播权管理的专业机构，拥有无可比拟的专业人才，无论是在管理经验还是在资金投入上都比个人管理更有优势，特别是其规模效应的影响能提高作品的管理和交易的整体效率。

第二，批量处理信息的经济性。因为由信息网络传播权引起的交易费用，即搜索、分析、证实信息所花的费用，如果由个人来支付是比较高的，而集体管理因为接受的是多人授权，每次信息处理均为完成多项交易进行，一次处理的费用就比个人为了完成一项交易而必须支付的费用要低得多。这样的话，整体的成本分摊与个人支出比，交易费用减少，权利人为维护自身的权利所花的成本也就降低了，将侵权案件诉诸于法律的可能性就更大了，从而便于信息网络传播权得到法律的保护。

第三，降低著作权人监督的责任和难度。在个人管理的保护方式下，著作权人面对的是数量、位置、特点都未知的使用者，监督难度很大，而且会有许多无法观察到的“死角”。在集体管理制度下，著作权人只需面对一个管理机构，对使用者的监督工作交给管理机构去做，这样就能把以前用于管理著作权的时间和精力用来从事创作。[1]

第四，能减少使用者的“寻租”成本。寻租是指利用资源并通过政治过程获得特权从而构成对他人利益的损害大于获得收益的行为[2]。使用者为获得作品的专属使用权，而向著作权人支付使用费的过程就是一种寻租行为。多名使用者的竞争及各种不确定因素必然会影响到寻租租金的多少，在向著作权人个人直接寻租的过程中风险系数比较高，而向著

---

〔1〕 林健，黄瑞华，问向荣. 网上著作权保护及其经济分析. 著作权，2000(1)

〔2〕 戈登·塔洛克. 对寻租活动的经济分析. 李军政译，张军审校. 西南财经政法大学出版社，2000.1

作权集体管理组织寻租,在集体管理组织对作品有稳定的占有权的情况下,寻租成本大为降低,而且效率更高。

第五,能促进社会公共利益的改善。著作权集体管理制度涉及的公共利益来源于著作权本身的公共利益。美国最高法院法官奥康纳指出,版权是"……言论自由的动力。通过建立一种使用个人言论的市场权利,版权为思想的产生和传播提供刺激"。[1]因此,著作权的集体管理有两个基本的任务:一是使权利所有者有效并且经济地实施和管理自己的著作权;二是为使用者接触著作权作品提供方便,并使作品使用者能依法获得有关作品使用许可证,履行相关义务。因为一个有效率的制度不仅要鼓励创作,而且要使广大读者容易看到受著作权保护的作品。在许多情况下,如果没有集体管理,公共利益就不会得到适当的满足。1963 年墨西哥颁布的《著作权法》中特别指出,伴随墨西哥版权法而成立的各种作者协会应看成是有利于公共利益的团体,具有法律实体和独立财产的性质。

如今,在大多数国家里,对著作权集体管理已成为广泛的实践活动。这一事实本身就表明,以这种组织形式来管理著作权,不仅有益于团体中的每一个成员,而且有益于使用者,也有利于社会。因为它更有效地发挥了著作权制度的作用,加快了受版权保护作品的传播,同时也扩大而不是缩小了社会对作品的选择方位,避免作品使用费用不必要的上涨。例如,著作权的集体管理可以降低个人间的协商费用和重复管理费用,协商、检查和征税等费用的分摊对创作者和消费者都是经济的。从现实情况来看,集体管理制度也是必要的:权利所有者不可能同时在众多地区,在浩瀚的网络海洋里对其每一部作品行使自己的权利,而且也不可能轻易在异国行使自己的权利;集体管理的形成和建立也方便了使用者,因为他们不可能从每一个权利所有者那里获得准许[2]。

---

〔1〕 吉利恩·达维斯. 权利集体管理中的公共利益. 冯晓东译. 版权参考资料,1990(2). 11~12

〔2〕 冯晓青. 知识产权法前沿问题研究. 北京:中国人民公安大学出版社,2004. 242

（三）著作权集体管理组织

所谓的著作权管理组织是指为权利人的利益依法设立，根据权利人授权、对权利人的著作权或者与著作权有关的权利进行集体管理的社会团体。1777 年，世界上第一家著作权集体管理组织在法国诞生，是由著名作家博马舍领导的法国戏剧作家和作曲家协会。[1] 此后很多国家都成立了著作权集体管理组织，但是起初的著作权集体管理组织仅仅代表的是一些音乐家的著作权，从活动范围上来看也仅仅限于本国内部、并不能涉及本国以外对权利人的侵权。但是随着作品形式的丰富，同时也随着著作权集体管理组织的不断发展，目前的著作权集体管理涉及多作品门类。例如，电影作品、美术作品、文字作品，等等。同时，随着网络技术的发展，著作权集体管理的方式也是解决网络带来的众多著作权问题的有效途径。近年来，我国也开始在著作权集体管理方面投入了一定的力量。2004 年，我国颁布了《著作权集体管理条例》，其中对著作权集体管理组织给出了明确的定性，同时也将著作权集体管理组织纳入了法制化的范围。

《著作权集体管理条例》规定：著作权集体管理组织应当依照有关社会团体登记管理的行政法规和本条例的规定进行登记并开展活动。[2] 著作权集体管理组织主要对权利人自己难以有效行使的权利进行集体管理。例如，表演权、放映权、广播权、出租权、信息网络传播权、复制权，等等。

著作权管理组织可由享有著作权或者与著作权有关的权利的中国公民、法人或者其他组织发起设立。设立著作权组织应当具备以下要件：

（1）发起设立著作权集体管理组织的权利人不少于 50 人；

（2）不与已经依法登记的著作权集体管理组织的业务范围交叉、重合；

（3）能在全国范围代表相关权利人的利益；

（4）有著作权集体管理组织的章程草案、使用费收取标准草案和向权利人转付使用费的办法草案。

---

〔1〕 李明德，许超. 著作权法. 北京：法律出版社，2003. 200

〔2〕 著作权集体管理条例. 2004(3)

（四）著作权集体管理组织的申请

依据我国《著作权集体管理条例》，著作权集体管理组织的申请程序，首先应当向国务院著作权管理部门提交证明符合本条例第七条规定的条件的材料。国务院著作权管理部门应当自收到材料之日起60日内，作出批准或者不予批准的决定。批准的，发给著作权集体管理许可证；不予批准的，应当说明理由。[1]其次，申请人应当自国务院著作权管理部门发给著作权集体管理许可证之日起30日内，依照有关社会团体登记管理的行政法规到国务院民政部门办理登记手续。[2]最后，依法登记的著作权集体管理组织，应当自国务院民政部门发给登记证书之日起30日内，将其登记证书副本报国务院著作权管理部门备案；国务院著作权管理部门应当将报备的登记证书副本以及著作权集体管理组织章程、使用费收取标准、使用费转付办法予以公告。[3]

著作权集体管理组织设立分支机构，应当经国务院著作权管理部门批准，并依照有关社会团体登记管理的行政法规到国务院民政部门办理登记手续。经依法登记的，应当将分支机构的登记证书副本报国务院著作权管理部门备案，由国务院著作权管理部门予以公告。[4]

（五）著作权集体管理

权利人需要与著作权管理组织签订书面形式的著作权集体管理合同，授权该组织对其依法享有的著作权或者与著作权有关的权利进行管理。权利人与著作权集体管理组织订立著作权集体管理合同后，不得在合同约定期限内自己行使或者许可他人行使合同约定的由著作权集体管理组织行使的权利。外国人、无国籍人可以通过与中国的著作权集体管理组织订立相互代表协议的境外同类组织，授权中国的著作权集体管理组织管理其依法在中国境内享有的著作权或者与著作权有关的权利。著作权集体管理组织与境外同类组织订立的相互代表协议应当报国务院著

〔1〕 著作权集体管理条例. 2004(9)
〔2〕 著作权集体管理条例. 2004(10)
〔3〕 著作权集体管理条例. 2004(11)
〔4〕 著作权集体管理条例. 2004(12)

作权管理部门备案,由国务院著作权管理部门予以公告。[1]

著作权集体管理组织许可他人使用其管理的作品、录音录像制品等,应当与使用者以书面形式订立许可使用合同。著作权集体管理组织不得与使用者订立专有许可使用合同。使用者以合理的条件要求与著作权集体管理组织订立许可使用合同,著作权集体管理组织不得拒绝。许可使用合同的期限不得超过2年;合同期限届满可以续订。

我国目前在民政部注册登记的著作权集体管理组织有中国音乐著作权协会,该会是由中国音乐家协会和国家版权局共同发起,依法成立。主要的任务是维护曲作者、词作者和其他著作权人合法权益的机构,协会的日常工作受国家版权局的监督和指导。协会主要管理音乐作品的公开表演权、广播权、复制发行权和网络传播权。

根据2006年《中国知识产权保护的新进展》白皮书,从1988年至今,我国先后于1988年成立了中华版权代理总公司;1990年成立了中国版权研究会,并于2002年更名为中国版权协会;1993年成立了中国音乐著作权协会;1998年成立了中国版权保护中心。总之,在我国中国文联、中国作协、中国电影家协会等作者协会团体和图书出版、音像制作、软件开发等版权产业的行业协会,成立了专门的版权维权组织,全国20多个省(自治区、直辖市)以及一些中心城市成立了版权协会。

中国版权保护中心的职责之一就是组织文字、美术、摄影以及多媒体等作品的版权集体管理。1999年版权保护中心又与中国作家协会就有关使用文字作品问题达成协议,国家版权局批准成立中国文字作品著作权协会,表明我国的著作权集体管理机构建立的开始。中国音像制品版权集体管理组织也在筹建中(已获批,正在办理注册手续)。在司法实践中,1998年7月,上海市第二中级人民法院审理了第一起以著作权集体管理机构为诉讼主体的案件,确立了集体管理机构在代表权利人方面的主体资格,为发展我国的集体管理制度提供了宝贵的经验。2001年,北京市第二中级人民法院也审理了中国音乐著作权协会诉东方歌舞团著作权侵权案。总之,在我国随着信息化、网络化的进程,著作权集体管理已经纳入法制化的轨道。

---

〔1〕 著作权集体管理条例. 2004(19、20、22)

附：

各地版权代理机构一览表

单　　位	邮　编	通　讯　地　址
中国版权保护中心	100055	北京市西城区西绒线胡同甲 7 号
中华版权代理总公司	100055	北京市西城区西绒线胡同甲 7 号
湖南版权代理公司	410005	长沙市展览馆路 66 号
上海市版权代理公司	200020	上海市绍兴路 5 号
天津版权代理公司	300211	天津市河西区尖山路 82 号
河北版权代理公司	050061	石家庄市城乡街 44 号
辽宁省版权代理公司	110001	沈阳市北一马路 108 号
吉林省版权局	130021	长春市人民大街 124 号
黑龙江版权代理公司	150010	哈尔滨市道里区森林街 68 号
安徽省版权代理公司	230063	合肥市跃进路 1 号
山东省版权代理公司	250011	济南市省府路前街 1 号综合楼
河南版权代理公司	450002	郑州市农业路 73 号
湖北版权代理公司	430077	武汉市东亭路 2 号
广东版权事务所	510030	广州市水荫路 11 号
广西万达版权代理公司	530022	南宁市民族大道 68 号
四川省版权事务中心	610015	成都市桂花巷 21 号
国图贸易总公司版权代理事务部	100044	北京市车公庄西路 35 号公司西楼 303
中国电视节目版权代理公司	110001	北京市南礼士路三条 1 号
北京天都电影版权代理中心	100036	北京市海淀红联东村 28 办公楼 105
陕西省版权代理公司	710003	西安市被大街 131 号
九州音像出版公司版权贸易部	100088	北京市西城区丰盛胡同 19 号
北京版权代理公司	100005	北京建国门大街光华长安大厦后楼 401 室

各省版权研究会(学会)一览表

单　位	邮　编	通　讯　地　址
中国版权保护协会	100044	北京车公庄大街物华大厦4层
北京市版权保护协会	100055	北京市宣武区手帕口北街3号
上海市版权保护协会	200020	上海市绍兴路5号
天津市版权保护协会	300211	天津市河西区尖山路82号
辽宁省版权保护协会	110001	沈阳市北一马路108号
吉林省版权保护协会	130021	长春市人民大街124号
黑龙江省版权保护协会	150010	哈尔滨市道里区森林街68号
安徽省版权保护协会	230063	合肥市跃进路1号
山东省版权学会	250011	济南市省府路前街1号综合楼
河南省版权学会	450002	郑州市农业路73号
广西版权保护协会	530022	南宁市民族大道68号
四川省版权保护协会	610015	成都市桂花巷21号
贵州省版权学会	550001	贵阳市中华被路289号

(资料来源于 http://www.copyinfo.cn/cllct.htm)

现代出版学丛书

第五章

信息网络传播权

网络技术的发展,改变了过去传统信息传播的方式,信息的网络传播在今天信息化和网络化的社会中显得尤为普遍。在公司、企业,我们通过网络传递商务信息,交流工作看法;在家中,我们可以浏览网页,观看网络电影。另外,网络还为我们提供快捷方便安全的网上服务,如电子邮件、电子付款、资料检索、网上购物、视频聊天等。今天,我们信息的网络传播使得我们彼此之间的距离越来越短。

那么传播方式改变给我们带来的不仅仅是快速和便捷,同时也带来了很多的问题,作品网络传输权的保护也凸现出来。那么什么是信息网络传播权?首先我们来看一个案例。刘某独立撰写的文章《域名及其管理若干法律问题研究》一文,收录在《全球化背景下的经济法制建设》一书中,此后刘某发现自己的文章被某网站转载,并且没有署名,自己事先也不知情,更没有许可。刘某认为该网站侵犯了自己的著作权,向法院提出诉讼。法院审理认为某网站擅自转载刘某的文章,构成了对著作权人的侵犯,因此应停止侵犯并且赔偿一定的损失。信息网络传播权是我国《著作权法》修改后提出的一项新的权利。信息网络传播权是指以有线或者无线方式向公众提供作品,使公众可以在其个人选定的时间和地点获得作品的权利。那么在信息技术发展的今天,网络化传输行为应该包括两个方面,一是各种形式的作品要想通过网络进行传输,必须要转变为网络语言,也就是作品的数字化。作品的数字化是将作品作一定的机器代码的转化,换而言之就是对作品的载体的变化,作品的本质并未发生质的变化,只是知识复制手段或者传播手段的变化,因此作者当然地享有这样一种复制权;二是作品在网络上的传输,即通过一定的机械设备向公众传播或者广播,因此也可以称为是机械表演权的一种。

第一节

信息网络传播权的由来与确立

一、信息网络传播权的概念与特征

信息网络传播权是随着信息和通信技术的发展和交汇，随着信息网络技术的迅猛发展而产生的一种专有权，也是一种具有排他性质的作品财产权。也有人称它为一种新型著作权。根据我国2001年修订的《著作权法》第十条和2006年5月国务院颁布的《信息网络传播权保护条例》第二十六条有关规定，“信息网络传播权，是指以有线或无线方式向公众提供作品、表演或者录音录像制品，使公众可以在其个人选定的时间和地点获得作品、表演或者录音录像制品的权利”。这种权利是《世界知识产权组织版权条约》第八条规定的作品作者应享有的“向大众传播权”(Right of Communication to the public)的一部分，因为以有线或无线的方式向公众提供作品包括的范围更广。根据这个定义，信息网络传播权具有网络传输、复制权、发行权、表演权等权利交叉的特点，属于著作权内一项独立的权能。

我国信息网络传播权的定义包含了三项内容或因素，一是利用有线或无线的设备或方式，这是作品传播的条件和基础；二是作品面向公众提供，这是作品在网上传播的目的，与其他网下或纸介质等有形载体的传播并无本质的不同；三是保证公众在个人选定的时间、地点上自由获得作品，这反映了信息网络传播权的特点，尤其是个人选定的时间、地点，反映了网络著作权的开放性、即时性、交互性的特点。

当然，对这一定义也有不同意见。有学者[1]认为信息网络传播权从

〔1〕 乔生.信息网络传播权研究.北京：法律出版社，2004.33

内容上讲，一是偏于空泛，二是不该将公众是否在其选定的时间或地点获得作品作为版权人的权利因素。从文字上讲，自郑成思先生1997年发表《两个新的国际版权条约评价》[1]之后，也许是翻译的关系，在 Right of Communication 的翻译上将传输权与传播权混同使用，事实上传输与传播一字之差在网络上的含义是不同的。首先网络传播权是版权人在信息上的一种权利，特指互联网络上版权人控制、利用作品的一种形式，而网络传输权则不仅仅局限于版权人控制、利用作品的一种形式，它的含义似乎更为广阔。如电子邮件从一个 E-mail 发至另一个 E-mail，一个电子合同从一个网址发向另一个网址，就属于网络传输权，而不属于网络传播专有权的著作权利。其次，版权人在网上控制、利用作品，是向公众即不特定对象的传播，被服务者尽管在作品传播后可以依照(on Demand)个人意愿的时间、地点阅读、下载，但版权人事先并不可能预知被服务者的接收情况。而网络传输权则不同，它包括不可预知的信息传输，也包括可以预知的信息传输，甚至包括特定时间、地点的信息传输。

综上，网络传输权与网络传播权虽只有一字的差异，其意义却不尽相同。传者，递推也，传输，递送之意，从一地输送到另一地，有明确的目的地；传播，扬布之意，无明确的接收地。[2] 其实，传播、传输在大多数环境下是相通的，从这几年的使用中就可以看到，只是在特定的语境下，注意区别即可。

信息网络传播权的产生因应了高新技术，特别是网络数字技术的发展与需要。众所周知，互联网上的信息是海量的，虽然随着应用软件的不断开发和升级，在互联网上的即时创作变得越来越容易，但是互联网作为传播媒体的性质依然没有改变，人们还是更愿意将互联网当作一个传播媒体，看重的是互联网上信息的迅速传播、流通和更新。因此，互联网上的海量信息除一小部分是直接在网上创作的外，大部分是从网下上载的。毫无疑问，在这些被上载的大量信息中，有很多在网下是受到著作权法保护的作品。从文字作品、音乐、戏剧、曲艺、舞蹈、杂技艺术作品、美术、建筑作品、摄影作品到电影作品和以类似摄制电影的方法创作的作品、工程

---

[1] 郑成思.两个新的国际版权条约评价.外国法译评，1997(4).72

[2] 乔生.信息网络传播权研究.北京：法律出版社，2004.33

设计图、产品设计图、地图、示意图等图形作品和模型作品、计算机软件，可以说凡是网下存在的作品，几乎都有可能被上载到互联网上。互联网的主要特征之一是信息传播的方便、快捷，作品一旦被上载到互联网上，就会有很多人对其进行使用，比如广大用户的浏览、下载或传播，其他网站的转载等，不论是否取得作者许可的上载，若对作品未进行技术措施保护，作者乃至网络服务商都很难对其他人的使用进行控制。从这个意义上说，作者控制其作品网络传播的重心是对其作品上载到互联网的控制。而在作品上载后其他人对其作品在网络上的使用一方面难以控制，另一方面这些使用也相当复杂，比如有最终用户为教学或科学研究使用，这些显然属于合理使用的范畴，也有其他网站为信息传播的转载使用，这些也会被一些国家规定为法定许可使用或默许使用的范围。[1] 可以说，数字化作品的著作权人的信息网络传播权已得到世界范围的认可。它具有以下特征：[2]

1. 一种公开传播权及其专有性

从权利属性讲，信息网络权属于公开传播权之一种。以任何一种直接传播或间接传播的方式向公众传播作品一直是著作权人的一项专有权利，也即公开传播权。它是著作权人及其邻接权人的专有权利，是排他性的权利，除法律规定的合理使用、法定许可等情况外，他人未经授权许可，不得擅自将著作权及邻接权的作品在网络上传播，否则构成侵权行为。WCT 第八条规定了公开传播权。最常见的公开传播方式有：艺术作品或其复制品的展出，对戏剧、舞蹈等作品的公开表演或演奏，电影作品和其他视听作品的公开放映或展示，广播、卫星公开传播和电缆传送，以及通过远距离信息传送机构公开传播受保护的作品等几种。有学者认为，作品的公开传播指的是一些人可通过复制品发行以外的手段，全部或部分利用作品原作或改变形式的任何行为。就是说，如果在严格的家庭范围以外传播，甚至在此范围内，如果它假以任何种类的传播网或与其联成一体时，不管其目的如何，都将被视为公开传播。我国《著作权法》和《信息网络传播权保护条例》关于信息网络传播权的定义为“以有线或者无线

[1] 梁清华. 网络环境下的知识产权保护. 北京：中国法制出版社，2004. 42
[2] 饶传平. 网络法律制度. 北京：人民法院出版社，2005. 163

方式向公众提供作品,使公众可以在其个人选定的时间和地点获得作品表演或者录音录像制品的权利”,也是明显借鉴了《世界知识产权组织版权条约》第八条“向公众传播的权利”的规定。

2. 行使方式的特定性

从权利产生与行使过程看,信息网络传播是指将具有著作权的信息资料等数字化后通过网络向公众传播,使公众可以在选择的时间、地点和范围接触上述作品信息。信息网络传播权通过计算机网络向公众提供作品,主要包括作品的数字化和通过网络传输作品两个环节。实际上传播过程中的复制、发行、浏览、存储、传输等环节都与网络息息相关。所谓作品的数字化,是指把作品的文字、数值、图形、图像、声音等信息输入计算机系统并转换成由1和0组成的二进制数字编码;在此基础上,可以对作品进行进一步加工、存储和传输,并在需要时把这些数字化信息还原成文字、数值、图形、图像、声音等。所谓通过网络传输作品,主要是上载,是指把数字化后的作品上载到计算机网络上并向公众提供作品,其中包括把作品上载到网络服务器的硬盘上、在具体的网站上公开展览、在传输中进入计算机随机存储器被临时复制、被下载永久复制至计算机硬盘具体环节。一直以来,无论是理论界还是司法界,均认为作品的数字化只是改变了作品存在的媒介,增加了利用作品的一种方式,并没有创作的成分,没有产生新的作品,数字化后的作品仍然属于复制还是其他,并没有统一的结论。目前,人们对于通过网络传输作品是著作权人的一项专有权利这个观点已经没有疑义,但是,对于通过网络传输作品的权利性质,也有很多的观点,有人认为这是对作品的复制,也有的人认为这是对作品的发行。随着《著作权法》的修改并确立了信息网络传播权的概念之后,无论是作品数字化还是通过网络传播作品,均应该是信息网络传播权的内容。

3. 权利内容的复合性

分析权利内容,信息网络传播权是传统的复制类权利和传播类权利的结合。在不同传播技术下规定的传播权内容会有所不同,但对于信息网络传播权而言,它是一种复合性的权利,这种复合性权利的特点是指作品的传播和使用混合了多种技术方式。首先,传统的著作权法对作品一般采取分解保护的方式,即将任何一种使用和传播作品的行为如复制、表演、播放、展览、发行、摄制电影、电视、录像或者改编、翻译、注释、编辑等的行为分别规定为一项著作权。但是比较而言，作品的计算机网络传播过程却很复杂，从技术上说它可以分解为数字化、上载、传输、储存和下载等一系列子过程，每一个子过程同时也是一次独立的对作品的使用或者传播，按照传统的分解保护方式，信息网络传播权实际上也具有了一系列的子权利。[1] 其次，网络传播本身就包含了对作品的多种使用方式，而且多种使用方式具有高度的复合性，因此作为著作权人专有权利之一的信息网络传播权的内容就有了复合性的特点。同时，无论是复制类权利还是传播类权利，在信息网络传播中两类权利可以自由转换。

4. 网络上获取作品的开放性、交互性与即时性

从权利的实现方式看，计算机网络的交互性、即时性、全球性让公众在获取作品方面具有了极大的自由。在交互性传输中，信息传输的范围、程度及信息的使用方式是由信息的发送者和接受方共同决定的。在时间上，接受方既可以在传播的同时、也可以在以后的任意时间内获取作品；在空间上，接受方甚至可以在能够联通网络的任何地点获取作品，而不同于在传统的通过现场表演、出版、广播、电视传播方式下，公众只能在固定的表演地及广播电台、电视台选定的时间和覆盖的范围内收看作品。当然公众能够自由地在计算机网络上获取作品这一特点，特别是侵权盗版行为极大地增加了著作权人保护信息网络传播权的难度，同时对于著作权的地域性特点和国际保护可以说也是一个极大的冲击。

二、信息网络传播权的立法背景和现状

计算机信息技术的迅猛发展，虚拟性、无形性、全球性的数字化网络使作品的传播变得难以控制，而这一切给著作权法带来全面而深刻的冲击，使著作权法在最近百年遇到真正的挑战。为了因应这种挑战，世界知识产权组织进行了一系列的研究。20 世纪 80 年代末，该组织已感到仅仅进行“指导工作”已呈现不足，新的国际标准变得不可或缺。关贸总协定谈判产生的《与贸易有关的知识产权协议》并未解决新技术带来的许多具体的法律问题。于是，1996 年 12 月 2 日至 20 日在瑞士召开的“关

〔1〕 饶传平. 网络法律制度. 北京：人民法院出版社，2005. 164

于著作权及邻接权问题的外交会议"上,通过了两个被称为"因特网条约"的《世界知识产权组织版权条约》和《世界知识产权组织表演和录音制品条约》。《世界知识产权组织版权条约》第八条规定:在不损害《伯尔尼公约》赋予作者的各项传播权利的前提下,文学和艺术作品的作者应享有专有权,以授权将其作品以有线或无线的方式向公众传播,包括将其作品向公众提供,使公众中的成员在其个人选定的地点和时间可获得这些作品。《世界知识产权组织表演和录音制品条约》第十条规定:表演者应享有专有权,以授权通过有线或无线的方式向公众提供其以录音制品录制的表演,使该表演可为公众中的成员在其个人选定的地点和时间获得。同时该条约第十四条规定:录音制品制作者应享有专有权,以授权通过有线或无线的方式向公众提供其录音制品,使该录音制品可为公众中的成员在其个人选定的时间和地点获得。可以说,《世界知识产权组织版权条约》第八条开一代风气之先,为权利人创设了一项控制作品在互联网上传播的重要权利,它创设的"伞形结构"赋予权利人一种广义的包容各类传播的传播权。各国可以根据自身的情况,选择适用已有的权利,结合已有的权利或者创设新的权利来实现对广义传播权的保护。

从世界范围看,对这一问题的解决目前有几种不同的处理模式。[1]一种属于"隐含式",即用著作权人现有的发行权、公开表演权和公开展览权的扩大解释来保护,美国是这一类处理模式的典型。美国认为,只要将其法律中已有的发行权和向公众传播的权利(公开表演权、公开展示权等)结合起来,就足以覆盖各类传播行为。因此,美国没有创设新的权利,而是通过法院判例,解释和澄清了权利人传播的范围。一种是"重组式",即对著作权人的各类作品的传播权进行重组,把除了复制发行权之外的其他传播方式(包括网络传播在内)统一为一种综合的传播权,澳大利亚即属于这一类。另外一种是"新增式",即在不改变现有著作权配置的前提下,直接赋予著作权人控制作品的数字化和进行网络传播的新权利,如欧盟等。欧盟为了协调成员国的保护水平,在其《信息社会版权指令》中创设了一种广义的传播权,即以有线或者无线的方式向公众传播作品的专有权,包括广播权以及使公众中的成员在自己选择的时间和地

〔1〕 薛虹. 网络时代的知识产权法. 北京:法律出版社,2000.10

点获得作品的权利。《信息社会版权指令》的前言部分专门说明，使公众中的成员在自己选择的时间和地点获得作品就是交互性按需传输的特点，因此指令中的广义传播权覆盖了交互性的按需传输。日本在1997年修订其《著作权法》时，也引进了广义的传播权，即公开传播作品的专有权包括以交互性传播的方式使作品处于可被传输的状态的权利[1]。可以认为，我国修订《著作权法》中规定的信息网络传播权也属于这一类处理模式。我国《信息网络传播权保护条例》制定时主要把握以下几点：一是与互联网条约即世界知识产权组织的两个条约（WCT与WPPT）的规定相一致，不能低于其最低要求。二是有利于创新，发挥网络传播作品的潜能；有利于满足人民群众使用作品的要求，保持权利人、网络服务提供者、作品使用者的利益平衡。三是鉴于网络环境下的著作权保护问题是新问题，各国还有不同认识，对有些认识不透的问题，或不作决定，或作简略规定。

其实，几种保护模式各有侧重、各有利弊，而且和各国传统的著作权保护制度有直接的关系。美国是计算机互联网的发源地，因网络传播而产生的著作权纠纷最早也最集中，这促使美国法律界很早就开始研究在网络环境下如何保护著作权的问题。早在1995年9月美国就公布了有关知识产权和国家信息基础设施的“白皮书”。其中得出的结论：在网络环境下，《美国著作权法》不需要作大的修改，只需稍微作澄清和调整即可[2]。这也和美国判例法所具有的极大弹性特点相吻合。与美国以不变应万变的做法相反，澳大利亚之所以尝试对著作权人的传播权作大刀阔斧的改革和重组，和澳大利亚原先对传播权的立法缺陷有关。其原先立法把传播权分成三种：公开表演作品的权利、广播作品的权利、通过发送服务使作品被传输给用户的权利，这三种传播权不仅在范围上存在交叉、重叠等不合理之处，而且是基于20世纪上半叶的传播技术而设立的，根本无法适应网络环境的现实需要。而我国之所以毅然选择新增权利的保护模式，原因有二：其一，因为传统的原因，采取“重组式”可能性不大；

---

〔1〕 黄松有.知识产权司法解释实例释解.北京：人民法院出版社，2006.379

〔2〕 Information Infrastrcture Task Force, “Intellectual Property and the National Information Infrastrcture: The Report of Working Group on Intellectual Property Rights”, (Sept. 1995), at17.

其二,采取"隐含式"虽可解燃眉之急,但仍有不足之处[1]。

我国2001年修订《著作权法》,在第十条、第三十七条、第四十一条里规定了新增信息网络传播权,时隔几年后,通过大量行政、司法实践,在已有行政规定、司法解释的基础上,借鉴国外相关法律和国际规则,2006年5月国务院又颁布了《信息网络传播权保护条例》。该条例规定,对于权利人享有的信息网络传播权,除法律、行政法规另有规定的外,任何组织或者个人将他人的作品、表演、录音录像制品通过信息网络向公众提供,应当取得权利人许可,并支付报酬。该条例还对网络环境下的合理使用和法定许可、规避技术措施的例外、网络服务提供者的责任等问题进行了规范。这些一方面是为了因应我国加入WTO后对著作权的保护,与国际著作权保护制度相接轨的需要;另一方面更是为了调整著作权人、网络传播者及广大公众之间的利益,以适应快速发展的计算机网络环境下著作权保护的迫切需要。可以认为,信息网络传播权的确立,开创了一项新的著作权权利保护制度,关系到一个全新的行业发展和主体利益的平衡。

三、信息网络传播权的主要调整范围

无论是作品的数字化还是通过网络传播作品,设立信息网络传播权的核心在于著作权人明确自己的权利并取得收益,著作权人有权利控制非法行为的发生,禁止他人实施未经其许可的或法律允许之外通过信息网络向公众传播的行为。从此定义上讲,信息网络传播权的调整范围主要包括以下行为:

其一,上载。又称上传,是指作品由个人计算机转载于互联网上的过程。著作权人享有自己作品是否上载于互联网络的决定权。从技术处理过程看,上载包括两个环节,一是作品经数字化处理后与互联网连接。二是作品由个人计算机转载到互联网上。完成作品与互联网的链接之后,便会不可避免地产生作品在互联网上的复制和传播。将作品上载互联网属于著作权人的信息网络传播权的控制范围之内,此权利正是调整上载

---

[1] 饶传平.网络法律制度.人民法院出版社,2005.168

过程中将作品与互联网进行链接的关键环节，而未经著作权人同意，擅自将他人作品上载当然属于侵权行为。

其二，网络上对作品的复制。网络上对作品的复制十分普遍，从对作品的存储、浏览，到传播和下载，都离不开对作品的复制，这其中既包括存储、下载、打印这些典型意义上的复制，也包括互联网服务提供者等在作品传输过程中对作品的不可避免的暂时复制。传播离不开复制，在作品通过信息网络向公众传播过程中，除了将网下作品与互联网链接时的上载行为不构成复制外，其他的过程都与复制有关。

其三，网站间转载。网站之间对作品的转载是互联网上十分普遍的现象，这种对作品的转载行为实际上属于对作品的传播，同时也构成对作品的复制，无论是复制权还是信息网络传播权，除合理使用、法定许可使用等之外，著作权人都应有权控制这种行为。需要注意的是，网站之间的转载不同于网站之间的链接，前者可依信息网络传播权、复制权来调整，后者如只是超文本链接，则链接行为可能不会构成对被链接对象的复制，也难以构成对作品的传播，因此也不属于向公众传播权调整的范围。

其四，网络上对作品的传播。在互联网上，广义的信息网络传播是指作品通过网络被不同空间和地域的人感知，既包括对作品的展示、播放等使用，也包括作品的发行、出租等。在《世界知识产权组织版权条约》和《世界知识产权组织表演及录音条约》中，都将网络环境下的发行权和出租权从向公众传播权中分离出来，因此狭义的信息网络传播则指除发行、出租之外的其他传播，包括公开表演、展示、广播、播放等使用方式。事实上，传播行为很难穷尽式列举，而且随着技术的不断发展，必然会有新的使用方式出现，因此也会构成新的传播。这也是信息网络传播权之所以成为公开传播权的一种，成为复合性权利的重要原因。

其五，下载。与上载相反，下载是指将信息从互联网转载于个人计算机的过程。下载行为是用户对作品的一种使用，下载过程会构成对作品的复制，从另一角度说，下载也是对作品向下位更远更广泛的一种传播，并不是单纯的复制行为，所以下载行为理应在信息网络传播权的调整范围之内。而擅自下载网络作品，包括擅自使用他人网页或通过 MP3、MP4 使用他人音乐作品也是网络侵权最多的一种行为，信息网络传播权理应予以规制。

对网上作品传播过程中的著作权问题,是用复制权或用发行权来处理某一阶段的问题,或是设定向公众提供权或向公众传播权来调整,这些都只是保护的手段问题,不是根本的区别。技术的发展及法律的进步可能会在一段时间后妥善处理这些问题,关键是被视为一种新的传播媒介的互联网显然与传统媒介有着太多的不同。事实上,各国都在实践中把互联网看做一个全新的领域来处理在其中的作品的复制、发行与传播等,从这个意义上说,互联网不仅仅是一个传播媒介,更像是人类的第二生存空间,所以设立和保护著作权人在这个空间的权利——信息网络传播权不是一般著作权在由一个传播媒介到另一个传播媒介的自然适用,而是著作权的扩张[1]。

总之,信息网络传播权的确立和《信息网络传播权保护条例》的公布实施,打破了我国较长时期对信息网络传播权无相关制度和立法的现状,必将极大地促进我国网络时代对著作权的相关保护,完善相关制度体系,规范网络传播市场,协调著作权人、传播者和社会公众各方面关系,促进有益于社会主义精神文明和物质文明作品的创作和传播。

第二节 信息网络传播权的内容与保护

一、传播者权

《信息网络传播权保护条例》(以下简称《条例》)的宗旨是保护著作权人、表演者、录音录像制作者的信息网络传播权,鼓励有益于社会主义精神文明、物质文明建设的作品的创作和传播。该条例的保护范围包括:除法律、行政法规另有规定的外,任何组织或者个人将他人的作品、表演、

〔1〕 梁清华.网络环境下的知识产权保护.北京:中国法制出版社,2004.50

录音录像制品通过信息网络向公众提供,应当取得权利人许可,并支付报酬。依法禁止提供的作品、表演、录音录像制品,不受本条例保护。条例中明确规定任何人和组织在不经权利人许可的前提下,不得故意删除或者改变通过信息网络向公众提供的作品、表演、录音录像制品的权利管理电子信息,但由于技术上的原因无法避免删除或者改变的除外;不得通过信息网络向公众提供明知或者应知未经权利人许可被删除或者改变权利管理电子信息的作品、表演、录音录像制品。

虽然网络环境的特征就是不再受空间和时间的限制,但是网络环境下作品的使用同样也会涉及作者的人身权利和财产权利。例如网络作品中作者的署名权问题、作品的修改权问题,等等。作品的数字化传输本身就会涉及到作品的机械表演权问题,同时作品的传输中也会涉及到在服务器或终端计算机中的贮存问题,这些问题都使得使用者异常地小心,可能稍有不慎就会侵犯了他人的著作权。那么,对作品的使用在哪些情况下属于合理的使用而不会侵犯他人权益?在《条例》中对合理使用作出了相应的规定,《条例》第六条规定,通过信息网络提供他人作品,属于下列情形的,可以不经著作权人许可,不向其支付报酬:

(一)为介绍、评论某一作品或者说明某一问题,在向公众提供的作品中适当引用已经发表的作品;

(二)为报道时事新闻,在向公众提供的作品中不可避免地再现或者引用已经发表的作品;

(三)为学校课堂教学或者科学研究,向少数教学、科研人员提供少量已经发表的作品;

(四)国家机关为执行公务,在合理范围内向公众提供已经发表的作品;

(五)将中国公民、法人或者其他组织已经发表的、以汉语言文字创作的作品翻译成的少数民族语言文字作品,向中国境内少数民族提供;

(六)不以营利为目的,以盲人能够感知的独特方式向盲人提供已经发表的文字作品;

(七)向公众提供在信息网络上已经发表的关于政治、经济问题的时事性文章;

(八)向公众提供在公众集会上发表的讲话。

图书馆、档案馆、纪念馆、博物馆、美术馆等可以不经著作权人许可,通过信息网络向本馆馆舍内服务对象提供本馆收藏的合法出版的数字作品和依法为陈列或者保存版本的需要以数字化形式复制的作品[1],不向其支付报酬,但不得直接或者间接获得经济利益,当事人另有约定的除外;为通过信息网络实施九年制义务教育或者国家教育规划,可以不经著作权人许可,使用其已经发表作品的片断或者短小的文字作品、音乐作品或者单幅的美术作品、摄影作品制作课件,由制作课件或者依法取得课件的远程教育机构通过信息网络向注册学生提供,但应当向著作权人支付报酬;为扶助贫困,通过信息网络向农村地区的公众免费提供中国公民、法人或者其他组织已经发表的种植养殖、防病治病、防灾减灾等与扶助贫困有关的作品和适应基本文化需求的作品,网络服务提供者应当在提供前公告拟提供的作品及其作者、拟支付报酬的标准。自公告之日起30日内,著作权人不同意提供的,网络服务提供者不得提供其作品;自公告之日起满30日,著作权人没有异议的,网络服务提供者可以提供其作品,并按照公告的标准向著作权人支付报酬。网络服务提供者提供著作权人的作品后,著作权人不同意提供的,网络服务提供者应当立即删除著作权人的作品,并按照公告的标准向著作权人支付提供作品期间的报酬。

二、技术保护权

网络环境下的技术保护权主要是权利人采取的技术措施。我国和世界上许多国家、地区和国际公约关于著作权的保护中都有有关技术措施的规定。我国《信息网络传播权保护条例》第四条明确规定"为了保护信息网络传播权,权利人可以采取技术措施。任何组织或者个人不得故意避开或者破坏技术措施,不得故意制造、进口或者向公众提供主要用于避开或者破坏技术措施的装置或者部件,不得故意为他人避开或者破坏技术措施提供技术服务。但是,法律、行政法规规定可以避开的除外"。在这里,技术措施是指用于防止、限制未经权利人许可浏览、欣赏作品、表

---

〔1〕 前款规定的为陈列或者保存版本需要以数字化形式复制的作品,应当是已经损毁或者濒临损毁、丢失或者失窃,或者其存储格式已经过时,并且在市场上无法购买或者只能以明显高于标定的价格购买的作品。

演、录音录像制品的或者通过信息网络向公众提供作品、表演、录音、录像制品的有效技术、装置或者部件。它是指在正常运行中,著作权人或者与著作权有关的权利人主动采取的、能有效控制、防范或阻止未经授权接触或使用受保护作品的有效技术、装置或部件。目前,广泛采用的技术措施主要有访问控制措施和使用控制措施。访问控制措施主要有口令加密技术,如插入像信用卡似的验证硬件才可进入等;使用控制技术措施主要有电子文档指示软件、加密、电子签名、电子水印以及限制使用期限等[1]。作为一种"事前保护",技术措施实际是一种"私力救济",是权利人有效维护自身权利而无需诉诸法律的一种自我保护方法。

技术措施的出现是因为在数字化的网络时代,著作权人的权利受到了前所未有的威胁。通过计算机和网络,任何人都可以对数字化作品进行低成本、高质量和无限次的复制,并将其传送给其他用户,或上载至网络站点供人自由下载。而著作权人则难以通过传统手段对数字化作品的复制和传播进行有效的控制。虽然各国的著作权法都赋予著作权人以排他性的专有权利,并规定有各种法律救济手段来保护其合法经济利益,但这种方法在网络时代已经很难有效地起到保护作用。其原因在于,法律救济只是一种"事后救济",即只有发现侵权行为出现后果之后,法律才能进行干预。而数字化作品一旦被非法复制进入流通,或置于网上进行传播,在短期内就可以形成成千上万份的非法复制品被人们使用,到时一切法律救济手段都显得无济于事。而且侵权者往往是众多缺乏经济赔偿能力的个人用户,逐一寻找这些侵权用户并追究其法律责任并不现实。于是,许多著作权人开始在数字化作品中和网络上使用各种技术手段保护自己的权利。大的分为如上所述的访问控制措施和使用控制措施;具体的如提供数字化作品的网站可在服务器上设置登录口令,从而使未交纳著作权使用费,没有获得登录密码的人无法阅读或下载该网站中的作品等。

技术措施的采取并不是无条件的。首先,应当主体合格。技术措施实施的主体应当是著作权人或者经著作权授权的人和邻接权人,并且其行为应当是主动的。未经著作权人授权而擅自将著作权人的作品加密或

---

〔1〕 李祖明.互联网上版权保护与限制.北京:经济日报出版社,2003.306

采取其他保护措施的行为不仅不应当受到保护，还有可能因侵权和限制作品的传播而招致法律制裁。其次，技术措施应当是行之有效的。从《世界知识产权组织版权条约》及《表演和录音制品条约》、欧盟著作权法指令以及其他各国版权来看，有效性是技术措施受保护的要件之一。有效性是指版权人用以控制作品的技术措施具有技术上的可行性，即：权利人能够通过接触控制或保护程序，使对受保护作品的使用行为受到控制，实现其保护目的。假定一家音像出版公司号称为保护其版权花巨资研制出一种加密技术，然而有人不需任何先进技术就能破解，则该技术措施不具备有效性。[1] 再次，技术措施应当具有合法性。合法性体现在作品合法，采取技术措施的目的合法、采取技术措施的手段合法几个方面。即不构成违反法律；手段相当；不损害社会秩序和公共利益。具体表现在：(1) 技术措施保护的作品应当是合法的版权作品。对进入公共领域的作品采取的技术保护措施不应当受到法律保护，因为这种技术措施封闭了公共领域，将导致信息垄断。此外，对于违背公序良俗的作品，如鼓吹民族仇恨、宣扬封建迷信、传播歪理邪说、有害善良风俗的作品等采取技术措施以逃避执法检查的，该技术措施不应当受到法律保护。(2) 技术措施应出于防御性质，而不应是攻击性的。因为攻击性的技术措施一方面会造成恶性的类似于计算机病毒程序的广泛传播，严重影响网络的运行安全；另一方面也会给善意第三人造成不应有的损害。(3) 技术措施的目的应在于行使著作版权。出于其他目的如不正当竞争而采取的技术措施，不应当受到法律的保护。[2]

技术措施是著作权人防止他人侵权的“预警系统”，是技术与法律在著作权保护上的有机协调和相互补充。社会的发展，著作权保护的技术措施仍在不断进步，它不仅帮助权利人在自己智力财产周围树立了篱笆，而且通过降低著作权人的管理成本使版权制度成效得以提高。其所形成的规范机制正在发挥着相当有效的作用。技术措施是因应侵权盗版行为而产生的，世界范围的网络盗版极大地冲击了美国和西方的文化市场与经济贸易，无论是美国的《数字化千年版权法》，还是欧盟指令，都有重要

---

〔1〕 刘爱卿. 知识产权审判前沿(2006 年第二辑). 北京：人民法院出版社，2006. 83

〔2〕 同上. 84

的经济方面的考虑。美国希望借助本国著作权产业的优势减少贸易逆差,带动经济由制造业向信息产业的转变,欧盟则希望减少联盟内部的贸易壁垒,创建欧洲统一大市场。从文化根源来看,大陆法系国家往往以"天赋人权"作为著作权的立法基础,注重对个人人身权利和财产权利的保护,英美法系国家则以经济价值观作为其著作权立法的法哲学基础,强调对作者财产权利的保护,无论是哪种立法哲学,都有将私权保护放在首位的传统。然而,利益平衡是私权保护不可缺少的制约,版权人所能得到的保护不得超出法律设定的利益平衡的目标。WIPO 缔结的版权条约和录音制品条约序言部分表明,其目的之一便是保持"作者的权利(表演者和录音制品制作者的权利)与广大公众的利益尤其是教育、研究和获得信息的利益之间的平衡"。同样,技术保护措施也不能破坏利益平衡的基本原则。如果允许版权人凭借技术手段进行垄断,阻止版权作品的合法使用者正当使用作品的权利,就会出现著作权法被拥有技术优势的人所控制的局面,从而产生新的私有领域,导致对共有领域的侵权[1]。技术措施是一把"双刃剑",绝不能因为权利人利益的保护,而以损害信息产业发展和技术进步为代价,必须把它纳入法律规则的范畴,予以制度化、规范化。

三、权利标示权

网络数字化环境下,对作品的修改、删除或重组都变得极为容易,怎样开门见山,明确网络环境下著作权人及邻接权人的权利并保证其经济利益的实现极为重要。《世界知识产权组织版权条约》第十二条规定,"未经许可,去除或者改变任何权利管理的电子信息"和"未经许可,经销以及为经销目的进口或向公众传播明知其权利管理的电子信息,已被未经许可地去除或者改变的作品或者作品的复制件"的行为属于侵权行为。这里所说的"权利管理信息",指识别作品、作品的作者、作品的任何权利人或者有关作品使用的条款和条件的信息和代表此种信息的任何数字或者代码,这些信息均附于作品的每件复制件上或者在公开传播时出

〔1〕 刘爱卿.知识产权审判前沿(2006 年第二辑).北京:人民法院出版社,2006.82

现,著作权人对权利管理信息所拥有的权利即我们所说的权利标示权。可见,所谓权利标示权是指著作权人和邻接权人所享有的禁止他人删除由权利人合法加在其作品上的有关作者、版权保留、作品使用条件和要求等信息标示的权利。这种权利的基本思想是这样的,著作权人有权禁止他人删除或更改由著作权人合法加在其作品上有关作品、作者、"著作权保留"等的标识,特别是以数字或代码显示的标识。这项权利在网络环境下,对数字技术加工的作品,显得尤其重要。在实践中,将他人声明付费使用的作品从计算机下载后,删除或更换了作者或作品名称后再上载的事时有发生。在 BBS 或博客上将他人享有著作权的作品,删除或改换名称后再上载到 BBS 或博客的情况就更多。如不能有效制止,任由大家都多快好省地抄来抄去,那么作者创作的积极性将受到很大的打击,最终导致创作的衰竭。因此,在《世界知识产权组织版权条约》的附加议定声明中,更加明确地认定了将禁止他人删除标识认定为著作权人的一项现实的权利。

我国《著作权法》和《信息网络传播权保护条例》也有权利管理电子信息为标志的著作权人权利标示权的规定。《信息网络传播权保护条例》第五条规定:"未经权利人许可,任何组织或者个人不得故意删除或者改变通过信息网络向公众提供的作品、表演、录音录像制品的权利管理电子信息,不得通过信息网络向公众提供明知或者应知未经权利人许可被删除或者改变权利管理电子信息的作品、表演、录音录像制品。"

美国《数字化千年版权法》对著作权管理信息的界定是:著作权管理信息是指与作品的复制品、唱片或作品的表演、展览一齐传送的有关信息,包括数字化形式的有关信息。该界定中的有关信息是指以下几种信息:有关作品名称的信息、有关作者名称的信息、有关著作权所有人名称的信息、有关表演者名称的信息、有关视听作品之作者、表演者和导演名称的信息、有关作品使用的条件和要求的信息、表明这类信息的数码、符号或与这类信息有关的链接点以及美国版权局规定的其他信息。欧洲议会与欧盟理事会于 2001 年 5 月 22 日发布的《关于协调信息社会著作权与相关权的指令》对著作权管理信息的界定是:权利人提供的用以识别作品、作者或其他权利持有者、或使用该作品的期限及条件的任何信息,以及表示这类信息的数字或代码。当然,著作权管理体制信息的内容不是法定的,著作权人可以根据自己的意思或把上述各方面的信息全部标注在作品上,也可以只标注其中的一部分。一般说来,标注的著作权管理信息越详细,就越有利于他人的合法使用。著作权管理信息以警示那些无意侵权的使用者:此乃受著作权法保护的作品,不得随意使用。著作权管理信息的警示作用对那些专为侵权而来的使用者来说是没有什么效力的。从保护著作权作品不被侵权的角度看,相比之下,还是著作权技术措施的保护功能更强;从使用者角度看,著作权管理信息则让使用者了解该作品的权利状态,如欲使用该著作权作品,著作权人有何要求和限制,如何与著作权人进行联系等,大大方便了使用者使用许可的获取程序,节约了其寻找著作权人的时间及精力,实际上也有助于版权人权益的实现。〔1〕

传统出版权也有管理信息,如版权页的书名、作者、书号、出版者等相关内容,但此处所讲的权利管理信息主要基于作品在网络上的传播,起到标示权利人,公开许可使用条件,监控用户的使用行为及查找侵权行为的作用。美国1995年的"白皮书"对"标示权"提出法律保护的建议。近些年来,欧盟、日本等也将其纳入了著作权法的范畴。我国《著作权法》和《信息网络传播权保护条例》为区别它与传统出版物版权页上管理信息的不同,称其为权利管理电子信息,这是比较科学的,也更规范一些。

数字化作品的权利管理信息常常是与技术措施联系在一起,如当前颇为流行的电子签名、数字水印等技术措施本身也能起到权利管理信息的作用,它和权利管理信息的结合,将使网络环境下的作品权利标示权变得更为明确和周密。

权利管理信息在国际互联网上具有非常重要的地位。因为首先,权利管理信息可以维护网上标示权利人及许可条件等的信息具有完整性和真实性,有助于监控用户的使用行为。其次,网络是著作权作品的一个巨大的贸易市场,权利管理信息对于保障网上数字化交易系统的正常运转起着巨大作用。权利管理信息也属于著作权的自力救济方式之一,本书在后面的著作权保护中还将论及。

---

〔1〕 梁清华.网络环境下的知识产权保护.北京:中国法制出版社,2004.52

第三节

信息网络传播权的保护

一、私力救济

自力保护,即法律意义上的私力救济,是指当事人认定权利遭受侵害,在没有第三者以中立名义介入纠纷解决的情形下,不通过国家机关和法定程序,而依靠自身或私人力量,解决纠纷,实现权利。[1] 自力保护最早源于人类社会早期的无政府状态下的以牙还牙、同态复仇,在国家产生后,由于法制还不是调控社会的主要方式,其作为保护权利的主要方式仍存在,随着公共权利意识的加强和诉讼法律制度的发展,自力救济的范围越来越小,作用逐渐减弱,近代遭到禁止。在现代社会,在公力救济能够达到对社会成员任何时候、任何地点的无微不至的关怀之前,完全禁止自力救济是不可能的,也是不公平的。所以,当今世界各国,都不同程度地承认自力救济的合法性。自力救济更成为人性张扬与制约的统一,正义与秩序的统一。[2] 表现在现代知识产权领域,自力保护并非原始的报复手段,而有其特殊性,因为知识产权兼有权利人和社会公众双方的利益,自力保护必须在法律允许的范围内进行,即采取法律化的私力救济。权利人对其权利的自我保护这种私力救济,或称诉讼外救济,历来是保护民事权利的一种重要途径,其与法律救济一起共同保护着权利人的权利。发达国家的著作权人,特别是企业公司等法人著作权人十分重视自身知识产权的保护,设有专门的知识产权部门制定具体的措施和方法;既避免对他人的侵权又完善地保护自身的知识产权。在目前网络空间不断延展和开放的情况下,权利人的自我保护就显得更为重要。而要权利人对自

〔1〕 徐昕.私力救济的正当性极其限度:一种以社会契约为核心的解说.法学家,2004(2)
〔2〕 王源治.民法总论问题新探.北京:人民法院出版社,2005.281

己的权利进行保护，首要的就是应树立权利人在网络环境下的权利保护意识。一般来讲，著作权人的自我救济范围很广，在主张权利阶段，就包括向侵权人提出警告、交涉、各类请求权的行使等。但在我国，著作权人，特别是企业、公司等法人权利保护意识淡漠，不懂得利用法律去保护和发展自己的著作权，包括著作财产权。网络技术的出现使版权领域出现了许多新问题，版权人的权利有了新的发展，侵权行为也出现了新的形式。在这种情况下就可能出现权利人的权利已被侵犯，而权利人尚未意识到属于自己的权利已被侵犯的事实。因此，培养和强化权利人的权利保护意识是实现网络环境下权利人的自我权利保护的前提。

信息网络传播权是网络版权的护身符。在数字网络世界，著作权人及其利害关系人常采用的自我保护措施是技术措施和权利管理信息。这也是法律赋予著作权人的技术保护权和信息标示权。世界知识产权组织的两个互联网条约和我国《著作权法》都将技术措施和权利管理信息纳入法律保护的范围，禁止未经许可的解密和他人改动权利管理信息的行为。

（一）采取技术措施

（1）著作权保护技术措施的产生发展及国外立法

数字技术使作品的复制变得从未有过的廉价、简便和快捷，从而大大刺激了非法盗版的产生，而网络环境又使侵权的结果迅速在全球范围内扩散。因此，著作权人在网络时代越来越没有安全感，不得不求助于技术手段，来防止侵权行为的发生。著作权人现在采取的技术手段已经从简单的加密措施发展到非常复杂、精致的技术措施。例如，许多万维网网站采用电子水印（digital water marking）技术保护自己的著作权材料，有一种肉眼看不到的电子水印能隐藏在数字化图像中，无论怎么编辑、修改、转化文件格式，水印都不能消除，盗版图像一旦在网上出现，著作权人就能凭借辨别水印的方法将其识破；还有一种电子水印能潜藏在音乐作品的音符里，听众在欣赏音乐时听不到任何杂音，著作权人却可以通过国际互联网上的搜索引擎找到盗版的网站；更聪明的电子水印甚至能向著作权人“通风报信”,告知盗版人的所在。[1] 然而“道高一尺,魔高一丈”,技术措施也总被更新的反技术措施所攻破,著作权人也意识到技术手段的局限性,于是求助于法律。保护技术措施和权利管理信息的新著作权法律应运而生,而且其保护的内容也得到强化和发展。技术措施和对技术措施的法律保护都不是在计算机网络发展起来后才出现的。但网络的发展的确促进了技术措施的广泛采用,同时也推动了技术措施法律保护的发展。从欧盟国家 1991 年的《软件指令》第七条第一款第三项规定,要求各成员国对于为商业目的未经授权就用任何方式取消或破解用于保护计算机程序的技术装置的行为给予制裁,到 1995 年美国的“白皮书”曾经将建议建立广泛的保护技术措施的法律制度纳入著作权体系。1996 年 2 月,美国向知识产权组织伯尔尼议定书专业委员会提出了类似的建议。当今世界,给予技术措施法律保护的国家日益增多,而且其保护的范围和水平已经提升到国际保护的层次,获得国际社会的广泛关注。

我国已经于 2006 年 12 月加入了 1996 年世界知识产权组织的两个条约,即《世界知识产权组织版权条约》和《世界知识产权组织表演和录音制品条约》。《世界知识产权组织版权条约》(以下简称“WTC”)第十一条规定:“缔约各方应规定适当的法律保护和有效的法律补救办法,制止规避由作者为行使本条约所规定的权利而使用的、对就其作品进行未经该有关作者许可或未由法律准许的行为加以约束的有效技术措施。”《世界知识产权组织表演和录音制品条约》(以下简称“WPPT”)第十八条规定:“缔约各方应规定适当的法律保护和有效的法律补救办法,制止规避由表演者或录音制品制作者为行使本条约所规定的权利而使用的、对其表演或录音制品进行未经该有关表演者或录音制品制作者许可、或未由法律准许的行为加以约束的有效技术措施。”

以技术为本的网络举起了技术创新的旗帜,借助更先进的技术措施来解决问题,为化解纷争提供了一条有效的解决之道。同时,技术措施本身也需要法律保护。世界知识产权组织的两个条约的规定,即是禁止未经权利人许可或者法律允许而规避版权保护中的技术措施。值得注意的是由于参加会议的各国代表团意见不一,两个条约没有完全采纳美国提

---

[1] 薛虹. 数字技术的知识产权保护. 北京:知识产权出版社,2002. 101

出的从设备和行为两个方面进行规定的建议，而是从行为方面规定了对技术措施的保护。由于两个条约的规定并未明确“规避”的含义，是直接破解技术措施行为还是提供破解工具（方法、设备）的行为，也未明确技术措施的内涵和外延，对于其是否保护“访问控制”技术措施，也不甚明了。这一模糊的规定，使不同的国家把该义务转化为国内法时产生了不确定性。因为对该规定的不同解释，导致了不同的保护范围。

世界知识产权组织的两个条约大大加强了各国，特别是发达国家在信息化网络时代的著作权立法。其中也包括有关技术措施和权利管理信息的立法。受美国“白皮书”的影响，欧盟及日本的相关立法也都从行为和设备两个方面对著作权保护的技术措施进行保护。欧盟1991年的《软件指令》仅对计算机程序的技术措施加以保护，另一个有关技术措施法律保护的法律文件是1998年形成的《有条件访问指令》，该指令的目的是保护收费的或者限制性的电台、电视台的广播服务，以及信息社会的其他服务（包括按需提供的视听服务，在线信息服务和电子出版）。该指令规定，成员国应当在其本国领域内禁止为商业性目的制造、进口、散布、销售、出租或者拥有非法装置的行为，为商业性目的安装、维护或替换非法装置的行为，以及使用商业传媒宣传非法装置的行为。由于该指令保护的技术措施是指服务提供者采用的控制用户访问的技术手段，因此该指令建立的技术措施法律保护主要是针对邻接权人（服务提供者）的。[1]欧盟委员会2000年6月9日通过的《著作权指令草案》第六条第一款规定，成员国应规定适当的法律保护，制止对任何有效的技术措施以规避的行为；该条第二款规定，成员国应提供适当的法律保护，制止制造、进口、发行、销售、出租、做广告以销售或出租、或以商业性目的拥有设备、产品或零件，或提供服务，只要它们可以用于规避任何有效的技术措施。欧洲议会与欧盟理事会于2001年5月22日发布的《关于协调信息社会著作权与相关权利的指令》第六条第一款规定：成员国应当提供足够的法律保护，以防范对任何有效技术措施的规避行为；第二款规定：成员国应当提供足够的法律保护，以防范制造、进口、发行、销售、出租、为销售或出租所做的广告以及为商业目的对这些装置、产品、构件的拥有，或提供服务，

〔1〕 薛虹.知识产权与电子商务.北京：法律出版社，2003.278

包括为规避有效技术措施的目的的市场推广、广告或市场行为,具有有限的商业目的的使用及主要目的是为了能够或有利于规避有效技术措施的设计、生产、改造或表演。日本在1999年6月15日通过的对《著作权法》的修订中,也规定了对于技术措施的保护。根据该规定,作品、表演、软件等为防止被任意复制而安装了技术型防复制装置的,他人不得规避这类防复制措施。制造、销售和拆除这些措施的设备,将被追究法律责任。澳大利亚新修订的《著作权法》也从行为与设备两方面规定了对技术措施的保护。

而规定最明确的当属美国1998年10月《数字化千年版权法》(DMCA),该法针对数字技术和网络环境的特点,对《美国著作权法》作了重要的补充和修订。DMCA的直接目的是实施世界知识产权组织两个条约。在美国看来,这两个条约的核心内容集中体现为对技术措施和权利管理信息的法律保护。他们认为只要实施了两个条约的上述内容,其著作权保护制度就完全符合条约的要求了。因此,《数字化千年版权法》的主要内容之一就是全面、充分地给予技术措施和权利管理信息以法律保护。

《数字化千年版权法》规定的技术措施法律保护颇为复杂。该法将控制访问的技术措施和控制使用的技术措施分开,给予不同范围的法律保护;该法还将破解技术措施的行为和制造、提供用于破解技术措施的装置和服务的行为分开,区别对待。该法第十二章之一到二条禁止任何人规避有效地控制对于作品接近的技术保护措施,并规定任何人不得制造、向公众提供、或非法买卖任何可构成下列三种情形之一的技术、产品、服务、设施、部件或零件:(1)主要设计或制造目的是为了规避技术保护措施;(2)除了以上目的之外,仅有有限的商业用途;(3)由明知其将被用于向规避技术措施的人销售。该法同时规定了七项例外,即:非营利性图书馆、档案馆和教育机构的例外;法律执行、情报机关和其他政府活动例外;反向工程的例外;加密研究的例外;父母阻止未成年人接触网上色情或其他有害内容的例外;出于保护隐私权而保护个人识别信息的例外以及安全测试的例外。但美国版权局指出,"'合理使用'不能构成未经授权获得作品这一行为的抗辩","规避技术措施以获得作品的行为应予禁止"。欧盟的著作权指令采纳了美国DMCA法案的模式,将规避"访问控制措施”和“著作权保护措施”的行为和设备全部纳入禁止之列。关于合理使用，指令承认其可以适用，但受到严格的限制，尤其是“受益人对于受保护的作品具有合法的访问权”这项条件的存在，几乎完全剥夺了公众以“合理使用”为由，规避“访问控制”类技术措施对作品进行垄断的能力。对于禁止规避“版权保护”类技术措施可以存在“合理使用”的例外，指令也附加了限制条件，规定“合理使用”只有在受益人与著作权人之间缺乏自愿性的安排(如双方之间的协议)的情况下才能进行，这就为著作权人在著作权使用合同中加入不合理的限制条件提供了方便。可见在技术保护措施下，公众对版权作品合理使用的可能性很小。

(2) 我国著作权法对技术措施的法律保护

我国在加入世贸组织后，顺应国际经济和知识产权的发展潮流，根据《与贸易有关的知识产权协议》和世界知识产权组织两个条约的有关规定，在修订《著作权法》时增加了对技术措施的保护。我国《著作权法》第四十七条规定，“有下列侵权行为的，应当根据情况，承担停止侵害、消除影响、赔礼道歉、赔偿损失等民事责任；同时损害公共利益的，可以由著作权行政管理部门责令停止侵权行为，没收非法所得，没收、销毁侵权复制品，并可处以罚款；情节严重的，著作权行政管理部门还可以没收主要用于制作侵权复制品的材料、工具、设备等；构成犯罪的，依法追究刑事责任：……(六)未经著作权人或者与著作权有关的权利人许可，故意避开或者破坏权利人为其作品、录音录像制品等采取的保护著作权或者与著作权有关的权利的技术措施的，法律、行政法规另有规定的除外”。

2001 年 12 月国务院公布的《计算机软件保护条例》第二十四条也有类似的规定，“除《中华人民共和国著作权法》、本条例或者其他法律、行政法规另有规定外，未经软件著作权人许可，有下列侵权行为的，应当根据情况，承担停止侵害、消除影响、赔礼道歉、赔偿损失等民事责任；同时侵害社会公共利益的，由著作权行政管理部门责令停止侵权行为，没收违法所得，没收、销毁侵权复制品，可以并处罚款；情节严重的，著作权行政管理部门并可以没收主要用于制作侵权复制品的材料、工具、设备等；触犯刑律的，依照刑法关于侵犯著作权罪、销售侵权复制品罪的规定，依法追究刑事责任：……(三)故意避开或者破坏著作权人为保护其软件著作权而采取的技术措施的”。

2003 年 12 月,最高人民法院对《关于审理涉及计算机网络著作权纠纷案件适用法律若干问题的解释》进行了修改,针对计算机网络上日益猖獗的故意破坏、避开著作权人为保护其作品著作权的技术措施的行为增加了这样一条规定:"网络服务提供者明知专门用于故意避开或者破坏他人著作权技术保护措施的方法、设备或者材料,而上载、传播、提供的,人民法院应当根据当事人的诉讼请求和具体案情,依照《著作权法》第四十七条第六项的规定,追究网络服务提供者的民事侵权责任[1]"。著作权保护技术措施规定得最为完备的是2006 年国务院公布的《信息网络传播权保护条例》,该条例在第四条、第十条、第十二条、第十八条、第十九条、第二十六条中对技术措施的保护、保护的限制与例外及其侵权责任等各种情况作了明确的规定(具体条文前已述及,此处不再赘述),但并未明确规避"访问控制措施"的行为是否应当受到禁止,对于禁止规避技术措施的例外,也仅以"法律、行政法规另有规定的除外"而一笔带过。

(3) 采取技术措施的有效性、合理性、合法性要求

信息网络环境中保护数字化作品著作权的技术措施种类繁多,而且随着技术的不断发展还会越来越多。从他人访问或著作权人自己行使权利的角度来分,技术措施可分为控制访问的措施和控制使用的措施两类;从技术措施的功能看,主要分为四类:控制访问的技术措施、控制使用的技术措施、监督使用的技术措施和保护安全的技术措施。控制访问的技术措施是指要求使用经著作权人授权的信息、程序和方式才能访问作品的措施。是防止未经授权的用户进入其信息库,如在服务器上使用了设置登录口令等访问控制的技术措施后,该服务器将拒绝任何未正确输入口令者浏览其数字化信息。控制使用的技术措施是指防止、限制或限定他人行使著作权人的权利措施。主要是防止未经授权的用户对其做复制、下载、传播等处理。监督使用的技术措施则能监督用户对该作品的每一使用情况,如有些电子水印技术可以隐藏在数字化的文学、图像或音乐中,一旦用户未经授权使用这种技术处理后的数字化作品,著作权人就可立即发现。安全保护型技术措施主要是保护著作权作品的真实性、完整性和可识别性等。其中最常见的是用算法及密钥相结合的加密技术对数

[1] 徐家力.知识产权在网络及电子商务中的保护.北京:人民法院出版社,2006.64

字化作品进行处理,这样数字化作品在网络传输中就不易被他人非法修改。

行使著作权保护的技术措施如此重要,首先要求它必须是有效的,即技术措施应当具有防范侵权行为的功能。在有效的判断上,它可划分为两个标准:一是技术措施控制版权作品的有效性,即对作品的使用、接触需要"版权人许可",或者"授权"。二是技术措施本身的有效性,它是指版权人用以控制作品的技术措施具有技术上的可行性。当然,这种技术可行性是指在正常运行的过程中能充分有效即可,因为任何一项技术措施不可能是完美的,黑客能够破译的技术措施并不能说明技术措施本身无效。[1]

所以,只要权利人尽了防范努力,而这种防范措施足以对普通人非法接触和适用作品的行为造成障碍和困难,就可以认为该防范措施有效。概括看,权利人的技术保护措施主要有以下几种:

① 反复制设备:也就是阻止复制品的设备,在它的支持下系统可以阻止用户进行被限制的行为,其中最有代表性的就是"SCMS"系统(Serial Copy Management Systems),其作用为防止复制与再复制。

② 控制进入受保护作品的技术保护措施:此措施包括要求登记、加密、密码系统或设顶置盒,可以用数字化手段对作品进行加密,并且可以装载归纳作品内容、识别作者身份的信息以及与作品使用相关的信息,以及利用数字信封封存内容摘要、权利人信息和使用作品条件等。

③ 追踪系统:即确保数字化作品始终处于版权人控制之下,并且只有在版权人授权后方可以使用的软件。

④ 电子水印、数字签名或数字指纹技术:以识别作品及版权人,鉴定作品的真伪。

⑤ 标准系统:即按地区设定不同的标准以避免对版权作品的侵权行为。

⑥ 电子版权管理系统:可以识别作者的身份,通过加密保护作品,同时又可以像电子契约那样与使用者进行交易,收取使用对价。[2]

---

[1] 梁志文.技术措施的著作权保护.人民法院报,2002-06-23:(3)

[2] 徐家力.知识产权在网络及电子商务中的保护.人民法院出版社,2006.65

技术措施另一个重要要求在于合理性。技术措施的目的在于行使著作权,技术措施的法律保护意在制裁为侵犯他人著作权而破坏有效控制作品的技术措施和有意为牟利而提供破坏技术措施的设备及其制造与服务行为。[1] 因此,技术措施的合理性应当体现在目的应当合法,方式应当相当,不损害社会秩序和公共利益,如果权利人的技术措施是攻击性的,如通过制造计算机病毒来保护自己的作品,那就是违法行为,情节严重的可构成犯罪。它不仅会因其广泛传播影响网络安全运行,还会给善意第三人带来不应有的损害。

在我国,作品权利人所采取的技术措施,要受到著作权法律、法规的保护,其本身必须符合我国的法律、法规的规定,必须具有合法性。

私力救济的一个显著特征是只能以保护自身权利遭受侵害为限度,著作权人在采取技术措施保护自己利益的同时,一定要注意不要损害公众利益。我国《著作权法》以及相关的国际条约,从权利本位出发,规定了著作权人或者与著作权有关的权利人有权采取技术措施,并且技术措施本身也受法律保护,但绝不意味着权利人可以随心所欲地使用技术措施。因为采用技术措施的目的就是让信息自由合法地流通,能在保障权利人利益的同时让公众尽可能多地获得信息。如果通过技术措施对网络信息形成垄断或对公众利益造成损害,如对于已进入公有领域的作品仍采取技术措施予以保护的行为,是与著作权的法理相违背的,不会得到法律的保护。

(二)标示权利管理信息

多样的、庞大的、不计其数的作品在网络上流动着。如果没有一种有效的机制来识别网上这些作品的权利人,那么不论是权利人主张权利,还是他人希望获得授权,都会遇到很大的困难。于是权利管理信息应运而生。权利管理信息是指说明作品及其作者、表演及其表演者、录音录像制品及其制作者的信息,作品、表演、录音录像制品权利人的信息和使用条件的信息,以及表示上述信息作品的数字或代码。权利管理信息与技术

[1] 梁志文.技术措施的著作权保护.人民法院报,2002-06-23:(3)

措施有着密切的联系，不仅因为它们都是著作权的从权利，而且有些类型的技术措施本身就能起到权利管理信息的作用。如果说技术措施的作用是增加侵权的难度，使侵权行为不能发生或者难以发生的话，那么，著作权管理电子信息的作用则是表明身份，警告提示使用者；或者识别侵权行为，为追究侵权者的法律责任提供有力的证据。互联网上的权利管理信息都是电子形式的，被嵌在电子文档里，附加于作品复制件上或当作品向公众传播时显示出来。权利管理信息不仅能够标识权利人，而且能够按预定条件许可用户使用，查找侵权行为，以及监控用户使用作品的行为。如果这些权利管理信息被他人擅自取消、改动，就会给权利的正常行使制造障碍，使权利人遭受损失。因此，权利人迫切希望法律能够对权利管理信息给予保护。[1]

(1) 国外著作权权利管理信息的法律保护

权利管理信息并不是直到有了数字化和互联网以后才产生的，只是在网络环境下又有了突出的特点。首先，权利管理信息不仅有版权人、版权保护期等内容，还有使用该作品的条件和要求等；其次在数字化的环境下，权利管理信息又很容易被除去和篡改。[2] 如果不对破坏权利管理信息的行为进行制止，势必会对版权人造成极大的伤害。为此 WCT、WPPT 最先从国际保护的层面上规定了对权利管理信息的保护。WPPT 第十九条规定："缔约各方应规定适当和有效的法律补救方法，制止任何人明知、或就民事补救而言有合理根据知道其行为会诱使、促成、便利或包庇对本条约所涵盖的任何权利的侵犯而故意从事以下行为：(1) 未经许可去除或改变任何权利管理的电子信息；(2) 未经许可发行、为发行目的进口、广播、向公众传播或提供明知已被未经许可去除或改变权利管理电子信息的表演、录制的表演或录音作品的复制品"。该条款中提到的作品、录音录像制品等的权利管理电子信息，亦称为"著作权管理电子信息"，是著作权人或者与著作权有关的权利人，为了保障作品、录音录像制品等的授权性使用、版税的支付和识别盗版物而设计的与作品一道使用的并能被计算机识别的资料信息。

---

〔1〕 薛虹. 数字技术的知识产权保护. 知识产权出版社，2002. 126

〔2〕 李明德. 数字化因特网环境中的版权保护（下）. 著作权，2000(3)

美国国会1998年10月通过的《数字化千年版权法》正式规定了著作权管理信息的法律保护的内容。美国法律之所以使用“著作权管理信息”(Copyright Management Information)一词,而不是像世界知识产权组织两个条约以及欧盟指令那样使用“权利管理信息”(Right Management Information)一词,是因为在美国著作权法律体系中没有邻接权的概念,按照别国的标准应当享受邻接权的那些主体(例如表演者)在美国都享有著作权。该法禁止在知道或应当知道被取消或改动了著作权管理信息将会诱发、致使、便利或掩饰著作权侵权行为的情况下,故意提供或者散布虚假著作权管理信息的行为,以及未经著作权人或法律允许,故意取消或改动著作权管理信息的行为,或者知道著作权管理信息已经被擅自取消或改动,仍然发行或进口该著作权管理信息的行为,或者知道作品或录音制品复制件上的著作权管理信息已经被擅自取消或改动,仍然发行、进口或公开表演该作品或录音制品的行为。该法(DMCA)还在第一二〇二条中规定了著作权管理信息完整性保护方面的例外:(1)执行、侦查和其他政府活动;(2)模拟化传输;(3)数字化传输。在侵权救济方面,违反一二〇二条著作权管理信息完整性的规定,应承担民事或刑事责任。

欧洲议会与欧盟理事会2001年5月发布了《关于协调信息社会著作权与相关权的指令》,对著作权管理信息的概念和相关内容作了界定,要求成员国消除、改动任何电子形式的权利管理信息的行为,以及在明知或者应知自己的行为将诱发、致使、便利、掩饰侵犯著作权及邻接权的行为的情况下,发行、为发行而进口、广播或向公众传播电子形式的权利管理信息已经被未经授权消除或改动的作品或作品复制件的行为。[1]

(2) 我国对权利管理信息的保护

在我国,首次对著作权保护的权利管理信息作出规定的是2000年11月最高人民法院《关于审理涉及计算机网络著作权纠纷案件适用法律若干问题的解释》第九条。后来2001年新修订的《著作权法》第四十七条针对权利管理信息的法律保护作出了更为详细的规定,即未经著作权人或者邻接权人的许可,故意删除或者改变作品、录音录像制品等的权利管理电子信息的,除法律、行政法规另有规定外,根据实际情况,应当承担

〔1〕 薛虹.数字技术的知识产权保护.北京:知识产权出版社,2002.127

停止侵害、消除影响、赔礼道歉、赔偿损失等民事责任;同时损害公共利益的,著作权行政管理部门可以责令停止侵权行为,没收违法所得,没收、销毁侵权复制品,并可处以罚款,情节严重的,还可以没收主要用于制作侵权复制品的材料、工具、设备等,构成犯罪的,将被追究刑事责任。而最高人民法院的司法解释因与《著作权法》的规定解释有不同,即要求删改权利管理电子信息必须导致侵犯著作权或者邻接权的后果,后来在2003年修改时作了删除。

同著作权保护的技术措施一样,我国对权利管理信息规定得最为完备的是2006年国务院公布的《信息网传播权保护条例》。该《条例》在第五条、第十四条、第十八条、第二十六条中对权利管理信息的保护及其侵权等相关问题作了明确的规定。如第五条规定"未经权利人许可,任何组织或者个人不得进行下列行为:(一)故意删除或改变通过信息网络向公众提供的作品、表演、录音录像制品的权利管理电子信息,但由于技术上的原因无法避免删除或者改变的除外;(二)通过信息网络向公众提供明知或者应知未经权利人许可被删除或者改变权利管理电子信息的作品、表演、录音录像制品"。根据WIPO的两个条约,以及我国《著作权法》和《条例》的有关规定,我国在实践中对权利管理信息的保护主要体现在两个方面:一是禁止故意去除或改变权利管理信息;二是禁止故意传播已被改变了权利管理信息的作品、表演和录音制品。由于权利管理信息与技术措施密切相关,有些类型的技术措施本身就能起到权利管理信息的作用。因此,对这两者进行保护时,应当注意保护范围、标准以及权利限制与例外等的一致性。

(3)权利管理信息的采用与法律保护

① 权利管理信息的内容。权利管理信息的内容一般包括作品的名称、著作权人、著作权保护期、著作权人的单位及联系方式(含电话及电子邮件地址)、作品使用的条件和要求等有关著作权作品使用的信息。为有利于著作权人利益的实现,方便他人的合法使用,节约传播者、使用者与权利人联系的成本,标注的著作权管理信息越详细越好。虽然,权利管理信息的内容不是法定的,内容的多少也是不确定的,著作权人可以根据自己的意愿确定上述信息在作品上出现一部分或大部分或全部。但为避免权利信息过于庞杂,一般认为法律应当列明受保护的权利管理信息

的各项内容。从世界知识产权组织、版权条约和美国DMCA的规定看，受法律保护的权利管理信息主要包括四个部分，即关于作品的信息（作品的标题等）、关于作品权利人的信息（如作者、版权人、表演者等的姓名或名称）、关于使用作品的期限和条件的信息、伴随上述信息或与上述信息相连的识别数字或图标（例如埋置的指针或超文本链接）。[1]

② 使用权利管理信息应注意的几个问题：一是权利管理信息与用户的隐私权。“由于权利管理信息能够与用户模拟对话，向用户授权，而且能够‘监督’用户（即通过搜索用户计算机硬盘，监控用户的使用情况，以查找有无侵权行为的存在）”，所以用户的隐私权就可能遭受侵害。基于此，应当引入“资讯自决权”的概念，即每个人基本上有权自行决定是否将其个人资料交付和供他人使用。[2] 从信息安全考虑，用户有权删除对于其在请求授权时所输入的姓名、信息卡密码、地址等个人信息；权利管理信息本来就不包括用户信息，所以用户的这种删除行为不构成对权利管理信息的删改。二是权利管理信息与著作权自动保护原则。权利管理信息所带来的一个理论障碍就在于，如果将权利管理信息作为给予著作权保护的前提，就违反了著作权自动保护原则，世界知识产权组织1996年的两个条约对此作出了回应，即权利管理信息都是任意性的，不是强制性的。三是用户删改权利管理信息的免责问题，根据世界知识产权组织1996年的两个条约，如果用户删改权利管理信息的行为具有过错，而且是以诱发、致使、促进或掩饰侵权行为为目的，则该用户应当承担删改管理信息的责任。如果用户是出于合法理由（如他认为自己才是作品的著作权人）而删除或改动权利管理信息，该用户不会因此承担责任。[3]

③ 对权利管理信息法律保护的限制。为避免权利管理信息的负面影响，法律也允许对权利管理信息给予适当的限制。如对国家机关出于执法、收集情报、安全测试等原因而导致的删除、破坏权利管理信息的行为，法律应当是允许的。又如作品的传播者对于保护权利管理信息的完整性负有重要义务，但对在经济上负担不了或技术上不可行的作品传播

---

〔1〕 薛虹. 网络时代的知识产权法. 北京：法律出版社，2000. 63
〔2〕 周维念. 信息技术的发展与隐私权的保护. 法商研究，2003(1)
〔3〕 吴汉东. 高科技发展与民法制度创新. 北京：中国人民大学出版社，2003. 245

中损害了权利管理信息完整性的，必要情况下，法律应当给予这种传播者一定程度的责任豁免。

（三）积极协商，解纷息讼

网上侵权的发生是谁也不愿意看到的事，但在侵权发生后权利人可通过向侵权人发出通知，并与之协商解决争议的方式来保护自己的权利，这既是当事人意思自治原则的体现，也是网络环境下的侵权救济的需要。目前，在我国网络发展的新兴期，网络发展的不规范与网络环境的变化都使侵犯网络版权的行为不断出现。如果权利人与侵权人通过协商的方式解决纠纷，平息争讼，不仅节省了因诉讼所耗费的时间、精力和财力，同时也减轻了法院审判压力，节约了国家的诉讼资源。

二、社会保护

信息数字技术的高速发展，使网络世界成了一个自由的海洋，难以数计的作品在广阔开放的网络空间飞速传播，电子技术使复制变得低成本、高质量而且无限量。面对这一切仅靠著作权人和政府的力量，仅靠法律的事后救济去保护著作权显然是不够的。于是有越来越多的社会力量加入著作权保护的行列，从而给数字版权的保护增加了新的手段，这就是著作权的社会保护。社会保护是指社会团体、行业组织等社会力量在法律许可的范围内，动员自己的力量进行的维权活动。著作权集体管理组织作为一个社会团体，它既是权利人和使用方的桥梁，也是著作权人合法利益的维护者。它具有双重属性：作为只有具有著作权人资格才能进入的组织，它有权利人私力救济（自力保护）的性质和特点；同时，作为一个社会团体，它又有社会保护的性质和特点。随着社会的发展，特别是网络数字化环境作品传播渠道的增多，空间的扩大，著作权集体管理组织的作用会越来越大。

在我国，除了著作权集体管理组织，如中国音乐作品著作权协会、中国文字作品著作权协会等，还有其他行业、产业协会或社会团体，如中国出版者工作协会、中国大学出版协会、中国期刊协会、中国互联网协会、中国图书馆学会等，以及近两年成立的中国图书营销联盟、中文在线反盗版联盟等，他们在维护著作权人的利益，保证作品的流通，维护产业利益，促进文化、教育、科学研究事业的繁荣等方面发挥着重要的作用。概括起来，主要有以下几点：

1. 通过行业教育、培训、宣传和多方面的交流互动，提高著作权保护意识。要引导行业协会、学会等社会组织加强自身建设，提高诚信度，通过制定行业著作权保护的最低标准，制定具体明确的可操作办法，让业界充分认识到保护网络著作权有利于业界发展。网络著作权的保护与网络业务的拓展是相互依存、相互促进的关系。

2. 发挥行业协会、社会团体等服务于社会的功能，有助于解决互联网上信息需求与信息供给的矛盾，有助于有效地解决作品著作权人、传播者和使用者之间的利益平衡问题，促进社会和谐发展。与我国的国情有关，加之有些历史的原因，目前许多理应由社会团体和行业自律组织完成，而且也只应当由其完成的工作由政府部门代替了。行业自律组织和社会力量要成熟起来，就要与政府的行政管理职能彻底分离，担负起相应的责任，使社会各界、政府和著作权人等了解其地位、职权，特别是信息在网络发展过程中的作用和价值，并参与作品上网"监督办法"、"审查办法"、"许可办法"等一系列制度的起草和制定工作，改变当前被动接受的局面。

3. 坚持行业自律，自行处理涉及维护自身权益的事务。要一方面利用会员单位优势与资源和网络的便利条件，多方位、多层次、多形式地为自律规范的实施开展工作，如引导、检查、督促各类网站和网络服务提供者自觉遵守行业自律公约；另一方面又要利用行业前沿和技术先进的特点，把自身工作与著作权保护结合起来，如数字版权管理技术（DRM）和数字水印保真等版权保护技术措施的推广。

4. 协助政府抓好著作权保护工作，把网络著作权的产生、传播、使用纳入法制化的轨道。要坚持培育发展、管理和监督并重，完善培育、扶持和依法管理社会组织的政策，扩大著作权保护的覆盖面，如建立完善网络服务提供者的备案制度、年检制度和不良行为记录制度等等。例如，中文在线反盗版联盟每天24小时都在监控网络有没有盗版行为，并及时予以举报。[1] 有些协会配合政府版权管理部门进行著作权保护宣传运动，如"4.26"知识产权日举办著作权展览或论坛，提倡购买正版软件等，提高公民的著作权意识。著作权相关产业的发展不仅需要有不断涌现的创新精神和智力成果，还需要有尊重创新、尊重智力成果的社会环境。

在强调著作权的社会保护时，有一个动向值得注意，即知识产权保护与标准结合起来的问题。按正常情况，知识产权属于专有领域，一般的技术标准属于共有领域，但现在的情况是有些行业将自己的新技术一方面申请专利保护，另一方面通过行业间结成技术联盟而制定一些新的技术标准，拿这些标准作为他们的双重保护。如 IT 产业中的欧洲数字电视广播联盟的数字电视标准。前几年，国外日立、松下等 6 家生产 DVD 的核心企业把执行他们的标准和知识产权保护捆绑在一起，收取许可费。这样，虽然强化了知识产权保护，但主要是对他们有利，至于对整个技术和行业的发展是否有利，是一个值得关注的问题。[2] 我国出版和计算机网络产业同样有类似的情况，包括折扣战、价格战等，应当引起警惕。

网络已经渗透到社会的方方面面，成为人们生活中不可缺少的一个组成部分；网络不仅改变了传统的交流传播方式，更向人们调整发展秩序、社会秩序的法律体系发起挑战；网络使得信息传播更为简单，也使侵害版权变得更容易。因此，动员群众和社会力量加入著作权法律保护，让群众和社会力量自觉遵守著作权法律。这种互动形成良性循环，可以有效地配置和降低利益冲突所带来的消极后果，进而为网络行为规范的建立与完善奠定良好的基础。

有人说，"著作权将因为网络的存在而最终从一种私权演变成为社会公共财富，这是权利人、社会公众和网络服务商进行利益分配的必然结果，是社会发展的必然趋势。[3]"

---

〔1〕 童之磊. 数字出版与版权保护. 中国图书商报，2006－10－17：(2)

〔2〕 李明德. 高技术知识产权保护的新进展. 高新技术知识产权保护新论. 北京：中国法制出版社，2002. 5

〔3〕 董永森，陈际红. 信息网络与高新技术法律前沿. 北京：中国民主法制出版社，2006. 91

三、法律保护

在侵权责任上,《条例》第十九条规定,违反本条例规定,有下列行为之一的,由著作权行政管理部门予以警告,没收违法所得,没收主要用于避开、破坏技术措施的装置或者部件;情节严重的,可以没收主要用于提供网络服务的计算机等设备,并可处以10万元以下的罚款;构成犯罪的,依法追究刑事责任:

(1) 故意制造、进口或者向他人提供主要用于避开、破坏技术措施的装置或者部件,或者故意为他人避开或者破坏技术措施提供技术服务的;

(2) 通过信息网络提供他人的作品、表演、录音录像制品,获得经济利益的;

(3) 为扶助贫困通过信息网络向农村地区提供作品、表演、录音录像制品,未在提供前公告作品、表演、录音录像制品的名称和作者、表演者、录音录像制作者的姓名(名称)以及报酬标准的。

在《条例》中对免责的规定也十分得详细,第二十条规定,网络服务提供者根据服务对象的指令提供网络自动接入服务,或者对服务对象提供的作品、表演、录音录像制品提供自动传输服务,并具备下列条件的,不承担赔偿责任:

(1) 未选择并且未改变所传输的作品、表演、录音录像制品;

(2) 向指定的服务对象提供该作品、表演、录音录像制品,并防止指定的服务对象以外的其他人获得。

第二十一条规定,网络服务提供者为提高网络传输效率,自动存储从其他网络服务提供者获得的作品、表演、录音录像制品,根据技术安排自动向服务对象提供,并具备下列条件的,不承担赔偿责任:

(1) 未改变自动存储的作品、表演、录音录像制品;

(2) 不影响提供作品、表演、录音录像制品的原网络服务提供者掌握服务对象获取该作品、表演、录音录像制品的情况;

(3) 在原网络服务提供者修改、删除或者屏蔽该作品、表演、录音录像制品时,根据技术安排自动予以修改、删除或者屏蔽。

第二十二条规定,网络服务提供者为服务对象提供信息存储空间,供

服务对象通过信息网络向公众提供作品、表演、录音录像制品,并具备下列条件的,不承担赔偿责任:

(1) 明确标示该信息存储空间是为服务对象所提供,并公开网络服务提供者的名称、联系人、网络地址;

(2) 未改变服务对象所提供的作品、表演、录音录像制品;

(3) 不知道也没有合理的理由应当知道服务对象提供的作品、表演、录音录像制品侵权;

(4) 未从服务对象提供作品、表演、录音录像制品中直接获得经济利益;

(5) 在接到权利人的通知书后,根据本条例规定删除权利人认为侵权的作品、表演、录音录像制品。

第六章

邻 接 权

邻接权：
- 出版者的权利
- 表演者的权利
- 录音、录像制作者的权利
- 广播电视组织的权利

著作权有广义和狭义之分，狭义的著作权就仅仅指作者基于自身创作的作品所享有的权利，而广义的著作权不仅包括作者的基本权利，同时还包含作品传播者的权利。比如，表演者的权利、出版者的权利、广播电视组织的权利和录音、录像制作者的权利，这些统称为与著作权相关的权利，即邻接权。广义著作权包含这些权利是因为，作品创作完成后，要向外界公开和传播仅仅通过作者本人是远远不够的，无论从资金还是传播手段上，作者本人都无法和传播者们相比，比如作曲家的曲目要通过制作成录音制品向外界传播，作者个人必须要借助录音制品制作者的帮助才有可能完成大量的复制和录制工作，那么录音制品的制作者依据自己的创造性劳动成果当然也应该享有自己的权利。

第一节

邻接权概述

邻接权即是表演者、出版者、广播电视组织和录音、录像制作者在传播作品的过程中基于自身的创造性劳动成果而享有的权利。如果说印刷术的发明和应用孕育了著作权，那么传播技术的发明，特别是无线传播技术的产生，就应该是邻接权产生的缘由。作者通过自己创作的作品享有著作权,但是作者所创作的作品,如何实现它的市场化?如何让更多人知晓?显然仅仅靠作者的微薄之力是难以实现的。那么借助外力的帮助或推动就显得十分必要。在这样的背景下,作为作品传播的中介者——传播者也就随之应运而生。一本好的剧本,需要演员的表演再经过录像、剪辑、合成等等手段,最后通过电影院或者电视台播放给大众,进而在社会范围内传播:一首歌曲,要通过演员在舞台上的表演表现给大众;一部文学作品,也要通过出版社印制发行。可见作品的社会利用,既有作者的创造性劳动,也有传播者创造性的劳动。作者对其作品可以享有著作权,而传播者对自己的劳动成果要求享有权利,也是合理的。[1] 传播者通过自己创造性的劳动和投资而产生的成果,这样的成果被称为"媒体产品"[2],在媒体产品中凝结了传播者的劳动和投资,也就是说传播者的创造性劳动和投资转移到了媒体产品当中,因此传播者当然要对媒体产品享有一定的权利。传播者的这种权利就是所谓的与著作权有关的权利,亦即邻接权。

媒体产品是作品的表现形式,从内容上讲,媒体产品和作品是一致的,媒体产品是基于对作品的呈现形式的制作,作品是媒体产品产生的前提,作品和媒体产品之间的关系自然地也决定了著作权和邻接权之间的关系。按照上面的逻辑,著作权在前而邻接权在后,因此邻接权的行使不能侵犯他人的著作权,传播者在利用和使用他人的作品时,首先要获得他人的许可和授权。著作权包含人身权利和财产权利,也就是说著作权同时存在着人身权利的特征和财产权利的特征,邻接权来源于著作权,因此在邻接权中也会存在某些权利既有人身权利的特征也有财产权利的特征,比如表演者权,表演者通过自己对作品的演出向外界展示了作品,同时在表演中也融入了自己的创作成果,表演的表情,表演的形体动作等等这些都是在原作品中没有的,因此表演者应当享有对自己创作作品的人身权,同时也享有对于原作品的邻接权——表演者权;但是在邻接权中一些权利就只有财产权利的特征,比如录音制品制作者权,等等。

---

〔1〕 沈仁干,钟颖科.著作权法概论.北京:商务印书馆,2003.196

〔2〕 媒体产品不是作品,它不是思想观念的表述,只是将作品呈现给社会公众的一种方式或形态。通过这样的一种方式让公众更好地了解和接受作品。李明德,许超.著作权法.北京:法律出版社,2003.178

邻接权一词,英文为 Neighboring Right,意思是与著作权相邻、邻近的权利。我国《著作权法》中称邻接权为“与著作权有关的权益”。按照我国《著作权法》,邻接权是图书、报刊的出版者、表演者、录音录像制作者和广播电视组织对其出版活动、表演活动、录音制品和广播电视节目享有的一种类似著作权的权利。在英美法系国家,著作权法很少引入邻接权的概念。例如,《英国著作权法》将录音制作者和广播电视组织的权利都视为著作权。在《美国著作权法》中,作者的权利、录音制作者的权利都属于著作权范畴。只有在欧洲大陆法系国家,才严格区分著作权与邻接权的概念。[1]

1911 年,英国将音乐唱片列入到著作权法的保护范围。当时的立法者考虑,在文化领域,除了作者的创作劳动成果应受到保护外,还有一种劳动成果也应受到保护。这种劳动同作者创作作品的劳动性质不同,但是同作品的传播密切相关。因此,给予这种劳动成果的保护也同著作权保护相关。接着,1925 年制订、1958 年修订的《戏剧、音乐表演者保护法》又将广播节目列入到了著作权法保护的范围。此后,意大利、奥地利、印度等国家也都在自己的著作权法中规定了对邻接权的保护。

随着著作权国际贸易的发展,各国都开始寻求著作权的国际性保护,与此同时,邻接权的国际保护也开始受到了广泛的关注。1961 年,在联合国世界劳工组织、联合国教科文组织和世界知识产权组织共同发起下,在罗马举行的会议讨论通过了一份关于保护表演者、唱片制作者和广播组织的草案,也就是第一个关于邻接权保护的国际公约《保护表演者、唱片制作者和广播组织罗马公约》(简称《罗马公约》)。由于《罗马公约》要求其参加者必须是《伯尔尼公约》或者《世界版权公约》的缔约国,这样很多不是上述两个公约参加国的成员就不能加入《罗马公约》,其邻接权在国际上也就得不到《罗马公约》的保护。《罗马公约》的这一要求为邻接权的保护带来了很大的局限性。为了在保护的范围上能够具有广泛性,1971 年 10 月 29 日,一些国家在日内瓦签署了《保护录音制品制作者防止未经许可复制其录音制品公约》(简称《录音制品公约》),在这个公约中规定,任何国家都可以参加,不以是否参加某一公约为限。1974 年在布鲁塞尔缔结了《发送卫星传输节目信号布鲁塞尔公约》(简称《卫星

---

〔1〕 沈仁干,钟颖科.著作权法概论.北京:商务印书馆,2003.202~203

公约》)。我们可以预见,随着传播技术和网络技术的发展,国际性的邻接权保护会越发显得重要。如何更好地保护各国的邻接权利人的利益也将成为各国加强合作促进邻接权发展的主要议题。

由于邻接权的特点主要是传播作品的权利,所以在邻接权的分类上都将邻接权分为三类。依据早期的《罗马公约》,多数国家认为邻接权包括表演者、录音制作者和广播电视组织的权利。德国在邻接权的保护上十分重视,将邻接权分为七种:表演者权、制片人权、摄影者权、录音制品制作者权、广播组织权、某些版本的出版者权、数据库制作者权。我国《著作权法》中明确指出,"为保护文学、艺术和科学作品作者的著作权,以及与著作权有关的权益,鼓励有益于社会主义精神文明、物质文明建设的作品的创作和传播,促进社会主义文化和科学事业的发展与繁荣。"可见著作权和著作邻接权的保护在我国具有十分重要的地位,权利的保护关系着社会文化和科学事业的发展与繁荣。在我国,邻接权被称为"与著作权有关的权益",我国《著作权法实施条例》第二十六条规定:"著作权法和本条例所称与著作权有关的权益,是指出版者对其出版的图书和期刊的版式设计享有的权利,表演者对其表演享有的权利,录音录像制作者对其制作的录音录像制品享有的权利,广播电台、电视台对其播放的广播、电视节目享有的权利。"可见我国的邻接权包括:出版者的权利、表演者的权利、录音录像制作者的权利以及广播、电视组织的权利。

第二节 出版者的权利

出版者权是指出版者对其出版的作品所享有的一系列权利的统称。[1]

〔1〕 吴汉东.知识产权法学.北京:北京大学出版社,2005.87

所谓的出版者是指出版社、报社、杂志社和音像出版社等出版单位。出版者的权利主要源于著作权人与出版者之间的许可合同产生。依据我国《著作权法》,出版者对其出版的图书和期刊的版式设计享有权利,按照合同约定享有的专有出版权,经作者许可,可以享有对作品修改、删节的权利。

一、出版者的权利内容

(一)出版者的专有出版权

我国《著作权法》规定,图书出版者对著作权人交付出版的作品,按照合同约定享有的专有出版权受法律保护,他人不得出版该作品。可见,我国《著作权法》规定的专有出版权并非出版者享有的一项法定权利,它仅仅是出版者从著作权人那里通过合同取得的权利。相应地,著作权人和出版者之间的利益分配也应遵照合同约定进行。尽管出版者在出版发行作品时没有附加创作性劳动,但需要投入一定的资金并承担市场风险,因此各国对出版者的权益均给予足够的重视。我国亦是如此,将其与表演、录音录像、广播一同确定为著作权法保护的对象。专有出版权是基于著作权人和出版人之间的许可合同产生,这种合同权利性质决定了出版者与著作权人之间的权利义务关系也需要通过合同、也只能通过合同进行约定,合同以外的权利仅由著作权人行使。因而是否是专有的出版权还要通过双方具体的协商,要以最终的许可合同为准。但是一旦约定是专有出版权,其他任何人都不得侵犯。倘若侵犯就要承担相应的法律责任。

(二)图书、报刊出版者对作品的修改权

我国《著作权法》第三十三条规定:“图书出版者经作者许可,可以对作品修改、删节。”“报社、期刊社可以对作品作文字性修改、删节。对内容的修改,应当经作者许可。”对于修改权,图书出版者必须是在作者许可下才能对作品修改、删节。报社、期刊社对作品文字性的修改、删节不用得到作者的许可,但是对作品内容的修改要经过作者的同意。

（三）版式设计的专有使用权

版式设计，指整个版面格式的设计，包含对图书、期刊版心设计，包括排版的格式、字体、行距、页边空白、标题、标点符号、页码、脚注等，目的在于令人阅读书刊时感到赏心悦目。[1] 版式设计体现了设计者的智力劳动，尽管不能称之为创作，但是仍然受到著作权法的保护。我国《著作权法》第三十五条规定："出版者有权许可或者禁止他人使用其出版的图书、期刊的版式设计。权利的保护期为10年，截止于使用该版式设计的图书、期刊首次出版后第10年的12月31日。"2002年中国青年出版社出版了《藏地牛皮书》一书，该书采用了内、外封形式。2003年，陕西师范大学出版社出版了《中国徒步穿越》一书，其中一种版式也采用了内、外封形式。中国青年出版社在对比两书的版式设计后认定，陕西师范大学出版社侵犯了自己的版式设计权，向法院提起诉讼。经过法院调查，两书在版式设计思想和风格上有些近似，但是法院认定，设计思想和设计风格本身不属于著作权法保护的范畴，因此不予支持。在本案中，从查证的事实看，两书的设计上共有16处存在差异，这些差异足以使版面产生不同的效果。可见，版式设计的空间十分有限，可利用的设计元素变化也会受到很大约束，因此出版者的版式设计的专有使用权也仅仅指，禁止他人未经许可的擅自使用按原样复制，少许改动地复制和变换大小地复制其版式设计的权利。

二、出版者的义务

有权利就必然会有相应的义务，对于出版者来说主要义务有：

(1) 图书出版者应与著作权人签订出版合同。图书出版合同是指著作权人将其作品的复制权与发行权许可出版社在一定范围和期限内以图书形式使用，由出版社承担印刷与发行费用，并向著作权人支付报酬的协议。图书出版合同明确规定了出版者与著作权人之间的权利义务关

〔1〕 汤宗舜. 著作权法原理. 北京：知识产权出版社，2005. 135

系。[1] 因此,签订出版合同是图书出版的必要程序。

(2) 图书出版者应当按照合同约定的出版质量、期限出版图书。一旦签订了图书出版合同,当事人双方就要严格按照合同所规定的条款执行,任何一方的违约行为都要承当相应的违约责任。

(3) 图书出版者应当向作者支付一定的报酬。出版是作者著作财产权的社会化体现,尽管出版商为作品的传播和发行进行了投资,但是其投资基础还是作者的作品,因此应当向作者支付一定的报酬。

(4) 图书出版者重印、再版作品的,应当通知著作权人,并支付报酬。图书脱销后,图书出版者拒绝重印、再版的,著作权人有权终止合同。

(5) 出版改编、翻译、注释、整理、汇编已有作品而产生的作品,应当取得改编、翻译、注释、整理、汇编作品的著作权人和原作品的著作权人许可,并支付报酬。

附　出版合同

甲方(著作权人):　　　　地址:
乙方(出版者):　　　　地址:
作品名称:
作者姓名:

甲乙双方就上述作品的出版达成如下协议:

第一条　甲方授予乙方在合同有效期内,在________地区以图书形式出版上述作品________文本的专有使用权。

第二条　甲方保证拥有第一条授予乙方的权利。如因上述权利的行使侵犯他人权益,甲方承担全部责任并赔偿因此给乙方造成的损失,乙方可以终止合同。

第三条　上述作品的内容、篇幅、体例、图表、附录等应符合下列要求:

第四条　甲方应于________年____月____日前将上述作品的誊清稿交付乙方。甲方因故不能按时交稿,应在交稿期限届满前____日通知乙方,双方另行约定交稿日期。甲方到期仍不能交稿,乙方可以终止合同。

---

〔1〕 徐德欢.图书出版合同的若干法律问题.出版科学,2002(1)

甲方交付的稿件应有作者的签章。

第五条 乙方应于________年____月____日前出版上述作品,因故不能按时出版,应在出版期限届满前____日通知甲方,双方另行约定出版日期。乙方到期仍不能出版,甲方可以终止合同。乙方应按第九条约定报酬标准的________%向甲方支付赔偿金。

第六条 在合同有效期内,未经双方同意,任何一方不得将第一条约定的权利许可第三方使用。如有违反,另一方有权要求经济赔偿并终止合同。一方经对方同意许可第三方使用上述权利,应将所得报酬的________%交付对方。

第七条 乙方尊重甲方确定的署名方式。乙方不得更改上述作品的名称,不得对作品进行修改、删节、增加图表及前言、后记。

(乙方可以更改上述作品的名称,对作品进行修改、删节、增加图表及前言、后记,但改动结果应得到甲方的书面认可。)*

第八条 上述作品的校样由乙方审校。

(上述作品的校样由甲方审校。甲方应在____日内签字后退还乙方。甲方未按期审校,乙方可自行审校,并按计划付印。因甲方修改造成版面改动超过________%或未能按期出版,甲方承担改版费用或推迟出版的责任。)*

第九条 乙方向甲方支付报酬的方式和标准为:

(一) 基本稿酬加印数稿酬:________元/每千字×千字+印数×基本稿 %。或

(二) 一次性付酬:________元。

(三) 版税:________元(图书定价)× %(版税率)×销售数(印数)*。最低印数为 册。

第十条 乙方在合同签字后____日内,向甲方预付上述报酬的________%(元),其余部分于出版后____日付清。

第十一条 甲方交付的稿件未达到合同第三条约定的要求,而且甲方拒绝按照合同的约定修改,乙方有权终止合同并要求甲方返还预付报酬的________%。如经反复修改仍未达到合同第三条的要求,预付报酬不返还乙方;如未支付预付报酬,乙方按合同第九条约定报酬的________%向甲方支付酬金。

第十二条 上述作品首次出版________年内,乙方可以自行重印。首次

出版________年后,乙方重印应事先通知甲方。如果甲方需要对作品进行修改,应于收到通知后____日内答复乙方,否则乙方可按原版重印。

第十三条 乙方重印、再版,应将印数通知甲方,并在重印、再版____日内按第九条的约定向甲方支付报酬。

第十四条 甲方有权核查图书的印数。如甲方指定第三方进行核查,需要提供书面授权书。如乙方隐瞒印数,除向甲方补齐应付报酬外,还应支付全部报酬________%的赔偿金并承担核查费用。如核查结果与乙方提供的印数相符,核查费用由甲方承担。

第十五条 在合同有效期内,如图书脱销,甲方有权要求乙方重印、再版。如甲方收到乙方拒绝重印、再版的书面答复,或乙方收到甲方重印、再版的书面要求后____月内未重印、再版,甲方可以终止合同。

第十六条 上述作品出版后:

乙方应于____日内将作品原稿退还甲方。如有损坏,应赔偿甲方________元;如有遗失,赔偿________元。

(作品原稿由乙方自行处理。)*

第十七条 上述作品首次出版后____日内,乙方向甲方赠样书________册,并以________折价售予甲方图书________册。每次再版后____日内,乙方向甲方赠样书________册。

第十八条 乙方许可报社、杂志社刊载上述作品,须另行取得甲方书面授权。

(甲方授权乙方许可报社、杂志社刊登上述作品,乙方应及时将报刊使用作品的情况通知甲方,并将所得报酬的________%交付甲方。)*

第十九条 双方因合同的解释或履行发生争议,由双方协商解决。协商不成:

由________著作权合同仲裁机构仲裁或向人民法院提起诉讼。*

第二十条 合同的变更、续签及其他未尽事宜,由双方另行商定。

第二十一条 本合同自签字之日起生效,有效期为________年。

第二十二条 本合同一式两份,双方各执一份为凭。

甲方: 乙方:

(签章) (签章)

年 月 日 年 月 日

第三节

表演者的权利

《罗马公约》第三条(甲)指出:"表演者"是指演员、歌唱家、音乐家、舞蹈家和表演、歌唱、演说、朗诵、演奏或以别的方式表演文学或艺术作品的其他人员。《意大利著作权法》对于表演者的定义是:"演出者包括:(1) 在戏剧、文学或音乐作品演出中,担任重要艺术角色的人,即使从属于主演者;(2) 乐队或合唱队的指挥;(3) 其演奏或演唱部分具有独立艺术价值的整体乐队或合唱队。"《美国版权法》认为:"演出一个作品是指朗诵、表演、演奏、舞蹈或扮演一个作品,不论是直接地或使用任何装置或方法,如系电影或其他音像作品,则是显示任何连续的图像或使伴随作品的声音可以被听到。"可见,在这些规定中表演者仅仅指表演作品的自然人。

我国《著作权实施条例》规定,表演者是指演员、演出单位或者其他表演文学、艺术作品的人。表演者权,是指表演者对于自己的演出所享有的一系列权利。表演是一种在已有作品的基础上进行再创作的行为。因此这种行为既要符合原作的设计与要求,又要体现表演者自己的设计与安排。[1] 显然由于表演者自身的不同背景,相对同一作品所表现出来的个性也会不尽相同,那么对于表演者通过表演体现的人身和财产利益,法律上就应该予以保护。关于表演是否必须在公开场合进行的问题,世界知识产权组织主张只有公开表演才能受邻接权保护,它将公开表演具体解释为:"一般指表演一个作品,其听众或观众不限于属于某私人团体的人员,而且通常超出家庭演出的范围。"[2]邻接权的三种权利中与著作权

〔1〕 刘春田.知识产权法.北京:高等教育出版社,2003.93

〔2〕 转载于吴汉东.知识产权法学.北京:北京大学出版社,2002.88

关系最为密切的就是表演者的权利。表演者对自己的表演除了拥有财产权利外,还享有保护自己的某些人格利益不受损害的权利。

一、表演活动

表演活动是指表演者通过自身对作品的理解和诠释,融入一定的思想感情于其中,通过自身手段,例如声音、形体、表情等等或者通过一定的表演乐器,例如钢琴、手风琴等等手段表现作品内容的活动。早期的表演并未受到广泛的重视。在录音技术产生以前,表演活动都是在一定的特定场所进行,比如歌剧院表演的歌剧,而表演活动结束后,如果人们还想再次看到或听到同样的演出,就要再次购票去观看演出。随着录音技术的产生,过去的演出可以通过录制固化到胶带上,这样人们就可以不用不断地回到歌剧院去听相同的歌剧,而是使用演唱机就可以聆听以前要现场才可以听到的表演。不仅如此,随着录像技术的产生,人们也不必再到现场观看影像作品。这样,对于表演者表演活动的保护,也就成为了社会和法律所必须要关注的问题。

在录音和录像技术的发展下,表演活动成为了权利保护的客体,但是并不是录音录像制品就是表演者权保护的客体,录音录像制品是录音录像制作者的创造性劳动成果,是受录音录像作品制作者权保护的客体,表演活动是表演者的权利保护客体。可见,在录音录像制品中所包含的权利是多项权利的集合,其中有作者的著作权、有表演者的表演者权还有录音录像制作者的录音录像制作者权。表演者权的保护客体并不是作品本身,而仅限于作品表演者的表演活动。并且保护的客体也不仅仅限于一次表演活动而是包含表演者的所有表演活动,也就是说不存在表演者第一次表演后,权利用尽的问题。例如,一个舞蹈演员演出了某一部舞蹈,那么就对这次演出享有表演者权利,下一次演出了另外一部舞蹈,同样享有权利,如果演出的是已经演出过的舞蹈,仍然享有自己的表演者权利。

二、表演者的权利

由于表演活动是表演者自己的行为,所以表演者并不需要像出版者的权利那样,依据合同来规定自己的权利范围。《意大利著作权法》第八十条规定:"戏剧、文学和音乐作品的演出者,不论所演出作品是否进入公有领域,除演出报酬之外,有权就其演出用于播放、录音、制片要求合理报酬。对再次播放或复制已用上述方法播放或复制过的作品,演出者也有要求合理报酬的权利。演出者专为上述播放、制片、录音而演出并获得报酬的,不享有该要求报酬的权利。并且演出者有权禁止可能有损其尊严或声誉的播放或复制。"

我国《著作权法》第三十七条规定:"表演者对其表演享有下列权利:(1) 表明表演者身份;(2) 保护表演形象不受歪曲;(3) 许可他人从现场直播和公开传送其现场表演,并获得报酬;(4) 许可他人录音录像,并获得报酬;(5) 许可他人复制、发行录有其表演的录音录像制品,并获得报酬;(6) 许可他人通过信息网络向公众传播其表演,并获得报酬。"

(一) 表明表演者身份、保护表演形象不受歪曲的权利

表明表演者身份、保护表演形象不受歪曲的权利是表演者人身权利的体现。我国对表演者的这两项权利的保护是不受期限限制的。表明身份权主要是指,表演者有权向观众表明自己的身份的权利,包括姓名、演出单位名称,等等。对于舞台表演而言,就是主持人要向现场的观众介绍表演者的姓名;而对于电影、电视而言,就是要在开头或结尾通过字幕在屏幕上显示演员的姓名等等。

保护表演形象不受歪曲的权利,这里需要指出的是表演形象指的是表演者在表演当中塑造的形象而不是表演者自身的形象,保护表演形象主要是保护表演者塑造的形象。表演者塑造的形象从某种角度上也是表演者自身个性的一种体现,如果肆意歪曲表演形象,很可能造成对表演者声誉的损害,因此有必要加以保护。

(二) 许可他人从现场直播和公开传送其现场表演,并获得报酬

现场直播是随着通信传播技术的发展而出现的新的广播形式。现场直播是指在表演者进行表演时,运用现代通讯设备把表演实况同时以广播或电视形式向不特定的公众播放。[1] 现场直播权是表演者的一项重要的财产权利,表演者有权禁止对自己的表演进行现场直播,可见表演者对是否进行现场直播有许可的权利,既然有许可的权利相应地也就可以获得一定的报酬。

(三) 许可他人录音录像,并获得报酬

这是表演者对将自己的表演制成音像制品的控制。将表演者的表演制作成音像制品,不管最终的形式如何,这其中的内容还是以表演者的表演为基础,因此音像制品的制作与使用,无论是否以营利为目的,都应该事先征得表演者的同意,并且应支付相应的报酬。

(四) 许可他人复制、发行录有其表演的录音录像制品,并获得报酬

录音录像制品的大量复制传播,必将影响表演者自身的经济利益。例如,一部新上映的电影,刚刚上映几天就出现大量的复制品在大街上出售,并且相比电影院的电影票的价格更加便宜,不难预见人们更多地会选择买复制的光碟,这样电影的发行商就要受到很大的经济损失,而表演者也一样地受到损失。表演者的辛勤劳动,被某些人无偿地窃取,显然有失公平。所以,表演者应该对复制、发行录有其表演的录音录像制品享有许可权,并获得报酬。

---

[1] 吴汉东.知识产权法学.北京:北京大学出版社,2005.92

(五) 许可他人通过信息网络向公众传播其表演,并获得报酬

随着网络技术的发展,信息网络成了作品传播的一种新的形式,这种形式使作品的传播更加快捷、方便、不受地域的限制。这样高新的技术同时也为侵权行为人提供了方便。目前,网络侵权十分肆虐,因此对通过信息网络向公众传播表演者的表演,进行规制不仅十分必要,也具有极其紧迫的现实意义。

对于上述权利的保护期限问题,我国《著作权法》规定,对于表明表演者身份、保护表演形象不受歪曲的权利不受保护期限的限制;对于其他的权利保护期限是50年,截止于该表演发生后第50年的12月31日。

三、表演者的义务

表演者在享有上述权利的同时,也承担一定的法定义务。我国《著作权法》规定:“表演者在使用他人未发表的作品演出时,应当取得著作权人许可,并支付报酬。如果使用他人已发表的作品进行营业性演出,可以不经著作权人许可,但应当按照规定支付报酬。著作权人声明不许可使用的作品,不得使用。表演者使用改编、翻译、注释、整理已有作品而产生的作品进行营业性演出的,应当按照规定向改编、翻译、注释、整理已有作品的著作权人和原作品的著作权人支付报酬。”

第四节 录音、录像制作者的权利

录音制品,是指任何对表演的声音和其他声音的录制品;录像制品,是指电影作品和以类似摄制电影的方法创作的作品以外的任何有伴音或

者无伴音的连续相关形象、图像的录制品；所谓的录音制作者，是指录音制品的首次制作人；与之相同，录像制作者就是录像制品的首次制作人。在《美国版权法》第一一四条中对录音作品的版权所有者的专有权作了这样的规定："一部录音作品的版权所有者的专有权利只限于第一〇六条[1]第(1)、(2)、(3)项所规定的权利，不包括第一〇六条第(4)项的任何演出权；一部录音作品的版权所有者依据第一〇六条第(1)项拥有的专有权利只限于把录音作品复制成录音制品，或复制成直接或间接地把录音作品中的实音再现出来的电影拷贝以及其他音像作品复制件的形式。一部录音作品的版权所有者依据第一〇六条第(2)项拥有的专有权利只限于制作一部演绎作品，把录制在原录音作品中的实音在演绎作品里改编、重新组合或以其他方式在顺序与音质上加以变动。一部录音作品的版权所有者依据第一〇六条第(1)项和第(2)项拥有的专有权利不包括制作和复制完全属于单独录制其他声音的另一部录音作品，即使这样的声音是模拟和仿效有版权的录音作品中的声音。"

这里要注意的是录音制作者和录像制作者都是首次，即最初的录音、录像制品的制作人，对现有录音、录像制品的翻录或复制的制作不能称之为制作者。一部录音、录像制作品通常要包括多项权利，原作品的作者权利；表演者的权利；录制者的权利。那么对于录音、录像制作者而言主要享有对其制作的原始录音、录像制品享有专有的复制发行权及许可他人复制发行并获得报酬的权利。例如，《日本著作权法》第九十六条规定："唱片制作人，享有复制其唱片的专有权。"这项权利的取得是基于录音、录像制作者与表演者签订的合同之上。录音、录像制作者的复制权是具有排他性的专有权利，不仅可以自己复制发行其录音、录像制品；而且可以禁止别人复制发行其录音、录像制品。此外，录音、录像制作者还享有许可他人出租、通过信息网络向公众传播并获得报酬的权利。对录音、录像制作者这些权利的保护期限都是五十年，截止于该制品首次制作完成后第五十年的12月31日。我国《著作权法》第四十一条规定："录音录

〔1〕 美国版权法第一〇六条之(1)(2)(3)：(1) 将有版权作品复制成复制件或录音制品；(2) 根据有版权作品制作演绎作品；(3) 通过出售或所有权转移的其他方式，或者通过出租或出借，向公众发行有版权作品的复制件或录音制品；

像制作者对其制作的录音录像制品,享有许可他人复制、发行、出租、通过信息网络向公众传播并获得报酬的权利。"

(一)许可他人复制的权利

前面我们已经讲过,录音录像制品是指首次制作完成的产品,并不是指产品的复制品,也就是我们通常讲的"原始带"或者"母带"。录音录像制品的制作者对"原始带"享有权利。录音录像制品的制作者享有许可或者禁止他人利用"原始带"进行复制的权利,同时享有获取报酬的权利。

(二)许可他人出租的权利

在《与贸易有关的知识产权协定》中规定:"在电影作品方面,成员国应给予作者及其合法继承人许可或禁止,向公众商业性出租其享有版权之作品的原件或复制品的权利。"依据上述的规定,我国《著作权法》规定,录音录像制品的制作者享有出租复制品,并获得报酬的权利。随着经济的发展,出于节约和环保的考虑,人们通过租借来使用音像制品越来越频繁,因此对于出租权的归属也就显得十分地必要。

(三)许可他人发行的权利

我们在前面章节中已经提到过发行权的概念,发行权是以出售或赠与方式向公众提供作品的原件或其复制件的权利。录音录像制品的生产其主要目的就是通过向公众出售产品,进而获取经济上的利益,对于录音录像制品制作者的发行权主要是指禁止或许可他人使用"原始带"进行复制和传播的权利,事实上在许可他人复制原件的时候,隐含的概念就是许可了他人向外界的传播。所以说发行权与复制权是结合在一起的。

（四）许可他人通过信息网络传播的权利

互联网技术的发展,为我们带来了新的传播手段。由于互联网传播的范围不再受到传统的空间限制,传播范围涉及不同的地域,在传播时间上较之传统的传播手段更加地快捷,同时在信息网络的传输过程中,对媒体产品的复制也是十分地简单。如果这样的传播行为不受到限制,将会给录音录像制品的制作者带来极大的经济损失,所以对录音录像制品的制作者而言享有许可或禁止他人通过信息网络传播媒体产品的权利也是十分必要的。我国《著作权法》规定:“录音录像的制作者,享有许可他人通过信息网络向公众传播并获得报酬的权利。”

那么对于录音、录像制作者而言,我国《著作权法》规定的主要义务是:录音制作者使用他人未发表的作品制作录音制品,应当取得著作权人的许可,并支付报酬;使用他人已发表的作品制作录音制品,可以不经著作权人的许可,但应当按规定支付报酬;著作权人声明不许使用的不得使用;录像制作者使用他人作品制作录像制品,应当取得著作权人的许可,并支付报酬;录音录像制作者使用改编、注释、整理已有作品而产生的作品,应当向改编、注释、整理作品的著作权人和原作品的著作权人支付报酬。

第五节 广播电视组织的权利

广播电视组织就是通过使用载有图像、声音的有线或者无线信号,传播电视或广播节目的组织,主要包括广播电台和电视台。早期在图像信号产生之前,广播组织仅仅指广播台,随着电视图像技术的发展,电视台也成为了广播组织。广播节目是广播电视组织的权利客体,广播节目和电视节目,是指广播电台、电视台综合各种作品、制品和其他材料制作,通过载有声音、图像的信号传播的集合制品。

在《日本著作权法》中规定:"广播事业者享有接收广播、或接收广播后进行的有线广播,将与这种广播有关的声音或影像进行录音或录像、或者通过摄影等其他类似的方法进行复制的专有权;广播事业者享有接收广播后进行再广播或有线广播的专有权;广播事业者享有接收电视广播或通过接收电视广播再进行的有线广播、并使用放大影像的专门设备将其公开传播的专有权;有线广播事业者享有接收有线广播并将与该有线广播有关的声音或影像进行录音、录像或通过摄影等其他类似的方法进行复制的专有权;有线广播事业者享有接收有线广播后进行广播或再播放有线广播的专有权;有线广播事业者享有接收其有线电视广播、并使用放大影像的专门设备公开向公众传播其有线广播的专有权。"对于保护期限,《日本著作权法》规定是自进行了有线广播时开始到行为完成之日翌年起计算满二十年时届满。

在我国《著作权法》中规定,广播电台和电视台对其制作的节目就应该享有许可将其播放的广播、电视转播;许可将其播放的广播、电视录制在音像载体上以及复制音像载体等权利。

(一)许可将其播放的广播、电视转播的权利

广播电视组织对其编排或播出的节目享有许可或禁止他人转播的权利。由于当前大量的广播电视组织同时存在,行业间的竞争、争抢收视率的现象时有发生,那么对于一些小的广播电视组织而言,在经济实力和人员实力上都无法和一些大的组织相比,所以经常的做法是通过无偿地转播他人的电视或者广播节目来获得一定的收视率,进而获取经济上的利益,这样的做法只会给整个商场带来恶性的循环,降低整个产业的竞争力。因此,我国《著作权法》规定:广播电台和电视台对其制作的节目就应该享有许可将其播放的广播、电视转播并获得报酬的权利。

(二) 许可将其播放的广播、电视录制在音像载体上以及复制音像载体等权利

许可将广播电视组织播放的广播、电视录制在音像载体上以及复制音像载体等权利。广播电视组织播放的节目凝聚了各类工作人员的创造性劳动,广播电视组织对自己的节目也当然地享有著作权,他人要将广播的节目制作成音像载体就必然要得到广播电视组织的许可,否则在没有许可的情况下使用他人的成果将会构成对该广播电视组织的侵权。同时,在保护期限上,对上述权利的保护期限都是五十年,截止于该广播、电视首次播放后第五十年的 12 月 31 日。

我国《著作权法》不仅对广播电视组织规定了享有的权利,同时也规定了一定的义务,主要包括:

(1) 广播电台、电视台播放他人未发表的作品,应当取得著作权人许可,并支付报酬;

(2) 广播电台、电视台播放他人已发表的作品,可以不经著作权人许可,但应当支付报酬;

(3) 广播电台、电视台播放已经出版的录音制品,可以不经著作权人许可,但应当支付报酬。当事人另有约定的除外。具体办法由国务院规定;

(4) 电视台播放他人的电影作品和以类似摄制电影的方法创作的作品、录像制品,应当取得制片者或者录像制作者许可,并支付报酬;

(5) 播放他人的录像制品,还应当取得著作权人许可,并支付报酬。

第七章

著作权的转移与著作权合同

第一节 著作权的转移

著作权的转移，是指作者通过一定的方式，将著作权永久或暂时与自己相脱离，进而转移给他人所有或者由他人来行使。通常分为三种情况：以许可合同的方式许可他人行使；通过合同转让给他人所有；以继承或承受的方式由他人所有。可见著作权的转移包含三个方面，著作权的转让、著作权的许可以及著作权的继承或承受。著作权的转移主要是著作财产权利的转移，不涉及著作的人身权利，也就是说作者的著作人身权是作者的永久权利，不能以任何方式转让给他人。即使转让也是无效的。比如作者署名权，在任何时候作者的署名权仅仅属于作者本人享有，任何人都不能在不是自己的作品上署名，即使是作品的继承人，也无权在作品上署上自己的名字。著作权的转移不仅对作者和作品使用的权利人具有重要的意义，同时对整个社会也是十分有益的。著作权当中的经济权利首先可以为作者本身带来经济利益，其次，作品的使用者看重的就是作品的潜在价值和市场前景，所以，使用者使用之初的目的就是要通过使用作品而获得一定的经济价值，如果没有价值可言，使用者也就不会投资一件没有任何经济价值的作品。再次，通过这样专业性的市场开发，形成了一定的产业规模，不仅满足了社会公众的精神需求，同时也为整个社会积累了大量的物质财富和精神财富。以下我们就分别讨论著作权的转让、著作权的许可以及著作权的继承。

一、著作权的转让

著作权的转让，是指作者或者其他著作权人在著作权有效期内将著作权中财产权利的全部或者部分转让给他人并依照约定或者著作权法的有关规定获得报酬的一种行为。[1]《美国版权法》第一〇一条指出:"版权所有权的转移是关于版权或包括在版权中的任何专有权利的转让、抵押、给予专有许可或任何其他的转让、让与或抵押,不论其时间和地点的效力有无限制,但非专有性许可不包括在内。"我国《著作权法》第十条规定:"著作权人可以全部或者部分转让本条第一款规定的财产权利,并依照约定或者本法有关规定获得报酬。"可见,著作权的转让主要还是指财产权利的转让。转让著作权的权利人称为转让人,接受著作权的主体称为受让人。与许可他人使用作品不同,著作权的转让是关于权利的让渡,从法律后果来看,在著作权的转让后,原权利人丧失所转让的权利,受让人享有所接受转让的权利。

在一些允许著作权转让的国家里,多数都只允许著作财产权的转让,对于著作人身权禁止转让,并且著作权的转让是要通过书面合同的形式。著作权的转让是财产权的全部或者部分权能的转让,这种转让是具体权能的完整转让,它包括对权利的使用、收益、处分。如果是只能使用作品而不具有许可他人使用或者自己不能自由地转让给第三人,这样的状态通常被称为著作权的许可使用。著作权的转让可以是将各种财产权分开转让给不同的主体,也可以分地域地转让;著作权的转让也可以是永久的(永久的是指与著作财产权的保护期限相同时间)或者有限期的(在保护期限内)。

可见,著作权的转让还是有自身的特点:(1) 著作权转让是指著作财产权的转让,而不包括著作人身权。所以,现行《著作权法》第十条第一款中的署名权、修改权和保护作品完整权作为以作者人身权利为内容的精神权利,由于其人身依附性决定其不能作为转让的标的物;另外发表权虽属于人身权与财产权交错领域的权能,现行《著作权法》也明确规定不能作为转让的标的物。(2) 由于著作财产权内容包含多项权能,故转让的权利可以是一项或者几项或者全部,这主要依据当事人之间的意思表示。著作权人可以将作品的所有权利全部转让给受让方;也可以将其中单项权利分别转让,例如将表演权转让给表演人,录制权转让给音像公

---

〔1〕 来小鹏.限制著作权转让的法律思考.中国版权,2004(6)

司，翻译权转让给出版商等等。由于在著作权的转让方面将可能涉及双方当事人多方面的利益，所以为明确各自的权利与义务，应采用书面合同形式，我国《著作权法》第二十五条规定："转让本法第十条第一款第（五）项至第（十七）项规定的权利，应当订立书面合同。""权利转让合同包括下列主要内容：作品的名称；转让的权利种类、地域范围；转让价金；交付转让价金的日期和方式；违约责任；双方认为需要约定的其他内容。"（3）著作权的转让，会存在权利与载体相分离的特殊性，对具体物的所有并不会因此取得对该物的著作权。例如，对美术作品物的所有，就不会因此取得该美术作品的著作权。我国《著作权法》第十八条规定："美术等作品原件所有权的转移，不视为作品著作权的转移，但美术作品原件的展览权由原件所有人享有。"可见美术作品的所有人仅取得了著作权中的展览权，对于著作权的其他权项并未取得。（4）著作权转让的法律效力具有一定的限期，如果超过法律规定的著作权保护期，或合同约定的期限，那么受让人的著作权也就失去了法律效力。（5）著作权的转让与著作权的许可使用有着十分显著的区别。相比而言，两者最主要的区别就是对于著作权主体而言，著作权的转让使著作权的主体发生变更，而著作权的许可使用不改变其主体；这就使得著作权的受转让人可以单独地对抗第三人的侵权，而著作权的被许可使用人，因为只是对权利的使用，并不是著作权的主体，所以则要依赖于原著作权人的存在才能对抗第三人的侵权。

二、著作权的继承和继受

（一）著作权的继承

著作权的继承也被称为著作权的法定转移，是指由于发生法定的继承而引起的著作权的转移，或者由于著作权主体的变更而引起的著作权的转移。可见，著作权的继承或继受，不同于著作权的转让或著作权的许可，并不是因为双方达成一定的合意而引起的转移，而是因为发生了法定的、不以当事人意志转移的客观事实。著作权作为一项民事权利，已经被越来越多的人所重视。著作权当中的经济权利，由于能够为权利人带来实实在在的经济利益，故更加地受到人们的关注。那么在权利的保护期限内，著作权的继承问题也就显得十分重要。我国《著作权法》第十九条规定："著作权属于公民的，公民死亡后，其本法所规定的发表权和财产权利在本法规定的保护期内，依照继承法的规定转移。"

作者为著作权人时，依据著作权法可见著作权当中继承的对象仅限于财产权。著作人身权利，如署名权、修改权、保护作品完整权，只能归作者所有，不能列入遗产，不能继承。这也就是说著作权的继承人，只享有原作者的发表权和著作权的财产权利，对于其他的作者著作权中的人身权利不能获得继承，也就是说继承者不能在作品上署上自己的名字，也不能修改原作者的作品，但是这并不是说继承人同样地没有权利禁止他人署名或者修改作品。依据我国《著作权实施条例》第十五条规定："作者死亡后，其著作权中的署名权、修改权和保护作品完整权由作者的继承人或者受遗赠人保护。""著作权无人继承又无人受遗赠的，其署名权、修改权和保护作品完整权由著作权行政管理部门保护。"

对于作者的一项特殊的人身权即发表权而言，由于其与复制发行的特殊关系，同时出于为促进整个社会文化、艺术和科技的发展考虑，我国《著作权法》规定发表权可以由继承者继承，在保护时间上规定为五十年的保护期限。我国《著作权法实施条例》第十七条对于作者的发表权规定："作者生前未发表的作品，如果作者未明确表示不发表，作者死亡后五十年内，其发表权可由继承人或者受遗赠人行使；没有继承人又无人受遗赠的，由作品原件的所有人行使。"对于作者生前基于其著作权产生的经济利益，如作品的稿酬，出版、改编、表演作品所得报酬等，我国《著作权法》都将其列入遗产的范围，并且可以由继承人继承。

在著作权的继承期限上是有一定的期限要求的，著作权的继承人只有在著作权保护期间内才可继承，即作者生前及死亡后五十年之内，可以继承被继承人的作品使用权、发表、复制、发行作品的权利和获得稿酬权。我们上述的继承问题都指的是单个作者的作品及著作权的继承问题，对于合作作品而言，我国《著作权法实施条例》第十四条规定："合作作者之一死亡后，其对合作作品享有的著作权法所规定的权利无人继承又无人受遗赠的，由其他合作作者享有。"可见合作作品的继承问题与单个作者的作品继承问题是一致的，都是由作者的继承者继承作者的权利，只是在没有继承者的时候可以由合作作品的合作者继承。

在作品的继承问题中还有一个比较突出的问题就是著作权是否属于夫妻的共同财产，在夫妻离异时是否可以由一方享有，我国《婚姻法》中规定知识产权的受益可以作为夫妻的共同财产。可见，可以作为夫妻共同财产的仅仅限于基于权利产生的受益，也就是由权利所带来的经济收入，对于作者的基本权利是不能作为共同的财产来共享的，倘若可以作为共同财产享有，那不是说在一个作品上的各项权能可以由夫妻共同实施，那样夫妻的一方也就享有署名权等人身权利和复制权等财产权利。依据我国《著作权法》，只有合作作品中的合作作者，才有可能享有这样的权利，但是夫妻中的一方又不是合作作品的作者，按照这样的逻辑得出的结论是相互矛盾的，因此这样的假设也是不成立的。所以夫妻双方是不能共同拥有基于作品之上的权利的，但是对于作品原件本身是可以作为共同财产共同拥有的。

（二）著作权的继受

著作权的继受是指法人或其他组织享有的著作权，由于主体的一些变化，比如主体的变更、主体的终止等等，而由相应的其他法人或其他组织享有该著作权。我国《著作权法》第十九条规定："著作权属于法人或者其他组织的，法人或者其他组织变更、终止后，其本法所规定的权利在本法规定的保护期内，由承受其权利义务的法人或者其他组织享有；没有承受其权利义务的法人或者其他组织的，由国家享有。"

从著作权的主体看，我国规定法人和其他组织可以享有著作权，但是也仅限于著作权的财产权利，作品的作者仍然享有著作人身权。那么在法人或其他组织的主体变更或终止后，变更后的法人或其他组织继承的著作权也仅限于发表权和财产权利的范畴，如果由于主体的终止而没有继承法人或其他组织的，那么国家将继承前法人或其他组织的发表权及财产权权利。

三、著作权的许可使用

著作权许可使用也称为著作权的许可，是指著作权人将自己的作品以一定的方式，在一定的地域和期限内授权许可他人使用的行为，而著作权的主体不发生改变。与著作权的转让不同，著作权的转让是财产所有权的让渡，而著作权的许可使用是在保留财产所有权的基础上，授权他人对著作财产权的使用和利用。也就是说，著作权的许可只是使用权的转让，而不是所有权的转让，著作权的许可使用是著作权人利用作品获取经济利益的重要方式之一，在许可著作权转让和著作权许可使用的地域，著作权人利用两种手段进而达到自身经济利益的最大化；在那些禁止著作权转让的地域，比如，德国著作权的许可使用就是著作权人获取经济利益最大化的唯一方式。既然是对于权利的许可使用，那么就可以是一项权利，也可以是几项权利。

既然是许可使用，那么对使用的方式、地域、时间等等就会存在一定的限制。许可他人使用自己的权利，就必然会涉及到他人所获得授权的使用方式的问题。在著作权许可使用方式上，在有的著作中对于著作权许可使用的方式称为专有性，并且专有性的划分主要分为独占许可使用、排他许可使用和普通许可使用。独占许可使用中作品的某一著作财产权只能由被许可人行使，著作权人本人也不能行使或再授权他人行使；排他许可使用则允许著作权人自己行使被许可的著作财产权，但不得再授权他人行使；普通许可使用则允许著作权人自己或再授权他人使用。[1]

我们认为著作权的许可使用方式主要包括两种，一种就是最普通的使用方式也就是一般许可，一般许可是指著作权人可以同时许可多个使用者使用同一种权利。例如，作者许可某一个使用者可以对自己的作品进行复制，同时作者又许可另一个使用者也同样地可以对自己的作品进行复制。与一般许可相对应的就是专有许可，专有许可顾名思义，就是指作者仅能许可一位使用者以某种方式使用作品。也就是说如果作者许可了某个使用者以某种方式使用自己的作品，就不能再许可他人以同样的

〔1〕 唐超华.知识产权法学.长沙：湖南大学出版社，2004.64

方式使用作品。故在许可使用合同中明确使用的方式是十分必要的。

无论采用的是哪种许可方式,都是著作权人和使用者之间的合意的意思表示。那么,为了能够在彼此之间产生一定的约束和法律上的保障,通常情况下都是在双方之间采用合同的方式确定采用哪种许可方式,同时许可使用特别是专有许可的使用,具有很强的排他性,从某种意义上来说,可以称为垄断性,我们都知道市场经济要求自由贸易,排斥垄断。那么限制权利的滥用也就显得十分必要。所以,许可使用通常都存在时间上的限期。

从以上的阐述我们不难发现,对于著作权的许可使用来说主要存在以下特点:

(1)许可使用的只是对某项权能的使用权,而不是著作权本身,因此许可使用并不改变著作权的归属。在许可使用中,著作权的所有权并没有发生转让,所以也就不会改变著作权的归属。

(2)使用者按许可使用合同中订立的条款使用,只能自己行使,不能再许可他人行使或者向他人转让。一旦订立了许可使用合同,就说明在双方之间存在了某种合意,同时具有了法律上的约束力和强制力,应该按照合同中的意思表示严格地执行,并且受许可人依据合同所获得的仅仅是按照一定方式对作品的使用权,著作权人是唯一授权人,受许可人不能授权他人使用或者转让自己获得的许可权利。

(3)许可使用具有一定的期限。许可使用的限期是出于权利限制的考虑,如果无限期的许可单独的使用者,使用作品很可能会产生一定程度上的垄断,阻碍版权贸易的发展。

(4)许可使用应订立书面许可合同。著作权的许可使用被认为是一种著作权贸易行为,通常都是通过著作权许可使用合同实现的,通过合同在当事人之间产生权利义务关系。并且通过合同许可他人使用部分或者全部著作财产权能,同时收取一定报酬,进而实现经济利益。这种也是最常见的著作权贸易。我国《著作权法》第二十六条规定:“许可使用合同和转让合同中著作权人未明确许可、转让的权利,未经著作权人同意,另一方当事人不得行使。”可见著作权许可使用必须按照合同的订立条款使用,即使合同中未明确指出许可人不得使用的,许可人要使用也必须得到著作权人的同意,只要是未得到著作权人的同意,就不得行使。

第二节

著作权合同

著作权合同,是指关于著作权归属、转让以及著作权许可使用的合同,通常主要是指著作权转让合同和著作权许可使用合同。无论是著作权转让合同,还是著作权许可使用合同,都是法定的合同形式,那么就应该遵守合同法的规定,满足相关的成立和有效要件。因此,从合同的订立、合同的履行、合同的变更或终止、相关的违约责任以及纠纷解决机制等等都应当符合《合同法》的相关规定。下面就两种常用的著作权合同分别阐述。

一、著作权许可使用合同

著作权的许可使用合同是民事合同的一种,合同双方权利义务关系的对象是作品的使用权。通常著作权的许可合同包括出版合同、翻译合同、影视制作合同等等诸多形式。但是较为典型的就是出版合同。我国《著作权法》第二十四条规定:“使用他人作品应当同著作权人订立许可使用合同,本法规定可以不经许可的除外。”依据我国《合同法》的规定,合同内容一般要包括当事人的姓名、住所、标的的数目、标的的数额、标的的质量、酬付、支付方式、履行、违约责任、纠纷解决机制,等等内容,依据我国《著作权法》的规定,许可使用合同包括下列主要内容:

(1) 许可使用的权利种类。许可使用合同主要是就著作权中某项权能的许可使用,因此在合同中必须明确是哪项权能的许可使用,是复制权、表演权还是其他的权利。确定详细明确的权利内容是许可合同要求的主要内容之一。一旦产生纠纷,对于纠纷的解决也是十分重要的佐证。2001 年 9 月,南海出版公司出版发行了《鲁迅与我七十年》一书,署名作者是周海婴。2001年10月18日，南海出版公司同意《光明日报》所属的《生活时报》连载《鲁迅与我七十年》一书。《生活时报》在此后部分地转载了相关的内容。周海婴认为，《生活时报》并未征得自己的同意或授权私自转载，构成了对自己许可权的侵犯，遂提起诉讼。法院终审判决认为，周海婴与南海出版公司签订的出版合同中，已经严格地限定了出版公司许可第三人使用作品的权利，因此在未经著作权人同意的情况下，出版公司无权擅自许可第三人使用作品，《光明日报》对作品的使用属于侵权行为。[1] 在上述的案件中，权利人就是在许可合同中通过明确规定使用者的权利内容，从而当产生侵权纠纷时才能够提供充分有力的证据。因此详细地规定使用者的权利种类是十分有益和必要的。

(2) 许可使用的权利是专有使用权或者非专有使用权。确定许可使用的形式是专有的还是非专有的，如果是专有的，著作权人在权利限期未到之前，就不能授权他人使用同样的权利，而如果是非专有的，那么权利人即可以考虑通过授权多的使用者，而达到经济利益的最大化。

(3) 许可使用的地域范围、期间。在合同中要明确权利使用的地域范围，是在本地域、或在其他地域、或两者都可，同时要规定一定的期间限制。

(4) 付酬标准和办法。在付酬的标准上，可以依据缔约双方的合意，也可以参照相关部门制定的付酬标准支付。

(5) 违约责任。一方当事人在没有法律规定的除外事由下，不履行或者不按期履行合同的约定义务，应当承担违约责任。

(6) 双方认为需要约定的其他内容。上述条款只是许可使用合同中必须的条款，由于合同是双方当事人合意的协议，所以在合同中当然地要包括除上述条款外，在当事人之间约定的内容。

著作权许可使用合同的种类十分繁多，但是从使用的频率来看主要是出版合同、表演合同、展览合同，等等。其中出版合同又是较为常见的合同形式，出版合同是最为古老和使用最为普遍的合同形式，又分为图书出版合同和报刊出版合同。我国《著作权法》规定，图书出版者出版图书应当和著作权人订立出版合同，并支付报酬。依据我国国家版权局提供

---

[1] 周敏. 著作权法案例·学理精解. 北京：中国经济出版社，2004. 127～131

的图书出版合同的标准样式，图书出版合同应当包括如下基本内容：

(1) 作品的名称和种类；

(2) 作者的姓名；

(3) 作者的担保，即作者应当保证自己交付的作品没有侵犯他人的权利，以及侵权产生后的责任；

(4) 出版者获得的出版权使用形式，是专有的或是非专有的；

(5) 许可的期间；

(6) 作者交稿的日期；

(7) 出版者出版作品的日期及违约责任；

(8) 付酬的标准和支付方式；

(9) 首次出版的印数；

(10) 一方终止合同的条件；

(11) 违约责任；

(12) 纠纷解决机制；

(13) 双方认为需要约定的其他内容。

附　著作权许可使用合同(范本)

本合同由以下双方于________年____月____日在________签署：

许可方：　　　　　　　　(以下简称“甲方”)

住所：

法定代表人：

被许可方：　　　　　　　(以下简称“乙方”)

住所：

法定代表人：

鉴于：

乙方因业务发展需要，拟制作并发行________电话卡(以下简称“该电话卡”)，需要在该电话卡上使用甲方创作的________作品(以下简称“作品”)作为卡面图案；乙方同意将该作品的著作权许可乙方使用。

为此，甲乙双方经友好协商，根据《中华人民共和国著作权法》及相关法律法规的规定，特订立本合同，以便双方共同遵守。

第一条 许可使用的用途

1. 甲方同意,乙方可在其制作并发行的________电话卡上使用甲方创作的________作品作为卡面图案。乙方拟制作并发行的电话卡卡样见本合同附件。

2. 乙方有权自行决定该电话卡制作及发行的数量。

第二条 许可使用的权利种类

甲方许可乙方使用该作品的下列权利:

1. 复制权,即以印刷、复印、拓印、翻拍等方式将作品制作一份或者多份的权利;

2. 发行权,即以出售或者赠与方式向公众提供作品复制件的权利;

3. 展览权,即将载有该作品的电话卡予以公开陈列、展示的权利。

第三条 许可使用的期间

1. 本合同许可使用的期间为________年,自本合同签订之日起至________年____月____日。

2. 许可使用的期间最长不得超过该作品著作权的保护期限。对于超过该作品著作权保护的期间,乙方无需向甲方支付许可使用费;若乙方已向甲方支付该等费用的,在乙方提出返还该等费用的5个工作日内,甲方应向乙方返还该等费用。

第四条 许可使用费

1. 作为乙方使用本合同第一条约定的作品权利的对价,乙方向甲方支付许可使用费人民币________元。

2. 许可使用费的支付方式为:________。

第五条 甲方承诺和保证

1. 甲方合法拥有该作品著作权,甲方有权将该作品著作权依照本合同的约定许可乙方使用。

2. 若甲方作品含有侵犯他人名誉权、肖像权、姓名权等人身权内容的,甲方对此承担全部责任,乙方因此遭受的任何损失、支付的任何费用(包括但不限于赔偿费用、诉讼费、律师费等)均由甲方承担,乙方可以终止本合同。

3. 甲方与乙方订立本合同不违反有关法律、法规或其他对甲方具有约束力的法律文件的规定。

4. 该作品著作权上不存在任何第三方的抵押、质押、查封、冻结等限制乙方对该作品著作权使用的权利限制。

5. 本合同签订后，甲方不得再将该作品以同样的用途在________省________市由甲方本人或授权第三方予以使用。

6. 若本协议签订后甲方将该作品著作权转让给第三方，甲方必须保证乙方依照本合同所取得的权利不受任何影响。

第六条 乙方承诺和保证

1. 乙方应按照本合同第五条的约定向甲方支付许可使用费。

2. 乙方应按照本合同约定的地域范围和期间使用作品著作权。

3. 乙方与甲方订立本合同不违反有关法律、法规或其他对乙方具有约束力的法律文件的规定。

第七条 违约责任

如果本合同任何一方违反本合同及有关法律法规的规定导致本合同未获履行和未获完全履行，违约方应承担由此引起的全部责任。

第八条 保密

对于本合同的签订过程中知悉的未经公开的全部信息严格保密，除非法律、政府部门或法院另有要求，任何一方未经本合同他方书面同意不得向任何机构、公司或个人公开。

第九条 标题

本合同中的标题仅为检索方便而设置，合同条款的具体内容应当以条款的具体规定为准，而不应参考该标题进行解释。

第十条 其他

1. 若本合同在履行过程中发生纠纷，双方应进行友好协商，协商不成的，任何一方均可向有权管辖的法院提起诉讼。

2. 本合同自双方签字并加盖公章之日起生效。

3. 本合同一式两份，双方各执一份，每份具有相同的法律效力。

双方签署：

甲方：　　　　　　　　　　乙方：

授权代表：　　　　　　　　授权代表：

二、著作转让合同

著作权转让合同,是指双方当事人达成的有关将著作财产权中的一项或若干项或全部权利由一方向另一方转移的合意。所谓著作权许可使用合同,是指著作权人与他人达成的有关著作权人授权该他人在一定期间和范围内以一定的方式使用其作品的合意。

我国《著作权法》第二十五条规定:"转让本法所规定的权利,应当订立书面合同。权利转让合同包括下列主要内容:

(1) 作品的名称;

(2) 转让的权利种类、地域范围;

(3) 转让价金;

(4) 交付转让价金的日期和方式;

(5) 违约责任;

(6) 双方认为需要约定的其他内容。

附　著作权转让合同

甲方:

乙方:

产品名称:标题:《　　》

产品背景:本光盘系由甲方研制开发的《　　》系列商用光盘之一,已由出版社出版。

第一条　经双方友好协商,甲方同意出让,乙方同意受让《　　》光盘的著作权,现达成本协议。

第二条　甲方保证拥有本产品的著作权。

第三条　转让金额为人民币________万元整。

第四条　付款方式:

1. 首付一万元于 CD－R 交付之日一次性付清。

2. 第二次付一万元,于____年____月____日前一次性付清。

3. 第三次付万元,于____年____月____前一次性付清。

第五条 甲方权利和义务

1. 在合同有效期内，未经乙方同意，甲方不得将产品著作权转让第三方或授予第三方代理销售权。

2. 甲方对上述产品仍保留署名权。

3. 甲方有获取著作权转让金的权利。

4. 甲方有权从乙方处按零售价折进货销售本产品。

5. 在合同生效之日起日内，甲方应提供本产品的 CD－R。

第六条 乙方权利和义务

1. 乙方对上述产品有署名权。

2. 乙方有按时支付转让金的义务。

3. 成品盘制作完成后，乙方应拨出少量赠送盘，其中提供给出版社样品盘片，提供给甲方样品盘片。

第七条 甲方同意乙方自行对本产品内容和版本进行修改。但甲方保留署名权和产品标题名称。

第八条 违约条款：

1. 甲方逾期日交付本产品的 CD－R，乙方有权解除本合同，并向甲方要求赔偿损失。

2. 根据上述第四条各项，乙方如延期付款，按每日千分之三向甲方支付延期付款补偿金。如该项付款超过 20 日，乙方仍未付款，甲方有权解除本合同。并可自由使用著作权，不再受本合同之约束。已收取的款项不再退回，且对于乙方已生产出的成品盘有权按基本成本价格回收。

第九条 双方因合同的解释或履行发生争议，由双方协商解决，协商不成，诉讼解决。

第十条 本合同自双方签字之日起生效。

著作权转让生效以最后一笔转让费结清之日为准。

第十一条 本合同一式两份，双方各持一份。

甲方：　　　　　　　　乙方：

代表：　　　　　　　　代表：

年　月　日　　　　　　年　月　日

著作权合同是依据双方当事人的合意订立的具有法律效力的依据，

所以一旦订立了合同，双方当事人就要严格地遵从，著作权人未明确许可、转让的权利，未经著作权人同意，另一方当事人不得行使。对于著作权人在权利的出让后所获得的报酬应依据我国《著作权法》第二十七条的规定：“使用作品的付酬标准可以由当事人约定，也可以按照国务院著作权行政管理部门会同有关部门制定的付酬标准支付报酬。当事人约定不明确的，按照国务院著作权行政管理部门会同有关部门制定的付酬标准支付报酬。”出版者、表演者、录音录像制作者、广播电台、电视台等依照著作权法有关规定在使用他人作品时，不得侵犯作者的署名权、修改权、保护作品完整权和获得报酬的权利。

8

第八章

著作权的限制

著作权的限制{合理使用制度；法定许可制度；强制许可制度}

第一节

著作权限制概述

著作权的限制又被称为是著作权的除外，是指著作权法中规定的对著作权的各种限制和例外。由于著作权是自动产生的权利，同时具有较强的排他性，因此在确定作者权利的同时对作者权利作出一定的限制也是必要的。著作权法就是对作者的著作权在法律上给予一定的保护，其宗旨和主要目的首先在于保护作者的正当权益，激励他们的创作热情，以便他们能够创作出更多更好的文学、艺术和科学作品，极大地丰富我们的精神生活领域，满足人们的精神需求；其次，作品作为商品，就是在向外界不断地传播中，得到更多人的使用，通过使用提高大众的科学文化素质，推动整个人类的发展和社会的进步。

著作权保护的是著作权人专有权与促进社会效益的统一。既然是统一体，就要注意两种利益的平衡，倘若只是一味地强调作者的权利，使权利绝对化，甚至过于垄断化，就有可能限制和妨碍作品作为商品的流转与有效的使用。反过来如果一味地重视社会效益，降低对权利保护的要求，甚至认为对权利的保护会阻碍社会利益的取得，而不去对权利给予保护，就有可能挫伤作品创作者和作品传播者的积极性，不但没有像人们设想的那样清除社会发展的障碍，反而制约了社会的进一步发展。可见，著作权就是在个人利益与社会利益之间寻求一个平衡点，从而在保护著作权人利益的同时维护社会整体利益的发展，以便促进人类文明的发展。因此，世界各国著作权法的通行做法是，在规定作者权利的同时，也相应地规定了作者对社会所承担的义务；这些义务更多地是通过对著作权的限制来体现。随着传播技术的发展，特别是网络技术的发展，出现了新的作品形式和传播方式，使得著作权的内容也在不断地丰富和发展。对著作权人在权利的行使上给予一定的限制，也是十分有益和必要的。

著作权法规定了著作权人所享有的权利种类，那么作为对权利的限制也应由著作权法给予一定的规定，其他任何人都不能够依据自己的意愿以及认定的方式，对著作权人的权利提出限制，这就如同著作权人不能依据自己的方式，在法律规定的范围之外再提出自己享有的权利。那么从法律上如何限制权利，权利限制的范围如何，就是著作权法上的核心问题。如何在社会利益和权利人利益之间找到一个平衡点，不仅保护权利人利益，同时也可以促进社会利益的发展，这一点是各国立法都必须要考虑和权衡的问题，有时候由于利益难以平衡，可能会导致一些不必要的后果。

著作权的限制从广义上来说包含权利使用的地域和时间的限制、诉讼时效的限制、权利的合理使用、法定许可使用以及强制许可使用等等方面大项内容，但是我们在这里就关于著作权的限制问题的讨论，也仅仅限于著作权当中的财产权利的限制，著作人身权被认为是一种作品诞生后"天赋"的权利、自然的权利，不能够转让；而著作财产权更多是作品作为商品所产生的权利，具有可转让性，能够产生经济上的利益。从广义上讲，对著作权中的财产权的限制也包括时间限制和地域限制。但是人们常讲的著作权的限制主要是指著作权人在行使著作权时的一些限制，也就是在法律规定的特定情况下，使用受著作权保护的作品，可以不遵守著作权法的某些规定。由此可见，对著作权的限制，实际上是法律上的一些例外条款。世界上各个国家由于各自的经济发展水平、法律传统和著作权保护历史的差异，在著作权的限制规定方面并不一致。但是世界各国在著作权行使上的限制主要分为：(1) 合理使用；(2) 强制许可；(3) 法定许可三种方式。我国著作权法主要规定了"合理使用"和"法定许可"两种限制。

第二节 合理使用

一、合理使用的概念

合理使用“乃法律对著作权人权利最重要且应用最广泛的限制”。[1] 合理使用是对著作权权能给予一定限制的法律制度，在英美法系中称为“Fair Use”。著作权的“合理使用”通常是指，“在一定的条件下，为了个人学习或从事科学研究的目的，为了系统教学活动、学术研究、新闻报道、执行公务、宗教或慈善性质的活动等社会公众利益，可以不经作者或者其他著作权人同意，也不必向其支付报酬（但要注明作品名称、作者姓名及出处）而使用受著作权保护作品的例外情况”。[2] 从本质上讲，合理使用是由于社会使用、传播的需要，对于已经侵犯著作权的行为在法律的规定中认为是“合理的使用”。合理使用制度是英美法系下，对著作财产权限制的特有机制。合理使用的概念最早产生于英国，在早期的英国审判中，法官们根据《安妮法》鼓励作者创作的目的，同时坚持“法官造法”这一立法机制，逐渐地发展了合理使用的原则。例如在英国，1911 年的版权法中就已经明确规定了合理使用的原则。

在《伯尔尼公约》中，对于合理使用的问题作出如下规定：从一部合法向公众发表的作品中摘出引文，包括以报刊摘要形式摘引报纸期刊的文章，只要符合善良习惯，并在为达到正当目的所需要范围内，就属合法；通过出版物、无线电广播或录音录像使用文学艺术作品作为教学解说的

〔1〕 转引自曹胜亮．著作权限制制度的比较研究．西南民族大学学报（人文社科版）．2004．7

〔2〕 沈仁干，钟颖科．著作权法概论．北京：商务印书馆，2003．95

权利，只要是在为达到正当目的所需要的范围内使用，并且符合正当习惯，即可由本联盟成员国法律以及成员国之间现已签订或将要签订的特别协议加以规定；根据前两项使用作品时，应指明出处，如原出处有作者姓名，也应同时说明。

现今，世界各国依照《伯尔尼公约》都对合理使用作出了规定。例如，世界上包括美国、德国、英国、日本在内的很多国家都对“合理使用”作出了明确的规定。在《日本著作权法》中，规定个人学习使用、图书馆的使用、教科书的使用、作为试题使用、事实评论的转载、政治性演说、审判程序的使用、公开的美术著作物等等都适用合理使用原则；在《英国版权法》中也对个人使用、教育、图书馆档案馆、公共管理方面的使用规定为合理使用；《美国版权法》第一〇七条规定：“在为了批评、评论、新闻报导、教学、学术研究等目的而合理使用有版权的作品，包括复制成复制件或录音制品，或者其他在条款中所规定的方式使用版权作品，不属于侵犯版权。”

二、合理使用的标准

如果某个使用者使用了作者的作品，那么在什么状态下属于合理的使用呢？根据国际公约，合理使用应当符合三个法定的要件，即有关的使用是就具体的特殊情况而言；该特殊情况下的使用没有影响著作权人对于作品的正常使用；也没有不合理地损害著作权人的合法权益。以上的三个要件被称为是合理使用的“三步检验法”。[1] 在《伯尔尼公约》中对于复制权的合理使用，作出了如下规定：本联盟成员国法律有权允许在某些特殊情况下复制本公约保护的文学艺术作品[2]，只要这种复制不致损害作品的正常使用也不致无故危害作者的合法利益。尽管《伯尔尼公

〔1〕 李明德，许超著. 著作权法. 北京：法律出版社，2003. 111

〔2〕《伯尔尼公约》中保护的文学艺术作品有：包括科学和文学艺术领域内的一切作品，不论其表现方式或形式如何，诸如书籍、小册子及其他著作；讲课、演讲、讲道及其他同类性质作品；戏剧或音乐戏剧作品；舞蹈艺术作品及哑剧作品；配词或未配词的乐曲；电影作品或以电影摄影术类似的方法创作的作品；图画、油画、建筑、雕塑、雕刻及版画；摄影作品及以与摄影术类似的方法创作的作品；实用美术作品；插图、地图；与地理、地形、建筑或科学有关的设计图、草图及造型作品。对于其他的作品形式详见《伯尔尼公约》第二条。

约》只是对复制权的合理使用作出了规定,但是所体现的理念和原则却被此后的一些国际公约以及各国立法所采纳。比如,在《与贸易有关的知识产权协定》中规定:各成员对专有权作出的任何限制或例外规定应限于某些特殊的情况,且不会与对作品的正常利用相冲突,也不会不合理地损害权利持有人的合法利益。可见在该协定中已经将合理使用的要件从复制权普遍地适用到了各项权利。再如,我国《著作权法实施细则》规定:依照著作权法有关规定,使用可以不经著作权人许可的已经发表的作品的,不得影响该作品的正常使用,也不得不合理地损害著作权人的合法利益。

尽管大多数国家都遵循这样的一条合理使用的判定标准,但是由于各国的社会和历史等原因必然地导致各国具体的国情的相异,那么在对于合理使用的判定标准上也就会存在着差异。比如,美国就在具体的判定标准中并未采信国际的通行标准,而是有自己的检验标准和考虑因素。美国在著作权的保护体系上,注重作者经济权利的保护,这也导致了在他的某些评判标准上势必会侧重经济上的某些利益。在美国一般通过以下要件来判定是否构成合理使用:

(一)作品的使用是出于怎样的目的和性质,是否以营利为目的。包括这种使用是具有商业性质或者是为了非营利的教育目的;是否以营利为目的在法律实践中是判断合理使用的一个很重要的因素,如果为了学习、研究使用他人的作品是属于合理使用的范围,但是一旦是属于商业目的,也就是说是为了获得一定的经济利益,那么这样的使用就不在合理使用的范围之内。从司法实践来看,这一判断要件不仅在美国得到认可,在其他国家也一样以此为一定的标准。

2001 年 1 月 4 日,美国教育考试服务中心(Educational Testing Service　简称 ETS)状告北京新东方学校侵害其著作权及商标权一案中,ETS 认为,1997 年 8 月 17 日,ETS 在中国大陆地区的版权代理人中原信达知识产权代理有限责任公司与新东方学校签订了“盒式录音带复制许可协议”和“文字作品复制许可协议”,许可新东方学校以非专有的方式复制协议附件所列的录音制品和文字作品,共 20 套试题,作为内部使用,但不得对外销售,协议有效期 1 年。但是,在 2000 年 11 月 9 日,中原信达知识产权代理有限责任公司在新东方学校公证购买了“TOEFL 系列教材”,

包括:《TOEFL 系列教材听力分册》、《TOEFL 系列教材语法分册》、《TOEFL 系列教材作文分册》、《TOEFL 系列教材阅读分册》、《最新练习题选编第一册》、《最新练习题选编第二册》、《最新练习题选编第三册》8 本图书及 25 盒听力磁带。ETS 认定新东方对签订协议中试题的复制使用,已经不仅局限于课堂教学,是出于商业目的在使用试题,已超出了合理使用。

2004 年 4 月 28 日,北京市高级人民法院作出终审判决,法院首先认定 ETS 开发的试题就设计、创作过程来看,每一道考题均需多人经历多个步骤并且付出创造性劳动才能完成,具有独创性,应该成为我国《著作权法》上认定的作品。同时 ETS 对其开发的试题在美国进行了版权注册,由于我国和美国都是《伯尔尼公约》的参加国,根据公约的国民待遇原则,中国有义务对美国国民的作品在中国给予保护。由于新东方学校未经著作权人 ETS 许可,以商业经营为目的,以公开销售的方式复制发行了有关试题,其使用作品的方式已超出了课堂教学合理使用的范围,因此法院认定新东方对试题的使用不是合理使用而是侵权。

可见,以商业或营利为目的使用作品,将有可能超出合理使用的范围,从而构成著作权的侵权行为。

(二) 有版权的作品的性质。作品的性质是指作品所反映内容的真实性,如果作品反映出的内容是客观事实,那么作品的性质就是真实的,如果反映的内容是作者杜撰的,那么作品的性质就是虚构的,在使用真实的作品时,构成侵权可能性会小,但是如果是作者的杜撰作品,侵权的可能就会很大。可见,对于虚构作品的保护程度要比事实作品的大。

(三)同整个有版权作品相比,所使用部分的数量和内容的实质性,以及这种使用对版权作品的潜在市场或价值所产生的影响,这里的使用数量和内容主要是从他人对作者作品使用的程度上而言。比如,使用了他人的一部文学作品,那么在使用的篇幅上、引用的字数上,这些因素所占整个作品的比例,如果比例很大,甚至是几乎全部使用,那么这不再是合理使用的范围,而是构成了对他人作品的抄袭,属于侵权行为。相反,如果比例很小,但是确定为作品中最为精华的部分,也同样地不属于合理使用的范畴,往往这样的使用很可能会对作者未来的或者潜在的经济价值带来影响或损失。这也是违背国际上的通行标准的,因此不应作为合理使用的范围。

进入信息化时代,鉴于互联网上大量网站和交换站点的非盈利经营,网络信息的海量流通与内容、数量、质量的潜在虚化使法官和当事人无所适从;对网上使用者心态是否善意难以判断;以及当前市场失灵,被告使用出于社会需要及不致造成著作权人激励利益的实质性损害等原因,有些学者主张将合理使用的判断标准缩为两点,"即使用行为是否造成权利人直接的实质损害,行为人有无过错即是否恶意或故意,符合其中任何一项就不构成对于著作权作品的合理使用"。[1] 更有学者主张只以是否造成权利人的直接实质损害来作为网络环境下合理使用行为的判断标准,一元化标准,以使用人是否获得商业利益为唯一标准,以避免多重标准相互排斥。[2] 也有人认为"合理使用"的判断标准作为一种主客观相结合的判断标准,可借鉴《美国版权法》的四个标准,结合网络自身的特点,确定五个基本要素,即(1) 使用的目的及性质;(2) 作品的性质(根据与公共利益的关系密切程度);(3) 使用的程度(引用原作不超过1/10,而且不得照搬原作精华及创造性内容);(4) 对经济价值的影响;(5) 不得侵犯原著作权人的人身权。[3] 此处实际上结合我国著作权的特点增加了保护著作权人的精神权利。也有学者分析我国《著作权法》及相关规定列举的情况,认为网络环境下的合理使用应符合以下四个条件:(1) 作品必须是已发表的作品;(2) 使用作品的行为必须尊重作品作者的精神权利;(3) 使用作品的目的和性质必须体现公共利益和特殊弱者利益;(4) 使用他人作品的方法和范围必须合理。[4]

三、合理使用的形式

合理使用的形式,一般只在大陆法系国家中常见,因为大陆法系国家多是成文法,习惯在法律条文中对于具体的形式作出明确的列举,而在英美法系国家中,采用的判例法,具体的形式多数是要法官根据一定的原则

〔1〕 吴汉东. 著作权合理使用制度研究. 北京:中国政法大学出版社,2005. 252

〔2〕 李贵方. 新技术革命与著作法. 吉林大学学报,1985(6)

〔3〕 熊盛华. 网络作品"合理使用"之界定. 知识产权法理论与适用. 北京:人民法院出版社,2005. 122

〔4〕 梁清华. 网络环境下的知识产权保护. 北京:中国法制出版社,2004. 62 ~64

作出相应的判定。我国属于大陆法系国家，因此在我国，《著作权法》第二十二条中对合理使用的形式作出了具体的规定：在下列情况下使用作品，可以不经著作权人许可，不向其支付报酬，但应当指明作者姓名、作品名称，并且不得侵犯著作权人依照本法享有的其他权利：

（1）为个人学习、研究或者欣赏，使用他人已经发表的作品；这里需要注意，使用人使用的作品必须是他人已经发表的作品，正在发表和未发表的作品不算；使用的目的仅限于学习、研究或者欣赏，不能具有商业目的。上面我们已经提到过，在美国的判定标准中，作品的使用目的是一个十分重要的判定要素，这里的个人使用，也就说在使用范围上只能限于自己知悉的范围。比如，自己在电脑上修改他人的文学作品，将他人的作品翻译成英文，等等。只要作者不将其发表，进而达到公众知悉的程度就不会构成侵权。

（2）为介绍、评论某一作品或者说明某一问题，在作品中适当引用他人已经发表的作品。适当引用他人的观点、作品，只要是与整部作品相比保持一定的合适比例就不构成侵权。《伯尔尼公约》规定：从一部合法向公众发表的作品中摘出引文，包括以报刊摘要形式摘引报纸期刊的文章，只要符合善良习惯，并在为达到正当目的所需要范围内，就属合法。通常认为引用的比例超过了整个作品的三分之一或一半以上，就会被认为超出合理使用的范围，此外，从引用的质量来看，如果引用的数量很少，但是引用的却是作品中最核心的内容，同样也超出了合理使用的范围。比如，在一项核心技术的论著中，引用者仅仅引用了论著中最核心的技术阐述部分，虽然在引用的量上未超出合理使用的范围，但是在引用的内容性质上却已经超出了合理使用的范围，

（3）为报道时事新闻，在报纸、期刊、广播电台、电视台等媒体中不可避免地再现或者引用已经发表的作品。在对相关新闻的报道上，由于对于陈述事件的必要，引用了作者已经发表的作品，是属于合理使用。这是因为对于新闻报道而言，在对事实的报道时，为了向公众说明某些具体的新闻内容是不可避免地要对事件作相关的陈述。比如，娱乐新闻报道某个影星的新片时，为了要说明事件，对影片中的片断的使用就是不可避免的使用。那么影片的权利人不能因为新闻台使用了该影片就认定新闻台构成了未经许可使用的侵权行为。《伯尔尼公约》中也规定：对在时事事

件过程中出现或公开的文学和艺术作品，在为报道目的正当需要范围内，可予以复制，或者以摄影或电影手段或通过无线电或有线广播向公众作时事新闻报道。

(4) 报纸、期刊、广播电台、电视台等媒体刊登或者播放其他报纸、期刊、广播电台、电视台等媒体已经发表的关于政治、经济、宗教问题的时事性文章，但作者声明不许刊登、播放的除外。相关的规定，在《伯尔尼公约》中也作出了叙述：对在报纸或期刊上已发表的经济、政治和宗教问题的时事性文章，或无线电已转播的同样性质的作品，本联盟成员国法律有权准许在报刊上转载，或向公众作无线或有线广播。可见，这样的合理使用行为在国际上也是被认可的。

(5) 报纸、期刊、广播电台、电视台等媒体刊登或者播放在公众集会上发表的讲话，但作者声明不许刊登、播放的除外。公众集会上的讲话本身就具有了发表的属性，那么如果作者并未作出禁止刊登的要求，我们即可理解作者允许了或者隐含地授权他人刊登或播放，这样的使用也属于合理的使用范围。

(6) 为学校课堂教学或者科学研究，翻译或者少量复制已经发表的作品，供教学或者科研人员使用，但不得出版发行。对于翻译、复制已经发表作品的合理使用上，首先也是在翻译的数量和复制的数量上有一个量化，仅仅供教学的学生在课堂使用，这种课堂也仅仅限于学校的范围，对于远程教学这样的教授方式不适用。

(7) 国家机关为执行公务在合理范围内使用已经发表的作品。

(8) 图书馆、档案馆、纪念馆、博物馆、美术馆等为陈列或者保存版本的需要，复制本馆收藏的作品。这里的复制仅仅是以保存为目的，不能用于商业利用，如果复制的目的不是保存，而是以他用为目的就不属于合理使用的范围。

(9)免费表演已经发表的作品，该表演未向公众收取费用，也未向表演者支付报酬。这里要注意的是，这种表演首先对公众来说是免费的，同时对于表演者来说是没有获取报酬的，这种报酬包含表演的报酬，也可以包含基于表演之原因的报酬，比如为厂家在这次演出中所作广告的报酬。

(10) 对设置或者陈列在室外公共场所的艺术作品进行临摹、绘画、摄影、录像。这里的临摹、描绘、摄影、录像的对象必须是在公共场所陈列的作品，如果是在作者家中陈列的作品或者工作间陈列的作品，是不包含在范围之内的。

（11）将中国公民、法人或者其他组织已经发表的以汉语言文字创作的作品翻译成少数民族语言文字作品在国内出版发行。我国是个多民族国家，56 个民族有各自不同的语言，为了能够满足最广大的人民群众的需求，进行语言上的翻译是必须的，但是翻译的作品只能是中国作者的作品，出版也仅限于国内。

（12）将已经发表的作品改成盲文出版。

在著作权合理使用的问题上，我国采取列举的形式，也就是说在上述十二种具体的形式外，其他的使用形式将不属于合理使用的范围，一旦在未经作者授权或许可的情况下使用了作品，就会构成侵权行为，同时要受到一定的处罚。尽管列出了具体的使用形式，但是随着科学技术的发展，我们不可能穷尽所有的形式，而只是尽可能地涵盖所有的普遍性。如何提出一个明确的合理使用标准或者法律原则，对于在法律实践中是十分必要的。尽管我国对合理使用的标准并未作明确的规定，但是从列举的条款中，不难看出，我国对于合理使用的判定标准同《伯尔尼公约》的规定相一致，也是要判定使用是否就具体的特殊情况而言；该特殊情况下的使用是否影响著作权人对于作品的正常使用；是否有不合理地损害著作权人的合法权益。

技术的发展进步推动着社会的发展进步，也推动着法律的发展进步。日新月异的信息网络技术的发展进步，使担负其调节功能的著作权法律也在发生变化，它不仅打破了原有著作权领域的利益平衡，也使私权与公共利益背后的个人本位与社会本位的矛盾与冲突不断深化，著作权的某些内容由单纯的私权和权利限制逐步向复合权的形态发展过渡。而合理使用制度随着网络数字化环境下新利益格局的形成和发展，特别是信息网络传播权的确定，也进入了一个新的时期。

第三节

法定许可和强制许可

法定许可和强制许可是对著作权另外的限制。目前,我国《著作权法》对法定许可制度有所规定。在《伯尔尼公约》和《世界版权公约》中都有关于强制许可制度相关的规定。

一、法定许可

法定许可,又称为非自愿许可,是指根据法律法规的有关规定,在未经著作权人许可的情况下,在向著作权人支付报酬,指明著作权人姓名、作品名称,并且不侵犯著作权人依法享有的合法权利的情况下,对著作权人已经发表的作品进行使用的制度。法定许可是相对自愿许可而言,自愿许可也就是著作权的许可使用,通常我们说的著作权的许可使用都是指基于双方当事人的意思表示,以合同形式许可他人使用作者权利的制度,有时也可称为自愿许可制度。

这里要注意法定许可与许可使用的区别,法定许可是由法律强制授权的许可制度,而许可使用是当事人之间基于一定的意向合意,或者可以说自由授权的权利制度。在许可使用制度中,作者已经发表的作品或将要发表的作品通常是可以称为许可使用的作品对象,而法定许可使用的作品对象只能是已发表的作品。法定许可的主要目的就是防止权利的滥用,维护整个社会公共利益的平衡以及公正、公平的经济秩序。世界各国都对法定许可制度作出了详细的规定,大体归结也主要是涉及公共利益的维护方面、市场秩序的维护方面和由于使用范围过广,而需要的法定许可使用规定。在法定使用中,尽管作者不再是通过双方合意的意思表示将自己的权利许可他人使用,但是作者仍然享有获得报酬的权利。

与合理使用方式一样,在法定许可的方式上我国也同样采用列举的方式,在我国《著作权法》中,对于法定许可规定了四种主要的形式:

（一）为实施九年制义务教育和国家教育规划而编写出版教科书,除作者事先声明不许使用的以外,可以不经著作权人许可,在教科书中汇编已经发表的作品片段或者短小的文字作品、音乐作品或者单幅的美术作品、摄影作品,但应当按照规定支付报酬,指明作者姓名、作品名称,并且不得侵犯著作权人依照本法享有的其他权利。这一条也被称为教科书法定许可。对于教科书的法定许可要注意仅限于九年义务教育或国家教育规划编写的教材,在作品的使用上也仅限于对已发表的作品片断的使用,也就是要注意使用的部分与原作品的比例,同时要注意指明作者姓名、作品名称。

（二）作品刊登后,除著作权人声明不得转载、摘编的外,其他报刊可以转载或者作为文摘、资料刊登,但应当按照规定向著作权人支付报酬。转载是与原创相对应的概念,所谓原创,简单地说就是指该报刊、期刊或者网站上的内容是出自刊物作者自己的感受、观点或者是作者自己所画的图片。转载是指该报刊、期刊或者是网站上刊登的内容是书上的或其他报刊、期刊或网站上的文章或者图片。摘编则是对已经刊登的文章内容作一定的修改、缩写等等。

（三）录音制作者使用他人已经合法录制为录音制品的音乐作品制作录音制品,可以不经著作权人许可,但应当按照规定支付报酬;著作权人声明不许使用的不得使用。录音制作者使用的录音制品仅仅限于音乐作品,那么音乐作品之外的作品形式不在法定的使用范围之内,在作品的使用上尽管不用获得许可但是要支付相应的报酬。

（四）广播电台、电视台播放已经出版的录音制品,可以不经著作权人许可,但应当支付报酬,当事人另有约定的除外,具体办法由国务院规定。这一条也被称为是播放已发表作品的法定许可,对著作权人权利的限制是为了更好地让其他人利用作品,对于录音作品而言,如何更快地、范围更广地传播让公众知晓,满足公众的精神需求,是录音制品的魅力所在。那么,如果传播者受到太多的权利许可的限制,就将不利于作品的有效传播。所以,广播电台、电视台播放已经出版的录音制品,可以不经著作权人许可。可以不经许可也不是说可以毫无顾忌地使用作品,作者同样享有获得报酬的权利，那么广播电台、电视台组织同样地也有向作者支付报酬的义务。

可见在法定许可制度中，申请使用者多为邻接权的权利主体，例如录音制品的制作者、表演者、广播组织者等；在作品的使用上也多为已发表的作品；同时作品的使用者要向权利人支付一定的法定报酬，而使著作权人的经济利益得以保证。此外，2003 年 12 月修正的《最高人民法院关于审理涉及计算机网络著作权纠纷案件适用法律若干问题的解释》第三条规定："已在报刊上刊登或者网络上传播的作品，除著作权人声明或者上载该作品的网络服务提供者受著作权人的委托声明不得转载、摘编的以外，网站予以转载、摘编并按有关规定支付报酬、注明出处的，不构成侵权。但网站转载、摘编作品超过有关报刊转载作品范围的，应当认定为侵权。"

二、强制许可

强制许可是指在无法得到著作权人许可等特定的条件下，著作权主管机关授予申请使用人强制许可证，许可使用但要对著作权人支付报酬的制度。由于授予使用人强制许可证，因此也称作"强制许可证"（Compulsory license）制度。强制许可与法定许可相比，两者都不需要征得著作权人的许可，但是都要按规定支付一定的报酬给著作权人，不同点在于强制许可要有使用人的申请，而法定许可并不需要；此外，法定许可的使用者可以是任何的主体，而强制许可的使用者需要是特定的主体；法定许可是由法律授权的许可制度，而强制许可是由特定的著作权管理机关授权的许可制度。强制许可制度的设计，从很大程度上来说是为了通过对著作权人独占性权利的一定限制，而使作品能够很好地被公众所认知和利用，从而促进整个社会的文化、科技、经济的发展。此外，强制许可制度的设计也在很大程度上促进了著作权贸易的发展。因此，不仅世界各国都对强制许可制度作出了明文的规定，在一些国际条约中也对强制许可制度给予了规定。

在日本，如果准备广播已发表的著作物的广播事业者，同著作权所有者就广播许可提出协商请求，但未达成协议或不能协商时，经文化厅裁决,并向著作权所有者支付文化厅规定的相当于通常使用费数额的补偿金后,就可对该著作物进行广播;在商用唱片首次在国内销售并自销售起满3年后,欲获得著作权所有者许可将该唱片上的音乐著作物录制成其他商用唱片的人,同该著作权所有者就录制许可提出协商请求,但未达成协议或不能协商时,经文化厅裁决,并向著作权所有者支付文化厅规定的相当于经常使用费数额的补偿金后,可进行录音。[1]

此外,美国、意大利等国家也都有关于强制许可制度的规定。例如,《意大利版权法》规定,公共场所以附扬声器的收音机收播节目的,应付给作者合理报酬。报酬数额由意大利版权组织和主管行业协会的代表定期商定;《美国版权法》第一一五条指出:"(a) 取得强制许可证与强制许可证的范围:(1) 凡一部非戏剧音乐作品的录音制品,经版权所有者授权已在美国向公众发行,任何遵守本条规定的其他人均可获得制作与发行该作品录音制品的强制许可证。只有其制作录音制品的基本目的为将录音制品向公众发行供私人使用的人,方可获得强制许可证。除下列情况外,不得为制作这样的录音制品,即复制他人录制的录音作品而取得使用该作品的强制许可证:(i) 此录音作品是合法录制的;而且(ii)制作该录音制品是经该录音作品的版权所有者授权,或者如果该录音作品在1972年2月15日之前录音是经过依据该音乐作品版权所有者的明示许可或依据在录音作品中使用该作品的有效的强制许可证而录音的人授权的。(2) 强制许可证包括对该作品进行音乐上必要的改编,使之符合演出中的演奏风格和手法。但改编不应改变基本旋律或该作品的基本特色,且非经版权所有者明示同意,这种改编不应作为演绎作品而受到保护。"通过自动点唱机进行公开演奏的非戏剧音乐作品也可获得强制许可证。

---

[1] 参见日本著作权法第68、69条。

第九章

计算机软件的保护

第一节

计算机软件保护概述

随着计算机技术的发展,计算机软件逐渐地进入到了人们的生活领域,在知识创新和知识扩散中显示了巨大的能量。正是由于这样的原因,计算机软件产业被认为是知识经济下最具潜力和未来经济的支柱产业,人们把计算机软件产业看做是聚宝盆和摇钱树。这样的结果也导致计算机软件成为了盗版者和侵权者关注的对象。一时间,计算机软件成为了知识产权侵权的重灾区和多发地,成为“海盗”行为的焦点。因此,计算机软件的知识产权保护成为了当代乃至未来知识产权保护的重中之重。

不仅如此,计算机软件作为信息产业的灵魂,是我国发展高新技术产业的基础,随着计算机在各种行业中的广泛应用,计算机软件的需求量也随之增加,软件开发者们为了满足不同用户的需求也开发出了应用于不同场所,具备不同功能的各种各样的软件。例如,财会软件、办公软件、管理软件、自动控制软件,等等。同文学艺术作品一样,软件的开发者们为了能够获得经济上的利益,也同样地需要在法律上对他们享有的权利给予确认,同时对侵权行为给予一定的制裁,进而保护他们的合法利益不受到侵害。但是,软件又不同于著作权、专利和商标所保护的客体,计算机软件又有其自身的特点。比如,计算机软件是计算机程序和文本的结合,计算机程序又包含目标程序和源程序,对于计算机程序中的文本而言可以认为属于文字作品,也就可以通过著作权法保护,然而对于计算机程序中的不同程序,又存在不同的功能,源程序是我们通常可以见到的通过计算机语言编写的程序,而目标程序是计算机通过一定的编译程序将源程序翻译成机器可读的机器指令从而控制计算机的运行,也就是说计算机软件具有一定的实际功能,即实用性,那么这就备有了专利保护的性质。一直以来,对于计算机软件的保护都是十分具有争议的。但是,无论以哪种方式给予保护,对计算机软件产业的发展都是十分重要的。

在过去的一段时间里,对于计算机软件的保护模式国际上没有统一的标准,各国的保护也不尽相同。在美国的推动下,一些国家开始采用通过著作权法对计算机软件给予保护的措施。但是计算机软件作为著作权法保护的客体还是在《与贸易有关的知识产权协议》中给予了定性。在该协定中指出,计算机程序,无论是源代码还是目标代码,应作为《伯尔尼公约》下的文字作品来保护。此后,各国的做法也逐渐地有了共识,计算机软件成为了著作权法保护的客体,我国对于计算机软件的保护也同样采用了著作权保护的模式,我国《著作权法》第三条也明确地将计算机软件列为著作权法保护的作品种类。在我国,计算机软件产业的发展速度之快,不得不令人惊叹。为了配合我国计算机软件产业的发展,更好地维护软件开发者的权益,2001 年 12 月,我国制定并颁布了《计算机软件保护条例》。该条例的颁布和实施,对于鼓励软件权利人的开发积极性,促进整个软件产业的发展都具有深远的意义。

对于计算机软件的保护,像其他作品保护一样,也是在寻求着社会利益和个人利益的平衡,这一点从《计算机软件保护条列》中就可以得知。在《计算机软件保护条例》开篇即指出,为了保护计算机软件著作权人的权益,调整计算机软件在开发、传播和使用中发生的利益关系,鼓励计算机软件的开发与应用,促进软件产业和国民经济信息化的发展,根据《中华人民共和国著作权法》,制定本条例。

第二节

计算机软件的著作权

一、计算机软件著作权的客体

计算机软件的保护客体就是计算机软件本身。所谓的计算机软件是指计算机程序及其有关文档。计算机程序，是指为了得到某种结果而可以由计算机等具有信息处理功能的装置执行的代码化指令序列，或者可以被自动转换成代码化指令序列的符号化指令序列或者符号化语句序列。同一计算机程序的源程序和目标程序为同一作品。将源程序与目标程序视为同一作品，是因为两者之间在运行过程的不可分性。没有源程序，目标程序也就不清楚要做什么；没有目标程序，源程序也就无法实现预想的功能。作为作品性质来说，两者是不可分的。在计算机软件中还有一个组成部分就是文档，文档是指用来描述程序的内容、组成、设计、功能规格、开发情况、测试结果及使用方法的文字资料和图表等，如程序设计说明书、流程图、用户手册等。从形式上来看，文档更加接近著作权中的文字作品。

与著作权保护的客体相同，计算机软件作品也具有独创性、可复制性和可感知性，在《计算机软件保护条例》中规定受本条例保护的软件必须由开发者独立开发，并已固定在某种有形物体上。著作权只保护作品的形式，并不涉及作品的思想，这是自古的一条原则，那么在计算机软件的保护上，也仅仅限于作品的形式，而对于软件开发中所延及的开发软件所用的思想、处理过程、操作方法或者数学概念等都不予保护。

二、计算机软件著作权的主体

计算机软件著作权的主体，是指计算机软件著作权的权利人。计算机软件同其他作品形式一样也是一定创造性劳动的智力成果。那么，计算机软件就是开发者通过自己的创造性劳动而产生的智力成果，由于软件开发的特殊性，在有些大型的软件开发中不仅仅需要大量的资金投入，同时也需要大量的技术开发人员的协同开发才能够完成。因此，软件的开发者往往不是单个的某个自然人，而有可能是法人或者其他组织。那么关于软件的著作权也就由法人或者其他组织享有。这就会存在软件开发者和软件著作权人不同的问题。软件开发者，是指实际组织开发、直接进行开发，并对开发完成的软件承担责任的法人或者其他组织；或者依靠自己具有条件独立完成软件开发，并对软件承担责任的自然人。软件著作权人，是指依照法律的规定，对软件享有著作权的自然人、法人或者其他组织。

《计算机软件保护条例》规定，中国公民、法人或者其他组织对其所开发的软件，不论是否发表，依照法律上的规定都享有著作权。这一点是符合著作权获得的一般原则的，我国《著作权法》在著作权的取得上遵循自动取得原则，计算机软件是著作权保护的客体，因此，在计算机软件的著作权取得上实行的也是自动取得原则。对于外国人的主体资格上，《计算机软件保护条例》规定：外国人、无国籍人的软件首先在中国境内发行的，依照本条例享有著作权；外国人、无国籍人的软件，依照其开发者所属国或者经常居住地国同中国签订的协议或者依照中国参加的国际条约享有的著作权，受本条例保护。

在软件的登记上，我国实行的是自愿注册或登记的原则，软件著作权人可以向国务院著作权行政管理部门认定的软件登记机构办理登记。软件登记机构发放的登记证明文件是登记事项的初步证明。同时办理软件登记应当缴纳费用。软件登记的收费标准由国务院著作权行政管理部门会同国务院价格主管部门规定。软件的登记采用的是自愿原则，但是计算机软件的侵权行为十分频繁，如果遇到侵权行为的发生，如何提供有力的法律证据，此时登记制度也未尝不是一种维护计算机软机纠纷的辅助力量。

三、计算机软件著作权的内容

计算机软件著作权同样包含作者的人身权利和财产权利。计算机软件人身权利包括署名权、发表权、修改权;财产权利包含复制权、发行权、出租权、信息网络传播权、翻译权以及其他权利。

1. 计算机软件的著作人身权利

计算机软件的著作人身权是指作者基于开发软件所享有的精神上的权利,例如在软件上署名、对软件的修改等等权利。依据《计算机软件保护条例》,计算机软件的开发者享有如下的人身权利:

发表权,即决定软件是否公之于众的权利;软件的开发者有权决定自己开发的软件是否对外发表,同时可以禁止或许可他人对外发表。在权利人未授权的情况下,对外发表权利人的作品将构成侵权。

署名权,即表明开发者身份,在软件上署名的权利;署名权是开发者在开发的软件上署名,并对外表明身份的权利。同文学作品、艺术作品一样,软件作品的开发者享有署名权,有权禁止任何未参加软件开发的组织或自然人在自己的软件作品上署名。

修改权,即对软件进行增补、删节,或者改变指令、语句顺序的权利;计算机软件作品是计算机程序指令的集合体,其中任何一条指令的编写都有其特定的功能,改动其中的任何一条都会导致功能的变化或者造成原功能的丧失,因此,改动计算机软件中的指令,从某种意义上说是破坏了整个软件实现的功能,也就破坏了整个软件作品的完成性。所以,开发者的修改权是十分重要的。

2. 计算机软件的著作财产权利

软件作品的开发者,除了对软件作品享有人身权利之外,同样享有著作财产权。但是在软件作品的财产权中开发者不会像其他作品形式那样享有表演权、摄影权等等权利。这也是由于各种作品不同的特点所决定的。在计算机软件作品中主要包括复制权、发行权、出租权、信息网络传播权等。

复制权,即将软件制作一份或者多份的权利;发行权,即以出售或者赠与方式向公众提供软件的原件或者复制件的权利。复制和发行是两个联系十分密切的权利内容，上面我们提到过，发行必须以复制为前提，复制的目的就是要通过发行来获取经济利益。计算机软件较之其他作品更加具有使用性和实用性，创作软件作品的目的很大程度上就是为了获取经济利益，复制权和发行权是作者获取经济利益的主要权利。

出租权，即有偿许可他人临时使用软件的权利，但是软件不是出租的主要标的的除外。在《伯尔尼公约》中，对于计算机软机的出租权是这样规定的：在计算机程序方面，各成员应给予作者及其合法继承人许可或禁止，向公众商业性出租其享有版权之作品的原件或复制品的权利。对计算机程序，如该程序本身不是出租的必要客体时，此义务不适用于计算机程序的出租。

信息网络传播权，即以有线或者无线方式向公众提供软件，使公众可以在其个人选定的时间和地点获得软件的权利。计算机软件很大的一个传播途径就是通过信息网络传播，例如，一些软件企业在自己网站上，向使用者提供的对本公司开发的软件的下载服务，这就是典型的网络传播服务。在越来越多的下载服务中，收费的服务比率也开始上升，这也说明随着网络使用范围的不断扩大，软件的权利人享有信息网络传播权也更加重要。

翻译权，即将原软件从一种自然语言文字转换成另一种自然语言文字的权利。一款好的软件，其使用者不可能仅仅限于一个地区或者某一国家，例如，我们熟悉的微软的 Windows 操作系统，它已经被全球所使用。那么，不同国家要使用该软件就要能够看得懂软件的菜单和辅助的功能说明，所以，也就需要将软件翻译成不同国家的语言版本，这样才可能利于使用。同时，通过授权或许可他人使用翻译权，还可以为自己带来巨大的经济利益。

3. 计算机软件著作权的转移

软件著作权人同样可以转让、许可自己著作权部分或全部的权利，对于权利的转移问题我们在前面著作权的转移中已经详细地介绍过，这里就不再过多地叙述。与其他作品著作权人一样，软件著作权人可以许可他人行使其软件著作权，并有权获得报酬；可以全部或者部分转让其软件著作权，并有权获得报酬。在软件著作权的继承问题上，《计算机软件保护条例》规定：软件著作权属于自然人的，该自然人死亡后，在软件著作权的保护期内，软件著作权的继承人可以依照《中华人民共和国继承法》的有关规定，继承本条例第八条规定的除署名权以外的其他权利；软件著作权属于法人或者其他组织的，法人或者其他组织变更、终止后，其著作权在本条例规定的保护期内由承受其权利义务的法人或者其他组织享有；没有承受其权利义务的法人或者其他组织的，由国家享有。

在权利人许可他人行使软件著作权的，应当订立许可使用合同。许可使用合同中软件著作权人未明确许可的权利，被许可人不得行使。许可他人专有行使软件著作权的，当事人应当订立书面合同。没有订立书面合同或者合同中未明确约定为专有许可的，被许可行使的权利应当视为非专有权利。转让软件著作权的，当事人应当订立书面合同。订立许可他人专有行使软件著作权的许可合同，或者订立转让软件著作权合同，可以向国务院著作权行政管理部门认定的软件登记机构登记。中国公民、法人或者其他组织向外国人许可或者转让软件著作权的，应当遵守《中华人民共和国技术进出口管理条例》的有关规定。

第三节 计算机软件著作权的归属与限制

一、计算机软件著作权的归属

计算机软件著作权属于软件开发者，如无相反证明，在软件上署名的自然人、法人或者其他组织为开发者。这是软件著作权归属的一般原则。从计算机软件的开发上来看，多数软件都是合作完成或由大的软件企业完成的。也就是说软件作品多数是合作作品或者职务作品，按照著作权归属的一般规则，依据作品的主体加以区分，那么我们这里就按照软件作品的主体划分软件作品著作权的归属问题。在软件著作权的归属上通常分为:合作开发的软件作品的归属、委托开发的软件作品的归属、国家开发的软件作品的归属。

(1) 由两个以上的自然人、法人或者其他组织合作开发的软件,其著作权的归属由合作开发者签订书面合同约定。无书面合同或者合同未作明确约定,合作开发的软件可以分割使用的,开发者对各自开发的部分可以单独享有著作权;但是,行使著作权时,不得扩展到合作开发的软件整体的著作权。合作开发的软件不能分割使用的,其著作权由各合作开发者共同享有,通过协商一致行使;不能协商一致,又无正当理由的,任何一方不得阻止他方行使除转让权以外的其他权利,但是所得收益应当合理分配给所有合作开发者。

(2) 接受他人委托开发的软件,其著作权的归属由委托人与受托人签订书面合同约定;无书面合同或者合同未作明确约定的,其著作权由受托人享有。

(3) 由国家机关下达任务开发的软件,著作权的归属与行使由项目任务书或者合同规定;项目任务书或者合同中未作明确规定的,软件著作权由接受任务的法人或者其他组织享有。

对于软件作品设计和编辑的开发者主要是不同的自然人,他们多数都是受雇于公司的员工,因此,应对这些自然人给予物质上的奖励,以便激发他们的工作积极性,从而开发出更多更好的软件作品。《计算机软件保护条例》规定,对于自然人在法人或者其他组织中任职期间所开发的软件有下列情形之一的,该软件著作权由该法人或者其他组织享有,该法人或者其他组织可以对开发软件的自然人进行奖励:(1) 针对本职工作中明确指定的开发目标所开发的软件;(2) 开发的软件是从事本职工作活动所预见的结果或者自然的结果;(3) 主要使用了法人或者其他组织的资金、专用设备、未公开的专门信息等物质技术条件所开发并由法人或者其他组织承担责任的软件。

二、计算机软件著作权的限制

计算机软件的使用也存在类似法定许可或者合理使用的规定。例如,为了学习和研究软件内含的设计思想和原理,通过安装、显示、传输或者存储软件等方式使用软件的,可以不经软件著作权人许可,不向其支付报酬;再比如,软件的合法复制品所有人享有下列权利:(1)根据使用的需要把该软件装入计算机等具有信息处理能力的装置内;(2)为了防止复制品损坏而制作备份复制品。这些备份复制品不得通过任何方式提供给他人使用,并在所有人丧失该合法复制品的所有权时,负责将备份复制品销毁;(3)为了把该软件用于实际的计算机应用环境或者改进其功能、性能而进行必要的修改;但是,除合同另有约定外,未经该软件著作权人许可,不得向任何第三方提供修改后的软件。

第四节

计算机软件著作权的保护期限与法律责任

一、计算机软件著作权的保护期限

计算机软件著作权自软件开发完成之日起产生。对于软件著作权的主体不同划分保护期限的限制也不同,对于权利主体是自然人的,软件著作权的保护期,为自然人终生及其死亡后50年,截止于自然人死亡后第50年的12月31日;软件是合作开发的,截止于最后死亡的自然人死亡后第50年的12月31日;对于权利主体是法人或者其他组织的软件著作权的保护期为50年,截止于软件首次发表后第50年的12月31日,但软件自开发完成之日起50年内未发表的,本条例不再保护。

二、计算机软件著作权的法律责任

计算机软件是盗版者重点侵权的对象,计算机软件的权利人也是被侵权最多的,因此,对计算机软件的侵权行为要给予严厉的制止和打击。

对软件权利人权益的维护，不仅保护的是软件权利人的合法权益，最主要的是保护了软件产业发展的公平环境。软件著作权的侵权者要承担民事责任、行政责任和刑事责任。

依据《计算机软机保护条例》，除《中华人民共和国著作权法》或者本条例另有规定外，有下列侵权行为的，应当根据情况，承担停止侵害、消除影响、赔礼道歉、赔偿损失等民事责任：(1) 未经软件著作权人许可，发表或者登记其软件的；(2) 将他人软件作为自己的软件发表或者登记的；(3) 未经合作者许可，将与他人合作开发的软件作为自己单独完成的软件发表或者登记的；(4) 在他人软件上署名或者更改他人软件上的署名的；(5) 未经软件著作权人许可，修改、翻译其软件的；(6) 其他侵犯软件著作权的行为。

在法律上，对于某些侵权行为，不仅仅要承担民事责任同时也可能会承担刑事责任。依据《计算机软件保护条例》，除《中华人民共和国著作权法》、本条例或者其他法律、行政法规另有规定外，未经软件著作权人许可，有下列侵权行为的，应当根据情况，承担停止侵害、消除影响、赔礼道歉、赔偿损失等民事责任；同时损害社会公共利益的，由著作权行政管理部门责令停止侵权行为，没收违法所得，没收、销毁侵权复制品，可以并处罚款；情节严重的，著作权行政管理部门并可以没收主要用于制作侵权复制品的材料、工具、设备等；触犯刑律的，依照《刑法》关于侵犯著作权罪、销售侵权复制品罪的规定，依法追究刑事责任，包括：(1) 复制或者部分复制著作权人软件的；(2) 向公众发行、出租、通过信息网络传播著作权人软件的；(3) 故意避开或者破坏著作权人为保护其软件著作权而采取的技术措施的；(4) 故意删除或者改变软件权利管理电子信息的；(5) 转让或者许可他人行使著作权人软件著作权的。

有前款第(1)项或者第(2)项行为的，可以并处每件 100 元或者货值金额 5 倍以下的罚款；有前款第(3)项、第(4)项或者第(5)项行为的，可以并处 5 万元以下的罚款。

由于软件作品的复制和发行较之其他作品速度更快，范围更广。在几秒中内，就有可能发生侵权行为，因此，法律规定，受害人可以申请财产保全措施，只要软件著作权人有证据证明他人正在实施或者即将实施侵犯其权利的行为，如不及时制止，将会使其合法权益受到难以弥补的损害的，可以依照《中华人民共和国著作权法》第四十九条的规定，在提起诉讼前向人民法院申请采取责令停止有关行为和财产保全的措施。

同时由于软件侵权行为的发生可能一瞬即逝，为了制止侵权行为，在证据可能灭失或者以后难以取得的情况下，软件著作权人可以依照《中华人民共和国著作权法》第五十条的规定，在提起诉讼前向人民法院申请保全证据。软件复制品的出版者、制作者如果不能证明其出版、制作有合法授权的，或者软件复制品的发行者、出租者不能证明其发行、出租的复制品有合法来源的，应当承担法律责任。软件开发者开发的软件，由于可供选用的表达方式有限而与已经存在的软件相似的，不构成对已经存在的软件著作权的侵犯。

由于有些软件的善意使用者，在不知情的情况下持有了一套侵犯了他人权利的软件复制件，在这样的情况下，通常善意的第三人是不承担法律责任的。依据《计算机软件保护条例》，当软件的复制品持有人不知道也没有合理理由应当知道该软件是侵权复制品的，不承担赔偿责任；但是，应当停止使用、销毁该侵权复制品。如果停止使用并销毁该侵权复制品将给复制品使用人造成重大损失的，复制品使用人可以在向软件著作权人支付合理费用后继续使用。

三、计算机软件著作权侵权的纠纷解决

对于计算机软件著作权的争端解决，也同样地分为调解、仲裁和诉讼三种模式。对于一般的软件权利纠纷，例如，侵害不是特别严重、标的额度较低的软件著作权侵权纠纷可以调解；由于合同关系引起的软件著作权合同纠纷可以依据合同中的仲裁条款或者事后达成的书面仲裁协议，向仲裁机构申请仲裁；在当事人没有在合同中订立仲裁条款，事后又没有书面仲裁协议的，可以直接向人民法院提起诉讼。

现代出版学丛书

著作权法概论

10

第十章

著作权的法律保护

著作权是具有排他性的权利,在权利的使用上只能由权利人行使,倘若在未经权利人许可或授权的方式下行使了权利人的权利,就属于侵权行为。对侵权行为进行一定的规制,是除了在法律上确权外对权利人的另一种保护模式。在著作权的保护问题上,首先是对著作权的确认,其次是对侵犯权利人行为的规制。在前面,我们讨论了关于权利确认的有关内容,在这一章我们要讨论侵权行为的概念和构成要件,侵权行为的责任问题以及对于侵权行为具体的规制措施,或是从民事上、或是从行政上、或是从刑事上讨论它的具体的量化问题。

第一节 著作权侵权行为概述

一、著作权侵权行为的概念及构成要件

(一)著作权侵权行为的概念

我国民法上所谓的侵权行为是指民事主体违反民事义务,侵害他人合法权益,依法应当承担责任的行为。其特征表现为:(1)侵权行为是侵害他人合法权益的违法行为;(2)侵权行为的对象是绝对权;(3)侵权行为是行为人有意识的行为。那么著作权的侵权行为也就是指违反《著作权法》及其他法律、法规规定的义务,擅自行使著作权人的专有权利,

对著作权人权利造成损害的行为。[1] 我国民法将侵权行为分为一般侵权行为和特殊侵权行为。在著作权侵权行为的分类上,同其他侵权的种类大体相似,分为直接侵权、间接侵权和违约侵权。著作权的侵权主要是指在未经权利人许可和授权的情况下对作品的利用。也就是说他人擅自对作品进行了复制、放映、广播等等利用。那么对作品的侵权也就是侵犯了作者的复制权、发行权、出租权、展览权、表演权、放映权、广播权、信息网络传播权、摄制权、改编权、翻译权、汇编权以及应当由著作权人享有的其他权利。

由于著作权分为作者人身权利和财产权利,因此,除了对作者财产权利的侵权外,对作者的人身权利也可能造成侵权。作者的人身权利主要有署名权、发表权、修改权和保护作品完整权。作者的发表权是与财产权利结合紧密的权利,通常情况下,在未经作者的许可下利用作品本身不仅侵害了作者的财产权利,同时也侵害了作者的发表权。作者署名权的侵犯也是时有见到,例如,为了自己的个人利益,在他人的作品上署上自己的名字,合作作品的创作者在未经合作者的允许下,将合作作品作为自己的作品发表,等等。在法律实践上,擅自修改和歪曲作者作品的案例也是时有发生。那么从具体的侵权行为看,侵权行为是有一定的构成要件的。下面就讨论一下具体的侵权行为的构成要件。

(二)著作权侵权行为的构成要件

侵权行为的成立一般要满足一定的条件,我们称之为构成要件,从构成要件上来看,著作权是民事权利的一种,著作权的侵权行为属于民法上的一般侵权行为,因此在构成要件上与一般民事侵权行为的构成要件相一致,需要同时具备行为的违法性、损害结果、因果关系和行为人的主观过错四个要件。

1. 过错原则

在对责任的认定原则上一般包括过错原则和无过错原则。过错原则是指,侵权行为人的责任认定是以行为人的主观上过错为价值判断标准

〔1〕 转引自唐超华. 知识产权法学. 长沙:湖南大学出版社,2004. 76

来判断对他人的损害是否承担责任的归责原则；无过错原则是指，侵权行为人的责任认定是以行为人实际造成的他人的损害结果为价值判断标准来判断，只要损害结果与行为人有必然的因果关系，无论行为人是否有过错都要承担责任的归责原则。在我国民法中，只有特殊的侵权行为适用这种原则，一般侵权行为适用过错原则，因此，著作权的侵权行为适用过错原则，即侵权行为人要承担侵权责任必须有主观上的过错。

2. 行为的违法性

行为的违法性是指行为人实施的行为违反了法律的禁止性规定和强制性规定，包括作为和不作为。著作权侵权行为的违法性是指，违反著作权法规定的禁止行为，或者是违反了民法、行政法等其他法律法规中规定的有关著作权的禁止行为。

3. 损害结果

损害结果是指侵权行为人对他人的利益造成的实际发生的损害事实。损害结果应该是客观的事实，不能够是主观的猜测或者臆断。对著作权而言就是对权利人造成的声誉、财产上的实际损害。例如，恶意的对他人作品的篡改，造成对作者的保护作品完整权的侵害；不经权利人允许擅自对其作品的复制、发行，造成对权利人经济利益上的损失，等等。

4. 因果关系

因果关系是四个构成要件中，最为关键的一个，它是指实际的损害事实与行为人的行为有必然的联系。也就是说行为人的过错行为是产生实际损害事实的因由。这一点十分重要，倘若权利人受到损害的事实，并非因为行为人的行为所引起的，那么，该行为人就不应当承担侵权责任。

二、著作权侵权行为的具体表现

著作权的侵权行为有哪些？具体的表现形式又是如何？世界各国对此的规定从大的方面尽管存在一定的共通性，但是就各国具体的规定来看，还是存在一定的差异。《日本著作权法》第一一三条对侵权行为的规定是："第一款，下列行为，视为侵犯该著作人人格权、著作权、出版权或著作邻接权的行为：(1) 以在国内发行为目的，进口了当时在国内构成侵犯著作人人格权、著作权、出版权或著作邻接权的侵权著作物之行为；

(2) 明知是由侵犯著作人人格权、著作权、出版权或著作邻接权的行为构成的侵权著作物(包括与前款规定的进口有关的侵权著作物),但仍出版该著作物的行为。第二款,在业务性电子计算机上使用通过侵犯程序著作物的著作权而制作的复制品(包括由该复制品的所有者根据第四十七条之二第一款[1]的规定制成的复制品,或与前款第(1)项规定的与进口有关的程序著作物的复制品、以及由该复制品的所有者根据同条第一款的规定制成的复制品)的行为,只要在取得使用上述复制品的权利时知道实情,即视为是侵犯该著作权的行为。第三款,以损害著作人的名誉或声望的方法使用该著作物的行为,视为侵犯其著作人人格权的行为。"

著作权的内容分为著作人身权和著作财产权,因此,在规定著作权侵权行为上,通常也分为侵犯著作权人的人身权和财产权。对于侵权行为的定义像日本《著作权法》这样进行定义的并不多见,而多数国家的做法是采用了列举法,即在法律条文中对具体的行为予以列举,我国对侵权行为的定义也采用了此种做法,我国现行《著作权法》第四十六条规定:"有下列侵权行为的,应当根据情况,承担停止侵害、消除影响、赔礼道歉、赔偿损失等民事责任。(1) 未经著作权人许可,发表其作品的;(2) 未经合作作者许可,将与他人合作创作的作品当做自己单独创作的作品发表的;(3) 没有参加创作,为谋取个人名利,在他人作品上署名的;(4) 歪曲、篡改他人作品的;(5) 剽窃他人作品的;(6) 未经著作权人许可,以展览、摄制电影和以类似摄制电影的方法使用作品,或者以改编、翻译、注释等方式使用作品的,本法另有规定的除外;(7) 使用他人作品,应当支付报酬而未支付的;(8) 未经电影作品和以类似摄制电影的方法创作的作品、计算机软件、录音录像制品的著作权人或者与著作权有关的权利人许可,出租其作品或者录音录像制品的,本法另有规定的除外;(9) 未经出版者许可,使用其出版的图书、期刊的版式设计的;(10) 未经表演者许可,从现场直播或者公开传送其现场表演,或者录制其表演的;(11) 其他侵犯著作权以及与著作权有关的权益的行为。"

---

〔1〕 日本著作权法第四十七条之二第一款:程序著作物的复制品所有者,为自己在电子计算机上使用该著作物,可在认定的必要限度内复制或改编该著作物(包括依此创作的二次著作物的复制)。

我国现行《著作权法》第四十七条规定:“有下列侵权行为的,应当根据情况,承担停止侵害、消除影响、赔礼道歉、赔偿损失等民事责任;同时损害公共利益的,可以由著作权行政管理部门责令停止侵权行为,没收违法所得,没收、销毁侵权复制品,并可处以罚款;情节严重的,著作权行政管理部门还可以没收主要用于制作侵权复制品的材料、工具、设备等;构成犯罪的,依法追究刑事责任:(1) 未经著作权人许可,复制、发行、表演、放映、广播、汇编、通过信息网络向公众传播其作品的,本法另有规定的除外;(2) 出版他人享有专有出版权的图书的;(3) 未经表演者许可,复制、发行录有其表演的录音录像制品,或者通过信息网络向公众传播其表演的,本法另有规定的除外;(4) 未经录音录像制作者许可,复制、发行、通过信息网络向公众传播其制作的录音录像制品的,本法另有规定的除外;(5) 未经许可,播放或者复制广播、电视的,本法另有规定的除外;(6) 未经著作权人或者与著作权有关的权利人许可,故意避开或者破坏权利人为其作品、录音录像制品等采取的保护著作权或者与著作权有关的权利的技术措施的,法律、行政法规另有规定的除外;(7) 未经著作权人或者与著作权有关的权利人许可,故意删除或者改变作品、录音录像制品等的权利管理电子信息的,法律、行政法规另有规定的除外;(8) 制作、出售假冒他人署名的作品的。”

我国现行《著作权法》第四十六条、第四十七条通过列举的形式说明了上述19种具体的著作权侵权行为。侵权行为人实施上述当中任何一种侵权行为即对权利人构成侵权,应承担相应的法律责任。

第二节 著作权侵权责任

著作权侵权责任是指违反著作权法的侵权行为人,对著作权人的人身和财产权利造成损害或对邻接权人的传播权构成侵害时,依据著作权法的规定,对该侵权行为所承担的法律后果。对著作权侵权责任的设定有利于维护著作权人及相关权利人的合法权益,维护社会的稳定。大多数国家对于著作权的侵权行为都要承担民事责任、行政责任或刑事责任三种。我国《著作权法》也规定,对于侵犯著作权的行为应当承担民事或行政责任,行为构成犯罪的应当承担刑事责任。

一、著作权侵权的民事责任

著作权侵权的民事责任是指主体因侵犯权利人的人身权或者财产权所应当承担的民事法律后果。根据我国《著作权法》的规定,主要有停止侵害、消除影响、赔礼道歉、赔偿损失等。

1. 停止侵害

停止侵害,是指受害人依法请求法院责令侵害人停止其正在实施的侵权行为,是最常见的一种民事法律责任方式。这种责任一般适用于正在进行或者还将延续的侵权行为,对尚未发生的行为并不适用。这种责任方式的目的是及时有效地制止侵权行为的延续,进而防止被侵害人所受侵害损失的进一步扩大。例如,对于擅自发行著作权人的作品行为,当事人就可以请求法院发出停止令,要求侵权行为人停止其侵害行为,也可要求工商机关出面,对其非法发行的物品予以扣压、封存,从而制止由于行为的深入而导致的损失程度的扩大。在《美国版权法》中,对侵害的救济中有一种法院强制令:(a)任何拥有根据本法提出的民事诉讼案件的司法管辖权的法院,根据第二十八编第一四九八条的规定,得按其认为合理的条件发出临时的或最后的强制令,以预防或制止侵犯版权行为的发生。(b)任何这样的强制令都可向美国任何地方的当事人发出。强制令应在全美国有效,并应通过蔑视法庭诉讼或其他程序,由对该人拥有司法管辖权的任何美国法院强制执行。当受理执行此项强制令案件的任何其他法院提出要求时,发出强制令的法院书记官应该立即将其办公室档案中所有有关该案件的证件经过验证的副本送交该法院。

我国《著作权法》第四十九条规定:"著作权人或者与著作权有关的权利人有证据证明他人正在实施或者即将实施侵犯其权利的行为,如不及时制止将会使其合法权益受到难以弥补的损害的,可以在起诉前向人民法院申请采取责令停止有关行为和财产保全的措施。”第五十二条规定：“复制品的出版者、制作者不能证明其出版、制作有合法授权的，复制品的发行者或者电影作品或者以类似摄制电影的方法创作的作品、计算机软件、录音录像制品的复制品的出租者不能证明其发行、出租的复制品有合法来源的，应当承担法律责任。”

2. 消除影响、赔礼道歉

消除影响，指作品的著作权和邻接权被侵犯后，权利人有权请求行为人或者诉请人民法院责令行为人在一定范围内澄清事实，以消除人们对权利人或者其作品的不良印象，使社会对其评价恢复到未受侵害前的状态。[1] 赔礼道歉，是指权利人有权请求法院责令侵权行为对所造成的不利后果，向权利承认错误，表示道歉。这两种责任形式的适用主要是非财产权，是对权利人人身权的保护。一般情况下遵循范围相当原则，即侵权行为人对受害人造成多大范围内的不利影响，就应在多大范围内予以澄清，消除影响。如通过报纸致歉、在公共场所的声明以及通过其他媒体，等等。

3. 赔偿损失

赔偿损失，是指权利人有权要求侵权行为人对其各权利人带来的损失，给予一定的财产补偿。赔偿损失是使用最广、最常见和有效的一种责任形式。我国《著作权法》第四十八条规定：“侵犯著作权或者与著作权有关的权利的，侵权人应当按照权利人的实际损失给予赔偿；实际损失难以计算的，可以按照侵权人的违法所得给予赔偿。赔偿数额还应当包括权利人为制止侵权行为所支付的合理开支。”“权利人的实际损失或者侵权人的违法所得不能确定的，由人民法院根据侵权行为的情节，判决给予50万元以下的赔偿。”

二、著作权侵权的行政责任

对于著作权的侵权除了适用民事责任外，某些侵权行为还应承担相应的行政责任。著作权侵权的行政责任是指，侵权行为对于侵害行为结

〔1〕 吴汉东．知识产权法学．北京：北京大学出版社，2002．117

果所应当承担的行政上的责任。我国《著作权法》第四十七条规定："有下列侵权行为的，应当根据情况，承担停止侵害、消除影响、赔礼道歉、赔偿损失等民事责任；同时损害公共利益的，可以由著作权行政管理部门责令停止侵权行为，没收违法所得，没收、销毁侵权复制品，并可处以罚款；情节严重的，著作权行政管理部门还可以没收主要用于制作侵权复制品的材料、工具、设备等；构成犯罪的，依法追究刑事责任。"我国《著作权实施条例》第三十六、三十七条规定："有著作权法第四十七条所列侵权行为，同时损害社会公共利益的，著作权行政管理部门可以处非法经营额3倍以下的罚款；非法经营额难以计算的，可以处10万元以下的罚款。""有著作权法第四十七条所列侵权行为，同时损害社会公共利益的，由地方人民政府著作权行政管理部门负责查处。"

我国对于承担行政责任的侵权行为也作出了明确的规定，依据国家版权局2003年9月1日起施行的《著作权法行政处罚办法》第三条规定："本办法所称的违法行为是指：(1) 著作权法第47条列举的侵权行为，同时损害公共利益的；(2)《计算机软件保护条例》第24条列举的侵权行为，同时损害公共利益的；(3) 其他法律、法规、规章规定的应予行政处罚的著作权违法行为。"第四条规定："对本办法列举的违法行为，著作权行政管理部门可以依法给予下列种类的行政处罚：(1) 责令停止侵权行为；(2) 没收违法所得；(3) 没收侵权复制品；(4) 罚款；(5) 没收主要用于制作侵权复制品的材料、工具、设备等；(6) 法律、法规、规章规定的其他行政处罚。"

国家版权局2003年9月1日起施行的《著作权法行政处罚办法》第二十九条规定："著作权行政管理部门负责人应当对案件调查报告及复核报告进行审查，并根据审查结果分别作出下列处理决定：(1) 确属应当予以行政处罚的违法行为的，根据侵权人的过错程度、侵权时间长短、侵权范围大小及损害后果等情节，予以行政处罚；(2) 违法行为轻微的，可以不予行政处罚；(3) 违法事实不成立的，不予行政处罚；(4) 违法行为涉嫌构成犯罪的，移送司法部门处理。"

第三十一条规定："违法行为情节严重的，著作权行政管理部门可以没收主要用于制作侵权复制品的材料、工具、设备等。""情节严重"，是指：(1) 个人违法所得数额(即获利数额)在五千元以上，单位违法所得数额在三万元以上的;(2)个人非法经营数额在三万元以上,单位非法经营数额在十万元以上的;(3)个人经营侵权复制品两千册(张或盒)以上,单位经营侵权复制品五千册(张或盒)以上的;(4)因侵犯著作权曾经被追究法律责任,又侵犯著作权的;(5)造成其他重大影响或者严重后果的。

当事人在对行政处罚不服时还可以提出诉讼。我国《著作权法》第五十五条规定:"当事人对行政处罚不服的,可以自收到行政处罚决定书之日起三个月内向人民法院起诉,期满不起诉又不履行的,著作权行政管理部门可以申请人民法院执行。"对于当事人的诉讼和有关诉讼时效问题,最高人民法院《关于审理著作权民事纠纷案件适用法律若干问题的解释》(2002年10月15日)(摘录)第三条指出:"对著作权行政管理部门查处的侵犯著作权行为,当事人向人民法院提起诉讼追究该行为人民事责任的,人民法院应当受理。人民法院审理已经过著作权行政管理部门处理的侵犯著作权行为的民事纠纷案件,应当对案件事实进行全面审查。"第二十八条指出:"侵犯著作权的诉讼时效为两年,自著作权人知道或者应当知道侵权行为之日起计算。权利人超过两年起诉的,如果侵权行为在起诉时仍在持续,在该著作权保护期内,人民法院应当判决被告停止侵权行为;侵权损害赔偿数额应当自权利人向人民法院起诉之日起向前推算两年计算。"

三、著作权侵权的刑事责任

著作权侵权的刑事责任,是指对于严重侵犯著作权人权利的、并对社会经济秩序造成侵害的,从构成要件来看对构成犯罪行为的侵权行为人所承担的刑事制裁。对著作权侵权的刑事责任,国外各国的规定十分严厉,在《英国版权法》第一〇七条中规定:"(1)未经版权所有人许可而实施下列行为者构成犯罪:(a)为出售或出租之目的而制作,或者(b)非为私人及家庭使用之目的而向联合王国进口,或者(c)在实施任何侵犯版权行为之观点的支配下而在商业过程中占有,或者(d)在商业过程中(i)出售或出租,或者(ii)提议或公示欲出售或出租,或者(iii)公开展览,或者(iv)散发,或者(e)在非商业过程中以损害版权所有人利益的程度散发,版权作品之侵权复制件,而且行为人知道或有理由认为此种复制件侵犯版权。(2)实施下列行为亦构成犯罪:(a)制作专门设计或改造用来复制某一特定版权作品的物品,或者(b)占有这样的物品,而且行为人知道或有理由认为此物品将被用来为出售或出租或在商业过程中使用之目的而制作作品之侵权复制件。(3)关系到以下列方式(接收广播或电缆节目的方式除外)侵犯版权:(a)公开表演文学、戏剧或音乐作品,或者(b)公开播放或放映录音或影片,如果其知道或有理由认为版权将受到侵犯,任何导致这些作品被如此表演、播放或放映的人将构成犯罪。”并且同时规定:“依第(1)款(a)项、(b)项、(d)顶之(iv)或(e)项而构成犯罪者将承担下列法律责任:(a)在简易审裁决情况下处以6个月以下监禁或不超过法定最高限额的罚金,或二者并处;(b)在陪审裁决情况下处以罚金或2年以下监禁,或二者并处。构成本条其他犯罪者在简易审裁决情况下将处以6个月以下监禁或不超过罚金标准表第5级数额之罚金,或二者并处。”

在《意大利版权法》中第一七一条规定:“擅自进行下列行为的,处500至20 000里拉的罚金:(1)复制、改作、公开朗诵、传播、销售或提供销售或以其他商业性方式发行他人的作品,或公开他人未发表的作品的内容,或进口、流通违反意大利法律的复制品;(2)不论增删与否,公开演出、朗诵、播放他人适于公演的作品或乐曲(演出包括公映电影作品,公开播放电影作品中的乐曲,以及在公开场合下通过扬声器广播);(3)以本法所述任何演绎形式进行前面各款所述行为;(4)复制数量或演出场次超过约定的数量或场次;(5)以任何方法复制唱片或类似录音制品,或进行销售;(6)违反第七十九条规定,通过有线或无线电转播广播电视节目,或以唱片或其他录音制品形式录音,或销售非法制作的唱片或其他录音制品。进行上述行为时涉及他人不愿公开的作品,或侵夺作者身份,或篡改作品致使损害作者声誉,处1年以下的监禁或5000里拉以上的罚金。”

在我国,根据我国《刑法》第二一七条规定:“以营利为目的,有下列侵犯著作权情形之一,违法所得数额较大或者有其他严重情节的,处三年以下有期徒刑或者拘役,并处或者单处罚金;违法所得数额巨大或者有其他特别严重情节的,处三年以上七年以下有期徒刑,并处罚金:(1)未经著作权人许可,复制发行其文字作品、音乐、电影、电视、录像作品、计算机软件及其他作品的;(2) 出版他人享有专有出版权的图书的;(3) 未经录音录像制作者许可,复制发行其制作的录音录像制品的;(4) 制作、出售假冒他人署名的美术作品的。"第二一八条规定:"以营利为目的,销售明知是本法第二百一十七条规定的侵权复制品,违法所得数额巨大的,处三年以下有期徒刑或者拘役,并处或者单处罚金。"

第三节

著作权法律纠纷的解决

著作权法律纠纷是指,对著作权法律纠纷当事人在是否应该承担法律责任或者承担何种责任。著作权法律纠纷,分为著作权纠纷和著作权行政纠纷。著作权纠纷是指,著作权利人与权利使用人或者第三人之间的关于权利使用产生的冲突。通常分为因权利侵权产生的侵权纠纷和因合同产生的违约纠纷。著作权行政纠纷是指由于对行政处罚不服而产生的当事人与著作权管理部门之间的纠纷。在纠纷的解决上一般适用的有效途径就是调解、仲裁和诉讼。"一般说:著作权侵权纠纷可采用调解或诉讼的方式解决。著作权违约纠纷可采用调解或仲裁的方式解决,不愿采用仲裁方式的也可直接采用诉讼方式。但仲裁和诉讼两种方式只能选择其中之一。若申请仲裁的,除仲裁被法院认定为违法裁决外,不得再提起诉讼。"[1]当然,具体使用何种解决纠纷的方式,还要就具体的情况而定。我国《著作权法》第五十四条规定:"著作权纠纷可以调解,也可以根据当事人达成的书面仲裁协议或者著作权合同中的仲裁条款,向仲裁机构申请仲裁。当事人没有书面仲裁协议,也没有在著作权合同中订立仲

〔1〕 江建名. 著作权法导论. 合肥:中国科学技术大学出版社,1994. 304

裁条款的，可以直接向人民法院起诉。”

（一）调解

无论是由于侵权还是合同产生的纠纷，当事人之间都可通过调解来解决纠纷。从实践来看，调解既有诉讼前的调解，也有诉讼中的调解，还有当事人自愿进行的民间调解。这里所指的调解主要指当事人在调解组织主持下自愿进行的和解。[1] 由于调解并不是法定的解决纠纷的程序，因此无论哪种调解，尊重当事人的自愿原则十分重要。调解的最终目的是让当事人各自主动地履行义务，但是调解毕竟不是法定程序，不具有法定效力，当有一方当事人反悔时都可能使得调解失效。

（二）仲裁

仲裁是另一种解决著作权法律纠纷的重要方式，是指争议双方在争议发生之前或者之后，达成协议，将争议交给不相干的第三人作出裁决，一旦裁决生效后，双方必须自觉履行的一种解决争议的方式。尽管仲裁裁决不是国家法院的审判行为，但是同法院的终审判决具有相同的效力。但是仲裁与调解和诉讼又都有不同，主要表现如下：

仲裁和调解不同，两者的区别主要表现在法律效力不同。仲裁裁决具有法律效力，对双方均具有约束力。如果当事人一方不履行裁决，另一方当事人可以依照仲裁法和民事诉讼法的有关规定向人民法院申请执行，受申请的人民法院应当执行。由于仲裁具有最终的裁决效力，因此，一旦选择仲裁解决纠纷，就不能再选择诉讼解决。而调解并不具有这样的效力，只要当事人一方拒收调解书，该调解书就不发生法律效力。

仲裁和诉讼的区别主要在于：(1) 管辖不同。诉讼遵从一定的管辖原则，例如，属人原则、属地原则等等，是一种有强制效应的管辖，而仲裁是当事人双方协议管辖，也就是说只有当当事人双方合意选定某一仲裁机构进行仲裁时，该仲裁机构才可以受理当事人的申请；(2) 审理方式不

---

〔1〕 吴汉东．知识产权法学．北京：北京大学出版社，2005．125

同。诉讼一般是公开审理，在特殊的情况下才不公开审理，但是仲裁一般不公开审理；(3) 审级制度不同。我国法院实行两审终审制，当事人对一审判决不服可以上诉；仲裁实行一裁终裁制，裁决一旦作出，任何一方当事人就同一纠纷，再次申请仲裁或者向人民法院起诉，仲裁委员会和人民法院都将不予受理。

（三）诉讼

诉讼形式是解决著作权纠纷的常见形式，主要是依据我国《著作权法》和《民事诉讼法》进行有关的诉讼行为，从而解决当事人双方的纠纷，通常都是因调解不成，或者对行政部门的行政处罚不服。我国《著作权法》第五十五条规定："当事人对行政处罚不服的，可以自收到行政处罚决定书之日起三个月内向人民法院起诉，期满不起诉又不履行的，著作权行政管理部门可以申请人民法院执行。"

第十一章

著作权的国际保护

第一节

国际著作权保护的主要方式与基本原则

随着各种传播技术的广泛发展,著作权贸易不再仅仅局限于本国境内,开始形成跨地区的国际性著作权贸易。作品引入国通过引进大量的国外优秀作品,进而促进本国的文学、艺术和科技领域的发展,但是作为作品引入国而言,他们更多地愿意不承认外来作品在本国的著作权,那样就可以不受限制地无偿使用,这样对于作品输出国的著作权人而言,他们的作品在外国得不到合理的保护,也就严重地削弱了本国作者创作的积极性,进而影响到了作品输出国的文学、艺术和科技的发展。因此,各国为了保护本国著作权人的利益,开始寻求国与国之间的合作,使得本国著作权人的权利在境外也能得到保护。在这样的背景下,一些国家开始通过谈判、协商、签订了双边的著作权保护协定,随后,又出现了多边的国际性的著作权保护公约,逐渐建立了国际著作权的保护制度。[1] 从目前来看,国际著作权的保护模式或形式主要有:签订双边协定、通过互惠原则给予彼此作者的保护、建立国际性的联盟或缔约多边公约。

国际条约尽管要通过国内法起作用,但其国际规则的规范制约作用却是明显的,尤其是在当今国际经济一体化的发展背景之下。改革开放以来,我国十分重视著作权等知识产权的国际接轨。尤其是我国加入世界贸易组织之后,更加重视对著作权等知识产权的保护。按照我国加入的《TRIPs 协议》及世界知识产权组织 1996 年两个条约等国际规则和标准,对我国著作权法律法规和相关规章等进行了全面、系列的修订,已经基本达到了知识产权国际条约规定的范围和水平。近些年来,我国加入

〔1〕 沈仁干,钟颖科. 著作权法概论. 北京:商务印书馆,2003. 164

的国际条约有:《伯尔尼公约》、《巴黎公约》、《世界版权公约》、《与贸易有关的知识产权协议》、《世界知识产权组织版权公约》、《世界知识产权组织表演和录音制品条约》、《保护唱片制作者防止唱片被擅自复制日内瓦公约》等。

一、国际著作权保护的主要方式

(一)签订双边协定

签订双边协定是著作权国际保护早期较为通行的做法。早在19世纪中期,一些发达的资本主义国家就开始通过互相订立双边协定,来保护本国著作权人和出版商的利益。这些国家主要集中在欧洲,通常这一类的双边协定都是在国家之间签订,并且条款都详细地规定了著作权的保护对象、保护期限和国民待遇原则等内容。[1] 然而这样的协定,在内容上并不统一,往往是与一国的规定是这样,与另一国的规定又是那样,并且保护的范围十分有限。随着著作权贸易的进一步发展,特别是图书和音像贸易一体化的发展趋势,迫切地要求建立一种国际性的通行性规则。为弥补双边协定的不足,在英国、法国等欧洲国家的发动下,1886年9月9日在瑞士签订了《伯尔尼公约》,这是世界上第一个保护著作权的条约,此后1952年又通过了《世界版权公约》,逐渐地取代了双边协定。但是由于双边协定在某些特定的条件下仍然具有使用的价值,故至今并未完全消失。据统计,法国是世界上签订双边协定最多的国家,在1887年参加《伯尔尼公约》之前,已与25个国家签署了28个双边条约。[2]

(二)通过互惠原则给予彼此作者的保护

互惠原则是指,两国或者多国之间,如果一国给予另一国的著作权人权利保护,那么另一国也会给予该国著作权人权利保护。互惠原则最早

〔1〕 沈仁干,钟颖科. 著作权法概论. 北京:商务印书馆,2003.165

〔2〕 [西班牙]德利娅·利普希克. 著作权与邻接权. 联合国教科文组织译. 北京:中国对外翻译出版公司,2000.458

是在双边协定中有集中的体现。著作权国际保护的互惠原则形成始于1827—1829年普鲁士与其他32个德意志邦国所签订的协定。这些协定以形式上的对等,即使用本地法律对待其他国家的作品,要求缔约国互相承认给予彼此国民以同样的保护。[1] 尽管如此,由于各国的文化背景和法律上保护范围的不同,这种表面平等的互惠原则,实际上并不能像想象中的那样公平。一些国家逐渐地开始设定最低限度的保护条款,从而减少或避免这样的不平等。但是,目前多数的国际条约当中仍然都规定了要给予成员国国民与该国国民同等的国民待遇。国民待遇已经成为了国际保护的一条基本原则。

(三)建立国际性的联盟或缔约多边公约

为了形成较为统一的保护体系,各国开始通过缔约比双边协定范围更加广泛的多边公约或者建立国际性的联盟来保护各自国家著作权人的利益。1886年建立的《伯尔尼公约》成为世界上最早的著作权保护的国际性公约,与此同时,在蒙得维的亚第一届南美国际私法年会上签署了《伯尔尼公约》,该公约不仅保护包括阿根廷、玻利维亚、巴拉圭、秘鲁和乌拉圭在内得蒙得维的亚体系诸国的作品,并且按附加协议还可延伸到其他国家的作品。此后,泛美各组织机构间举行了一系列的会议,同时缔结了很多关于著作权保护的公约。例如,1902年墨西哥公约、1906年里约热内卢公约、1910年布宜诺斯艾利斯公约、1928年哈瓦那公约,等等。

二、国际著作权保护的基本原则

由于各国的文化和法律意识的差别,使得各国在对著作权保护的范围、期限、权利限制等等一系列问题上难以避免地存在一定的矛盾和差异。为了能够平衡各方的利益,现今的双边或多边的协定当中都规定了一些各方都能够接受的原则。这些原则主要体现为:

---

[1] [西班牙]德利娅·利普希克. 著作权与邻接权. 联合国教科文组织译. 北京:中国对外翻译出版公司,2000.464

（一）国民待遇或互惠原则

国民待遇就是给予各自国家的作者同本国作者一样的权利。在《伯尔尼公约》和《世界版权公约》当中都有具体的规定，《伯尔尼公约》第五条(1)指出，“根据本公约得到保护作品的作者，在除作品起源国外的本联盟各成员国，就其作品享受各该国法律现今给予或今后将给予其国民的权利，以及本公约特别授予的权利”。《世界版权公约》第二条(1)(2)指出“任何缔约国国民出版的作品及在该国首先出版的作品，在其他各缔约国中，均享有其他缔约国给予其本国国民在本国首先出版之作品的同等保护，以及本公约特许的保护。”“任何缔约国国民未出版的作品，在其他各缔约国中，享有该其他缔约国给予其国民未出版之作品的同等保护”，《与贸易有关的知识产权保护协定》第三条(1)规定：“在知识产权保护方面。每个成员给其他成员国民的待遇不应低于给予本国国民的待遇”。

（二）最低限度保护原则

这一原则是由于各国在著作权保护上的作品种类、期限等的差异产生的。由于各自的差异，互惠原则只能是形式上的平等，为了确保实质上的平等，国际协定当中普遍都规定了这一原则。最低保护原则是指，对非本国著作权人给予的不能低于国际条约规定的保护条款的原则。也就是要保证一些基本的保护。例如，《与贸易有关的知识产权保护协定》第十一条规定：“至少在计算机程序和电影作品方面，一成员应给予作者及其合法继承人许可或禁止，向公众商业性出租其享有版权之作品的原件或复制品的权利”。其中的“至少”就是最低保护的期限。再如，《伯尔尼公约》第四条规定“即使第三条规定之条件未具备，下述作者根据本公约也应受到保护：a)其电影作品的制片人在本联盟某一成员国有所在地或经常居所的；b)建造在本联盟某一成员国内的建筑物或设置在本联盟某一成员国内房屋中的绘画和造型艺术品的”。现今由于经济实力上的差异，在著作权贸易当中最低限度保护原则在实际的著作权保护中对于弱势国家是十分重要的保护原则。

第二节

《保护文学艺术作品伯尔尼公约》

一、《伯尔尼公约》的产生

1878年,经法国文学家协会提议,由维克多·雨果主持在巴黎召开了一次国际文学大会,会上成立了国际文学协会。从1884年起,该协会开始接纳艺术工作者。从此,该协会也改名为国际文学艺术协会。1882年,在罗马召开的国际文学艺术协会会议上,三名与会者提议,按邮政联盟的样板成立一个国际保护著作权联盟。1883年,应国际文学艺术协会的要求,瑞士联邦委员会向各"文明国家"发出了通知,邀请他们考虑召开一次外交会议,以建立像国际文学艺术协会所设想的那种联盟。1884年在伯尔尼,瑞士政府主持召开这次外交会议,起草了第一个政府级的多边著作权保护公约草案。会后通过了五个文件。这次会议的决议得到了各国的普遍欢迎,1885年瑞士政府召开了第二次外交会议,对1884年的草案予以定稿。就这样《伯尔尼公约》的原始文本草案最终定稿。[1] 从1886年起《伯尔尼公约》经过五次修订(1908、1928、1948、1967、1971)和三次补充(1896、1914、1979),使得《伯尔尼公约》日臻完善。

〔1〕［西班牙］德利娅·利普希克.著作权与邻接权.联合国教科文组织译.北京:中国对外翻译出版公司,2000.478~480

二、《伯尔尼公约》的主要内容

（一）伯尔尼公约保护的作品

《伯尔尼公约》当中对“文学艺术作品”一词定义为，包括科学和文学艺术领域内的一切作品，不论其表现方式或形式如何。《伯尔尼公约》对如下作品给予保护：(1) 书籍、小册子及其他著作；(2) 讲课、演讲、讲道及其他同类性质作品；(3) 戏剧或音乐戏剧作品；(4) 舞蹈艺术作品及哑剧作品；(5) 配词或未配词的乐曲；(6) 电影作品或以电影摄影术类似的方法创作的作品；(7) 图画、油画、建筑、雕塑、雕刻及版画；(8) 摄影作品及以与摄影术类似的方法创作的作品；(9) 实用美术作品；(10) 插图、地图；与地理、地形、建筑或科学有关的设计图、草图及造型作品。

同时，《伯尔尼公约》第二条(3)规定：“翻译作品、改编作品、改编乐曲以及某件文学或艺术作品的其他改变应得到与原著同等的保护，而不损害原著作者的权利；”第二条(5)规定：“文学或艺术作品的汇集本，诸如百科全书和选集，由于对其内容的选择和整理而成为智力创作品，应得到与此类作品同等的保护，而不损害作者对这种汇集本内各件作品的权利。”

（二）《伯尔尼公约》保护的权利

《伯尔尼公约》第六条之二(1)规定：“不受作者财产权的影响，甚至在作者财产权转让之后，作者仍保有主张对其作品的著作者身份的权利，并享有反对对上述作品进行任何歪曲或割裂或有损于作者声誉的其他损害的权利。”可见《伯尔尼公约》不仅保护作者的财产权，同时保护作者的身份权。《伯尔尼公约》规定：“文学和艺术作品的作者享有下述专有权：(1) 许可以无线电广播其作品或以任何其他无线播送符号、声音或图像方法向公众发表其作品；(2) 许可由原广播机构以外的另一机构通过有线广播或无线广播向公众发表作品；(3) 许可通过扩音器或其他任何传送符号、声音或图像的类似工具向公众传送广播作品；(4) 许可把这类作品改编或复制成电影以及发行经改编或复制的作品;(5) 许可公开演出演奏以及向公众作有线广播经改编或复制的作品。"第十一条规定:"戏剧作品、音乐戏剧作品或音乐作品的作者享有下述专有权:(1) 许可公开演奏和公演其作品,包括用各种手段和方式的公开演奏和公演;(2) 许可用各种手段公开播送其作品的表演和演奏。" 第十一条之三还规定:"文学作品作者还享有许可公开朗诵其作品,包括用各种手段或方式公开朗诵其作品,以及许可用各种手段公开播送其作品的朗诵的专有权利。"

(三)《伯尔尼公约》作品的保护期限

《伯尔尼公约》第七条明确地对公约保护作品的保护期限作了如下规定:

(1) 规定《伯尔尼公约》对作品的保护期限为作者终生及其死后50年。(2) 但对于电影作品,各联盟成员国有权规定,保护期限自作品在作者同意下公映后50年届满,如自作品摄制完成后50年内尚未公映,则自作品摄制完成后50年届满。(3) 对于不署名作品和属笔名作品,《伯尔尼公约》给予的保护期为自其合法向公众发表之日起50年。但如作者采用的笔名不致引起对其身份发生任何怀疑时,该保护期则为第一款所规定的期限。如不属名作品或属笔名作品的作者在上述期间内披露其身份,则适用第一款所规定的保护期限。本联盟成员国没有义务保护不属名作品或属笔名作品,如果有充分理由假定其作者已死去50年。(4) 本联盟成员国有权以法律规定摄影作品及作为艺术品加以保护的实用美术作品的保护期限;但这一期限不应少于自该作品完成时算起25年。(5) 作者死后的保护期和上述第二、三及四款所规定的期限应从作者死亡日或上述款项提及事情发生日起算,但这种期限只能从死亡后或所述事件发生后次年的一月一日开始计算。(6) 本联盟成员国有权规定比前述各款规定期限长的保护期。(7) 受本公约罗马文本约束并在本文件签署时有效的本国法律中规定了比前述各款规定期限短的保护期的本联盟成员国,有权在加入或批准本文件时保留这种期限。(8) 在一切情况下,期限由向之提出保护要求的国家的法律加以规定;但除该国法律另有规定外,这个期限不得超过作品起源国规定的期限。

此外,《伯尔尼公约》规定:“适用于作品的版权属于合著者共有的场合,但作者死后的保护期应从最后死亡的作者死亡之日起算。”

三、《伯尔尼公约》的基本原则

(一)国民待遇原则

国民待遇原则一般的理解就是将外国作品同等地视为本国作品,给予外国著作权人同本国著作权人一样的保护原则。《伯尔尼公约》中第五条(1)规定“根据本公约得到保护作品的作者,在除作品起源国外的本联盟各成员国,就其作品享受各该国法律现今给予或今后将给予其国民权利,以及本公约特别授予的权利”。这里涉及一个起源国的概念,根据《伯尔尼公约》的规定,起源国是指,“对于首次在本联盟一成员国发表的作品,应以该国家为起源国;对于在给予不同保护期的本联盟数成员国同时发表的作品,起源国为立法给予最短保护期的国家;对于在非本联盟成员国和本联盟某一成员国同时发表的作品,应视后者为起源国;对于未发表的作品或首次在非本联盟成员国发表而未同时在本联盟成员国发表的作品,则以作者为其公民的本联盟成员国为起源国,然而1)对于其制片人于本联盟某一成员国有所在地或经常居所的电影作品,则以该国为起源国;2)对于建立在本联盟某一成员国内的建筑物或设置在本联盟某一成员国内房屋中的绘画和造型艺术作品,应以该国为起源国”。

国民待遇原则是《伯尔尼公约》的一般保护原则,但是在《伯尔尼公约》中也列出了一些除外条款。例如,在对实用美术作品及工业设计和模型的法律的适用范围上,如果在起源国单独作为设计和模型受到保护的作品,在本联盟其他成员国可能只得到该国为设计和模型所提供的专门保护。但如在该国并不给予这类专门保护,则这些作品将作为艺术品得到保护;

在作品的保护期限上,一般情况下,期限由著作权人提出保护要求的国家的法律加以规定;如果该国的保护期限高于公约中规定的最低保护期限，除非该国法律另有规定，否则这个期限不得超过作品起源国规定的期限。

（二）独立保护原则

独立保护原则是指作品在本国受到保护并不能成为该作品在任一成员国是否得到保护的前提和基础。也就是说，各成员国对作品的保护依据各自的原则和法律规定，并不彼此影响和干涉。《伯尔尼公约》第五条(2)规定："享受和行使这类权利不需履行任何手续，也不管作品起源国是否存在有关保护的规定。"

（三）自动保护原则

自动保护原则是指著作权的自动取得原则，并不需要履行任何手续，作者即可享有著作权，《伯尔尼公约》第三条规定："本联盟任何一成员国公民的作者，其作品无论是否发表，应受到保护；"《伯尔尼公约》第五条规定："享受和行使这类权利不需履行任何手续。"

（四）最低保护原则

最低保护原则是指各成员国对本国以外公民的著作权保护标准不能低于公约规定的标准，如某一国对作品的保护期限是 15 年，而公约规定的保护期限是 20 年，那么该国对外国作者的著作权保护就不能低于 20 年。按照国民待遇原则，各国都应给予本国以外的作者以本国作者一样的保护，但是由于历史、文化、信仰等等不同因素的影响，各国立法必然存在差异，《伯尔尼公约》的宗旨就是"尽可能有效地和尽可能一致地保护作者对其文学艺术作品所享权利"。因此，以公约当中规定的标准给予各联盟国的著作权人最低保护的原则是《伯尔尼公约》的一项重要原则。

第三节

《世界版权公约》

一、《世界版权公约》的产生

《世界版权公约》(Universal Copyright Convention)是在《伯尔尼公约》之后,又一个国际性的保护文学、艺术作品的公约。《世界版权公约》的主要目的在于"协调和扩大《伯尔尼公约》及泛美公约相互在欧洲国家及其殖民地和美洲大陆各国的保护"。[1] 1886年《伯尔尼公约》产生之后,更多的是保护欧洲国家各国之间的著作权利。由于当时多数美洲国家的出版业规模和技术都落后于欧洲国家,并且在作品数量上也无法和欧洲国家抗衡,因此,极少有美洲国家参加《伯尔尼公约》。在这样的背景下,美洲国家间也开始更多地寻求通过泛美公约保护各自国家的著作权,而泛美公约更是除了美洲国家外不允许其他国家参加。1928年罗马会议提出:"制订保护文学艺术作品的全球性公约思想。"[2]同年,国际联盟第九次大会提出了同样的想法。1947年,由联合国教育、科学及文化组织主持准备。1952年,在日内瓦缔结。《世界版权公约》是出于保证在所有国家给文学、科学和艺术作品以版权保护的愿望;确信适用于世界各国并以世界公约确定下来的、补充而无损于现行各种国际制度的版权保护制度,将保证对个人权利的尊重,并鼓励文学、科学和艺术的发展;相信这种世界版权保护制度将会促进人类精神产品更加广泛地传播和增进国际了解。该公约保护的作品版权主要包括文学、艺术和学术三个方面。

---

〔1〕[西班牙]德利娅·利普希克.著作权与邻接权.联合国教科文组织译.北京:中国对外翻译出版公司,2000.577

〔2〕同上.577

1971 年,《世界版权公约》在巴黎进行了修订。

二、《世界版权公约》的主要内容

《世界版权公约》第一条规定:“缔约各国承允对文学、科学、艺术作品包括文字、音乐、戏剧和电影作品,以及绘画、雕刻和雕塑的作者及其他版权所有者的权利,提供充分有效的保护。”可见《世界版权公约》并不像《伯尔尼公约》那样对保护的作品进行了一一列举。从保护的权利来看,《世界版权公约》并不保护作者的精神权利,其所保护的权利领域仅仅限定在经济权利范围之内。只在“对发展中国家的优惠条款”内,含有禁止篡改他人作品,以及作者有权收回已进入市场的作品等近似于精神权利保护的条款。

从公约保护的权利来看,《世界版权公约》第四条之二(1)规定:“本公约所述的权利,应包括保证作者经济利益的各种基本权利,其中有准许以任何方式复制、公开表演及广播等专有权利。本条规定可扩大适用于受本公约保护的各类作品,无论它们是原著形式还是从原著演绎而来的任何形式。”第五条规定:“第 1 条所述各项权利,应包括作者翻译和授权他人翻译受本公约保护的作品,以及出版和授权他人出版上述作品译本的专有权利。”

在作品的保护上,《世界版权公约》还要求作品取得一定的形式条件,《世界版权公约》第三条规定,“任何缔约国依其国内法要求履行手续,如缴送样本、注册登记、刊登启事、办理公证文件、偿付费用或在该国国内制作出版等作为版权保护的条件者,对于根据本公约加以保护并在该国领土以外首次出版而其作者又非本国国民的一切作品,应视为符合上述要求。只要经作者或版权所有者授权出版的作品的所有各册,自首次出版之日起,标有©的符号,并注明版权所有者之姓名、首次出版年份等,其标注的方式和位置应使人注意到版权的要求”。

在作品的保护期限上,《世界版权公约》第四条规定:“某作品的版权保护期限,应由该作品要求给予版权保护所在地的缔约国的法律来规定。受本公约保护的作品,其保护期限不得少于作者有生之年及其死后的 25 年。但是,如果任何缔约国在本公约对该国生效之日,已将某些种类作品的保护期限规定为自该作品首次出版以后的某一段时间，则该缔约国有权保持其规定，并可将这些规定扩大应用于其他种类的作品。对所有这些种类的作品，其版权保护期限自首次出版之日起，不得少于25年；任何缔约国如在本公约对该国生效之日尚未根据作者有生之年确定保护期限，而有权根据情况，从作品首次出版之日或从出版前的登记之日起计算版权保护期，只要根据情况从作品首次出版之日或出版前的登记之日算起，版权保护期限不少于25年；如果某缔约国的法律准许有两个或两个以上的连续保护期限，则第一个保护期限不得短于本款上述两项所规定的最短期限之一。”在对摄影作品或实用美术作品的保护上不适用公约第四条的规定，但如果缔约国中对摄影作品或实用美术作品作为艺术品给予保护时，对上述每一类作品规定期限不得少于10年。

对发展中国家，《世界版权公约》规定了一些优惠政策，就是享有翻译和复制的强制许可权。在这一点上与《伯尔尼公约》相同。

三、《世界版权公约》的基本原则

（一）国民待遇原则

在国民待遇原则上与《伯尔尼公约》一样，《世界版权公约》同等给予各成员国的著作权人本国公民的国民待遇，这一点在《世界版权公约》第二条明确指出：“任何缔约国国民出版的作品及在该国首先出版的作品，在其他各缔约国中，均享有其他缔约国给予其本国国民在本国首先出版之作品的同等保护，以及本公约特许的保护。任何缔约国国民未出版的作品，在其他各缔约国中，享有该其他缔约国给予其国民未出版之作品的同等保护，以及本公约特许的保护。为实施本公约，任何缔约国可依本国法律将定居该国的任何人视为本国国民。”可见，公约对于作品是否出版都给予了一定的保护，同时，公约认定只要在某一国定居即可视为该国的本国国民。

（二）最低保护原则

最低保护原则主要体现在受保护的作品、手续、作品受保护的期限及翻译强制许可等内容上，在受保护作品上，《世界版权公约》并没有像《伯尔尼公约》那样对保护的作品进行一一列举，这样反而扩大了保护的范围。从保护期限来看，国民待遇原则渗透始终。与《伯尔尼公约》一样，都为发展中国家设定了关于翻译强制许可的特惠条款。

第四节 关于版权保护的其他条约

我国加入了世界贸易组织，就意味着我们要全面履行《与贸易有关的知识产权协议》（TRIPs），而对著作权的相关规则及保护也列于其中。

《TRIPs 协议》加大了知识产权保护范围的保护力度。一是把知识产权保护与贸易结合起来，规定国际统一标准，确定了国民待遇、最惠国待遇原则。二是对各个领域提出了最低保护标准，其保护范围和保护力度超过了世界知识产权组织制定的公约。《TRIPs 协议》在统一最低保护标准和解决纠纷程序的同时，承认并允许处于不同发展阶段的知识产权法制度的差别；在承认知识产权是私权的同时，还强调了保护公共利益的目的。一是明确了知识产权的地域性，各成员方的知识产权法律具有相对独立性。二是有条件地区别对待不同发展阶段的成员方。《TRIPs 协议》把成员方分为发达的、发展中和最不发达的成员方以及转型国家，并在一些条款执行上留有不同的政策调整期限，给发展中国家较长的政策调整期。三是提出合理保护知识产权，防止滥用知识产权进行非法垄断的原则，允许成员方按照国内法律限制反竞争（垄断）行为。四是明确保护知识产权不得损害公共利益，允许成员方在保护知识产权的制度中体现维护公共利益的目标，并采取相应的措施[1]。

知识产权的保护是动态的，世贸组织《TRIPs 协议》设定了知识产权保护的最低标准，并不意味着网络技术与著作权等知识产权法律的停滞。面对信息通信技术的突飞猛进和数字网络的迅速扩展，世界知识产权各缔约国认识到应尽可能用有效和一致的方式维护著作权人的利益；有必要采用新的国际规则并澄清对某些现有规则的解释，以提供解决由经济、社会、文化和技术发展新形势所提出问题的适当办法；应承认版权作为文学和艺术创作促进因素的重要意义，有必要按《伯尔尼公约》所反映的保持作者的权利与广大公众的利益尤其是教育、研究和获得信息的利益之间的平衡[2]。1996 年 12 月，150 多个 WIPO 的成员在日内瓦举行的外交会议上经过讨论，达成两项重要的 WIPO 条约，即《世界知识产权组织著作权条约》（WIPO Copyright Treaty，简称 WCT）和《世界知识产权组织表演和录音制品条约》（WIPO Performances and Phonograms Treaty，简称 WPPT）。这两个条约的制定，作为 TRIPs 协议的继续和发展，把著作权法律的演进，特别是把信息化时代著作权的法律保护大大向前推进了一步。这两个条约因应了数字网络技术下各类新型著作权的确立，增加了技术措施、权利管理信息等新的内容，反映了国际社会在互联网领域版权保护的成功经验，规制和调解着互联网版权国际保护新秩序。近些年，许多发达国家和发展中国家在此基础上纷纷修订著作权法，例如日本、韩国、澳大利亚等，特别是美国的《数字化千年版权法》更是产生了重要的示范作用。

一、《与贸易有关的知识产权协议》

与贸易有关的知识产权协议（TRIPs 协议）是 WTO 乌拉圭会谈的成果之一，任何加入 WTO 组织的成员国都必须接受和遵守的协定。《与贸易有关的知识产权协议》不仅包含版权保护，同时还包含专利和商标的

[1] 吕薇等．知识产权制度——挑战与对策．知识产权出版社，2004.6
[2] 世界知识产权组织版权条约（WCT）序言

保护,在与《伯尔尼公约》的关系上,《TRIPs 协议》第九条规定:"各成员应遵守《伯尔尼公约》(1971)第一至二十一条及其附录的规定。然而,各成员对公约第六条之二(伯尔尼公约第六条之二:(1) 不受作者财产权的影响,甚至在上述财产权转让之后,作者仍保有主张对其作品的著作者身份的权利,并享有反对对上述作品进行任何歪曲或割裂或有损于作者声誉的其他损害的权利。(2) 根据前款给予作者的权利,在其死后至少应保留到财产权期满为止,并由向之提出保护要求的国家本国法所授权的人或机构行使。但在批准或加入本条约时其法律未包括保证作者死后保护前款承认之权利的各国,有权规定这些权利中某些权利在作者死后无效。(3) 为保障本条所承认的权利而采取的补救方法由向之提出保护要求的国家的法律规定)所给予或派生的权利在本协定下不具有权利和义务。"同时《TRIPs 协议》也认同版权的保护应该延及表述方式,但不延及思想、程序、操作方法或数学概念本身。

在作品保护上,《TRIPs 协议》规定了对计算机程序和数据汇编作品的保护,《TRIPs 协议》第十条规定:"计算机程序,无论是源代码还是目标代码,应作为《伯尔尼公约》(1971)下的文字作品来保护。"在对数据汇编作品的保护上,也规定:"数据汇编或其他资料汇编,无论呈机器可读形式还是其他形式;只要通过对其内容的选取或安排而构成了智力创造,就应作为智力创造加以保护;该保护不应延及数据或资料本身,并不应损害存在于数据或资料本身的任何版权。"

在权利保护上,《TRIPs 协议》规定了对出租权的保护,在《TRIPs 协议》中认为:"至少在计算机程序和电影作品方面,一成员应给予作者及其合法继承人许可或禁止,向公众商业性出租其享有版权之作品的原件或复制品的权利。一成员对电影作品可不承担此义务,除非这种出租已导致该作品被广泛复制,从而实质性地损害了该成员给予作者及其合法继承人的专有复制权。对计算机程序,如该程序本身不是出租的必要客体时,这样的义务也不适用于计算机程序的出租。"

在保护期限上,《TRIPs 协议》规定:"除摄影作品或实用艺术作品外,如果一作品的保护期限不以自然人的寿命为基础计算,则该期限自作品准予出版的那一公历年年底起不得少于 50 年,或者,如果作品在创作后 50 年内未得授权出版,则自创作的那一公历年年底起不得少于 50 年。"

同时《TRIPs 协议》还规定："各成员对专有权作出的任何限制或例外规定应限于某些特殊的情况，且不会与对作品的正常利用相冲突，也不会不合理地损害权利持有人的合法利益。"

对表演者、唱片（录音作品）制作者和广播组织的保护上，《TRIPs 协议》作了如下规定：（1）就将表演录制在唱片上而言，表演者应有权阻止下列未经其授权的行为：录制其未录制过的表演和翻录这些录制品。表演者还应有权阻止下列未经其授权的行为：将其现场表演向大众进行无线广播和传播。（2）唱片制作者应享有准许或禁止直接或间接翻录其唱片的权利。（3）广播组织应有权禁止下列未经其授权的行为：录制其广播、复制其录制品及通过无线广播方式转播其广播，以及将同样的电视广播向公众再转播。如果有成员未授予广播组织这种权利，则应在符合《伯尔尼公约》（1971）规定的前提下，赋予广播内容的版权所有人以阻止上述行为的权利。（4）第十一条关于计算机程序的规定基本上应适用于唱片制作者和国内法规定的任何其他对唱片享有权利者。如果在 1994 年 4 月 15 日，一成员在唱片的出租方面已在实施向权利持有人公平付酬的制度，则可以保留这一制度，只要对唱片的商业性出租对权利持有人的专有复制权没有导致实质性的损害。（5）本协定下给予表演者和唱片制作者的保护期限，应自该录制或表演发生的那一公历年年底起，至少持续到第五十年年末。根据第 3 款所给予的保护期限，应自广播发生的那一公历年年底起，至少持续二十年。（6）任何成员可对第 1 款、第 2 款和第 3 款给予的权利在《罗马公约》允许的限度内规定条件、限制、例外和保留。但是，《伯尔尼公约》（1971）第十八条的规定也应基本上适用于表演者和唱片制作者就唱片享有的权利。

二、《世界知识产权组织版权条约》

《世界知识产权组织版权条约》就像在其缔约的序言中说的那样，缔约各方是出于以尽可能有效和一致的方式发展和维护作者对其文学和艺术作品的权利的愿望，承认有必要采用新的国际规则并澄清对某些现有规则的解释，以提供解决由于经济、社会、文化和技术新发展所提出的问题的适当方法,认识到信息技术和通讯技术的发展及交汇对文学和艺术作品创作及使用的深刻影响,强调版权保护对于鼓励文学和艺术创作的重要意义。认识到必须维持作者权利和广大公众利益之间、特别是和《伯尔尼公约》中反映的公众有关教育、研究和获取信息方面利益之间的平衡,而订立的条约。

在与《伯尔尼公约》的关系上,《世界知识产权组织版权公约》遵循:(1)对属于《保护文学和艺术作品伯尔尼公约》成员国的缔约方而言,本条约系该公约第二十条意义下的专门协定。本条约与除《伯尔尼公约》之外的其他条约没有任何关系,也不影响任何其他条约中规定的任何权利和义务;(2)本条约中的任何内容不减损缔约方相互间依照《保护文学和艺术作品伯尔尼公约》已承担的现有义务;(3)以下《伯尔尼公约》系指《保护文学和艺术作品伯尔尼公约》1971年7月24日的巴黎文本;(4)缔约方应遵守《伯尔尼公约》第一条至第二十一条及附件的规定。

在保护范围上,《世界知识产权组织版权公约》规定,版权保护表达,但不延及思想、过程、操作方法或数学概念本身。缔约各方对于本条约所规定的保护应基本适用《伯尔尼公约》第二条至第六条的规定,公约对计算机程序和数据汇编、数据库给予保护。公约规定:“计算机程序作为《伯尔尼公约》第二条意义下的文学作品受到保护,此种保护适用于以任何模式或形式表达的计算机程序。任何形式的数据或其他资料的汇编,只要其内容的选择或编排构成智力创作其本身即受到保护,这种保护不延及数据或资料本身,也不损害汇编中的数据或资料存在的任何版权。”

对于著作权人来说公约规定著作权人享有发行权:“文学和艺术作品的作者享有通过销售或其他所有权转让的形式向公众提供其作品原件和复制件的专有权利。”同时规定作者对计算机程序、电影作品、在缔约方国内法中作出规定的以录音制品体现的作品,应享有授权将其作品的原件或复制件向公众进行商业性出租的专用权。作者还享有将作品向公众传播的权利。

在保护的时限上公约规定:“缔约各方应将《伯尔尼公约》第十八条

的规定适用于本条约所规定的一切保护。”〔1〕

三、《世界知识产权组织表演和录音制品条约》

缔约各方是出于以尽可能有效和一致的方式发展和维护保护表演者和录音制品制作者权利的愿望，承认有必要采用新的国际规则，以提供解决由经济、社会、文化和技术发展所提出的问题的适当方法，承认信息与通信技术的发展和交汇对表演和录音制品的制作与使用的深刻影响，承认有必要保持表演者和录音制品制作者的权利与广大公众的利益尤其是教育、研究和获得信息的利益之间的平衡，订立此条约。

与其他条约的关系：(1)本条约的任何内容均不得减损缔约方相互之间依照于1961年10月26日在罗马签订的《保护表演者、录音制品制作者和广播组织国际公约》(以下称为《罗马公约》)已承担的现有义务。(2)依本条约授予的保护不得触动或以任何方式影响对文学和艺术作品版权的保护。因此，本条约的任何内容均不得被解释为损害此种保护。关于第一条第(2)款的议定声明：不言而喻，第一条第(2)款澄清本条约规定的对录音制品的权利与以录音制品体现的作品的版权之间的关系。在需要以录音制品体现的作品的作者与对录音制品持有权利的表演者或制作者许可的情况下，获得作者许可的需要并非因同时还需获得表演者或制作者的许可而不复存在，反之亦然。此外，不言而喻，第一条第(2)款的任何内容均不阻止缔约方对表演者或录音制品制作者规定的专有权超出依照本条约需要规定的专有权。(3)本条约不得与任何其他条约有任何关联，亦不得损害依任何其他条约的任何权利和义务。

---

〔1〕 伯尔尼公约第十八条

一、本公约适用于在本公约开始生效时尚未因保护期满而在其起源国成为公共财产的所有作品。

二、但是，如果作品因原来给予的保护期满而在向之提出保护要求的国家成为公共财产，则该作品不再重新受该国保护。

三、本原则应当遵照本联盟成员国之间现在或将来缔结的专门条约的规定实行。在没有这种规定的情况下，各国可在本国范围内自行决定实行本原则的条件。

四、新加入本联盟时以及因适用第七条或放弃保留而扩大保护范围时，以上规定也同样适用。

在国民待遇原则上公约规定:"(1)在本条约所专门授予的专有权以及本条约第十五条所规定的获得合理报酬的权利方面,每个缔约方均应将其给予本国国民的待遇给予第三条第(2)款所定义的其他缔约方的国民。(2)本条第(1)款规定的义务不适用于另一缔约方使用了本条约第十五条第(3)款允许的保留的情况。"

表演者享有复制、发行、出租等权利,录音制品的制作者享有复制、发行、提供录音制品和出租等权利。

第五节 邻接权国际保护公约

一、《保护表演者、录音制品制作者和广播组织的国际公约》

1961年在罗马举行的外交会议上签订了《保护表演者、录音制品制作者和广播组织的国际公约》,即《罗马公约》。随着传播技术和复制技术的发展,录音和广播在20世纪初期应运而生。在这样的情况下,此前的表演活动就可以通过录音或广播向公众传播,技术的发展促进了社会的发展,却也引发了其他的社会问题。由于不再需要表演者更多的表演,就可以将他们的表演保存和传播,这就使得大量的表演者失业,如何解决表演者的权利问题一下凸现出来。大家开始提出对表演者的权利加以规制和保护。在这样的背景下,产生了《罗马公约》,该公约的主要目的就是保护表演者、唱片制作者和广播组织的权利。

《罗马公约》中对表演、转播、录音等都作了明确的定义:"表演者是指演员、歌唱家、音乐家、舞蹈家和表演、歌唱、演说、朗诵、演奏或以别的方式表演文学或艺术作品的其他人员;唱片是指任何对表演的声音和其他声音的专门录音;唱片制作者是指首次将表演的声音或其他声音录制下来的自然人或法人;发行是指向公众提供适当数量的某种唱片的复制品;复制是指制作一件或多件某种录音的复版;广播是指供公众接收的声音或图像和声音的无线电传播;转播是指一个广播组织的广播节目被另一个广播组织同时广播。"公约主要就是保护表演者、录音制品制作者和广播组织的利益,这样的定义最大限度地消除了各国因文化因素的不同所引起的对定义认同范围的差异。

与其他著作权的国际保护公约一样,《罗马公约》同样地规定了国民待遇原则,《罗马公约》第二条规定:"国民待遇指被要求给予保护的缔约国的国内法律给予;其节目在该国境内表演、广播或首次录制的身为该国国民的表演者的待遇;其唱片在该国境内首次录制或首次发行的身为该国国民的唱片制作者的待遇;其广播节目从设在该国领土上的发射台发射的总部设在该国境内的广播组织的待遇。同时,国民待遇应服从公约中具体给予的保护和具体规定的限制。"在国民待遇原则上,《罗马公约》对不同的权利主体,在给予的国民待遇上作了详细的规定。在对表演者的国民待遇上,公约规定:"只要满足以下其中之一就可以得到国民待遇:表演是在另一缔约国进行的;表演已被录制在受本公约规定保护的唱片上;表演未被录制成唱片,但在受本公约规定保护的广播节目中播放。"对唱片制作者而言,只要满足唱片制作者是另一个缔约国的国民;首次录音是在另一个缔约国制作的;唱片是在另一个缔约国首次发行的这三者之一就可获得国民待遇。公约认为:"如果某种唱片是在某一非缔约国首次发行的,但在首次发行后三十天内也在某一缔约国发行,则该唱片也应当认为是在该缔约国首次发行。"在对广播组织的国民待遇上,只要符合下列两项条件之一,缔约各国即给予广播组织以国民待遇:"该广播组织的总部设在另一缔约国;广播节目是由设在另一缔约国的发射台播放的。"公约对权利人权利的保护期限也作了规定:"保护期限至少应当为二十年,其计算始于:对唱片和录制在唱片上的节目——录制年份的年底;对未被录制成唱片的节目——表演年份的年底:对广播节目——开始广播的年份的年底。"

公约规定任何缔约国可以依其国内法律与规章,在涉及一定情况时,对本公约规定的保护可以作出例外规定,主要表现在以下几种情况:(1)

私人使用；(2) 在时事报道中少量引用；(3) 某广播组织为了自己的广播节目利用自己的设备暂时录制；(4) 仅用于教学和科学研究之目的。

二、《保护录音制品制作者防止未经许可复制其录音制品公约》

1971 年 10 月 29 日，由联合国教科文组织和世界知识产权组织总干事联合召集，在日内瓦举行的外交会议上缔结了《保护录音制品制作者防止未经许可复制录音制品公约》(以下简称《录音制品公约》)。该公约的主要宗旨是："担心普遍和不断增加的对录音制品的未经许可的复制以及由此给作者、表演者和录音制品制作者利益带来的损害，相信保护录音制品制作者，防止此种行为，还将有利于其表演和作品录制在录音制品上的表演者和作者，承认联合国教育科学文化组织和世界知识产权组织在这方面所做工作的价值，期望毫不影响已经生效的国际协定，特别是毫不妨碍保护表演者、广播组织和录音制品制作者 1961 年 10 月 26 日的《罗马公约》得到更广泛的承认。"

在文本内容上与《罗马公约》相比，《录音制品公约》有以下特点：(1) 在保护范围上，《录音制品公约》只保护录音制品，防止复制、进口和发行未经许可的录音制品；(2) 并没有关于国民待遇原则的条款；(3)《录音制品公约》没有规定录音制品的制作者享有独占性的权利，而是规定："各缔约国应当保护其他缔约国国民的录音制品制作者，防止未经录音制品制作者同意而制作复制品和防止此类复制品的进口，只要任何此种制作或进口的目的是为了公开发行，以及防止公开发行此类复制品。"在保护期限上，《录音制品公约》规定："给予保护的期限应当由各缔约国国内法律规定。但是，如果国内法律规定一具体保护期，此保护期不应短于自录音制品载有的声音首次被固定之年年底起，或从录音制品首次出版之年年底起二十年。"

在保护的限制上，《录音制品公约》第六条规定："任何通过版权或其他专项权利的方式或通过刑事制裁的方式提供保护的缔约国，可以在其国内法律中为录音制品制作者的保护规定与允许对文学和艺术作品作者的保护所作的相同的限制。但是，只有符合所有下列条件，才允许颁发强制许可证：(1) 复制品仅用于教学和科学研究的目的；(2) 许可证仅适用于在颁发许可证的主管当局管辖的领土内进行的复制，不适用于复制品的出口；(3) 根据许可证制作复制品，应支付由上述主管当局考虑要制作的复制品的数量和其他因素而确定的合理报酬。

三、《关于传播卫星传送载有节目的信号公约》

《罗马公约》第十三条规定了对广播组织传播作品的保护，但是并没有对广播节目通过卫星传播是否给予保护作出规定，由于世界各国在认识到使用人造卫星播送载有节目的信号正在数量上和地理范围上急剧增长；担心没有一种世界性的制度来防止播送者播送不是为了提供给他们的、由人造卫星传播的载有节目的信号，而缺少这种制度很可能妨碍卫星通讯系统的使用；承认在这方面作者、演员、唱片制作者和广播组织的利益的重要性；深信应当建立一种国际制度来制订措施，以防止播送者播送不是为了提供给他们的、由人造卫星传播的载有节目的信号；各国普遍认为有必要避免以任何方式妨害已经生效的国际协定，包括《国际电信公约》及附于该公约的电台规则，特别是不妨碍为演员、唱片制作者和广播组织提供保护的1961年10月26日的《罗马公约》得到更广泛的接受。在此基础上，由联合国教科文组织和世界知识产权组织总干事联合召集，在布鲁塞尔的外交会议上签署了《关于传播卫星传送载有节目的信号公约》(《卫星公约》)。该公约的订立主要是保护载有节目的信号而不是节目本身。

第六节

国际著作权法律保护的发展趋势

著作权保护的发展，特别是《TRIPs协议》，将知识产权纳入世贸组织体系，世界知识产权组织两个条约对信息网络环境下著作权的规制，使著作权的法律保护呈现以下主要趋势：

（一）著作权保护规范国际化，各国国内著作权法纷纷与国际法规则相衔接

《TRIPs 协议》本身就是知识产权制度全球化的产物，它的各项规则深深影响着各国著作权法律的行使，世界知识产权组织的两个条约又反映了信息网络技术发展条件下著作权法律保护的普遍要求。国际合作、地区合作，国际组织、国际机构的合作日益广泛，一些大型企业、跨国公司也寻求国际联合共同开发和享受著作权资源。因应这种形势，各个国家和地区纷纷加入国际著作权条约，如前述世界知识产权组织于 1996 年 12 月通过的在互联网领域保护权利人的两个条约。《世界知识产权组织版权条约》于 2002 年 3 月 6 日生效，截至 2006 年 5 月 30 日，已有 59 个国家被批准或加入，《世界知识产权组织表演和录音制品条约》于 2002 年 5 月 20 日生效，有 58 个国家被批准或加入。同时，各国和地区已纷纷修正国内著作权法律，使国内法规范与国际法规则衔接。我国在 2001 年 10 月修订《著作权法》后，又于 2006 年 5 月公布了《信息网络传播权保护条例》。

（二）强化著作权保护，扩大保护范围和提高保护水平

《TRIPs 协议》扩大了国际知识产权组织规定的著作权的保护范围，世界知识产权组织的两个条约又增加了信息技术和通讯技术领域，特别是互联网领域的著作权保护内容。各个成员国都进行了相应的调整，总的趋势是从管理上加强与著作权法律配套的法律、法规和规章的制定，加强著作权执法活动，从内容上，注意权利性规范与限制性规范相结合，增加指引性、激励性规范，扩大保护范围，强化权利内容，延长保护期限，严格权利限制的条件。例如，欧盟数据库和关于知识产权海关保护等几个新指令的出台，提高了著作权保护的标准和层级。

（三）著作权等知识产权制度直接与经济发展和贸易保护挂钩，注意限制滥用知识产权的行为

《TRIPs 协议》确定了 WTO 成员国贸易活动中的知识产权保护最低标准，各国在此基础上寻找新的保护办法。美国早在 20 世纪 80 年代就开始利用知识产权作为扩大出口贸易的手段，其中“特殊 301”条款把是否保护美国企业的知识产权作为贸易制裁的一个条件，迫使许多国家和地区就范。而美国电影、音乐等文化产品的反盗版行动更是世界知名。不少发达国家都以知识产权保护作为继取消关税壁垒后一项新的贸易保护措施。同时，在保护本国知识产权中，注意促进公平竞争和知识产权创新，限制一些滥用知识产权的行为。

（四）发达国家与发展中国家在知识产权保护问题上的分歧和矛盾加剧

《TRIPs 协议》是建立在发达国家知识产权保护水平的基础之上，相对于发展中国家的社会、经济发达水平，其保护标准和要求是相当苛刻的。例如，美国等发达国家的正版软件在发展中国家的销售价格居高不下，超出了一般人的社会经济承受能力。以美国为首的市场经济发达的国家主张全面强化保护，而发展中国家主张合理保护，并结合《TRIPs 协议》的例外和最低标准的调整，提出给本国传统知识产权以保护，在涉及公众利益的领域可利用强制许可等措施。

（五）知识产权的地位愈来愈重要，各国和地区把包括著作权在内的知识产权的保护上升到一个新的高度，发达国家开始纷纷制定知识产权发展战略

在经济全球化、市场一体化、贸易自由化的条件下，知识产权的拥有量和技术创新能力已成为国家综合竞争力的主要标志，成为占领世界市场的重要工具，信息产业已成为一些发达国家的支柱产业。从国家竞争

的战略高度认识知识产权工作,尽快制定国家知识产权战略,提高产业竞争力,已成为不少国家和地区的共识。日本政府早在2002年就发表了《知识产权战略大纲》,将"知识产权立国"作为国家战略,同年,国会通过了政府的《知识产权基本法》,2003年2月,决定在内阁增设知识产权战略总部,并于当年启动了《有关知识产权创造、保护及其利用的推进计划》(亦称"知识产权战略推进计划")。我国的知识产权战略的制定也已于2005年下半年启动,希望能够尽快出台,以发挥其重要指导作用。

附录一

国内相关著作权保护法规

中华人民共和国著作权法

（1990年9月7日第七届全国人民代表大会常务委员会第十五次会议通过 根据2001年10月27日第九届全国人民代表大会常务委员会第二十四次会议《关于修改〈中华人民共和国著作权法〉的决定》修正）

目录

第一章 总则

第一条 为保护文学、艺术和科学作品作者的著作权，以及与著作权有关的权益，鼓励有益于社会主义精神文明、物质文明建设的作品的创作和传播，促进社会主义文化和科学事业的发展与繁荣，根据宪法制定本法。

第二条 中国公民、法人或者其他组织的作品,不论是否发表,依照本法享有著作权。

外国人、无国籍人的作品根据其作者所属国或者经常居住地国同中国签订的协议或者共同参加的国际条约享有的著作权,受本法保护。

外国人、无国籍人的作品首先在中国境内出版的,依照本法享有著作权。

未与中国签订协议或者共同参加国际条约的国家的作者以及无国籍人的作品首次在中国参加的国际条约的成员国出版的,或者在成员国和非成员国同时出版的,受本法保护。

第三条 本法所称的作品,包括以下列形式创作的文学、艺术和自然科学、社会科学、工程技术等作品:

(一)文字作品;

(二)口述作品;

(三)音乐、戏剧、曲艺、舞蹈、杂技艺术作品;

(四)美术、建筑作品;

(五)摄影作品;

(六)电影作品和以类似摄制电影的方法创作的作品;

(七)工程设计图、产品设计图、地图、示意图等图形作品和模型作品;

(八)计算机软件;

(九)法律、行政法规规定的其他作品。

第四条 依法禁止出版、传播的作品,不受本法保护。

著作权人行使著作权,不得违反宪法和法律,不得损害公共利益。

第五条 本法不适用于:

(一)法律、法规,国家机关的决议、决定、命令和其他具有立法、行政、司法性质的文件,及其官方正式译文;

(二)时事新闻;

(三)历法、通用数表、通用表格和公式。

第六条 民间文学艺术作品的著作权保护办法由国务院另行规定。

第七条 国务院著作权行政管理部门主管全国的著作权管理工作;

各省、自治区、直辖市人民政府的著作权行政管理部门主管本行政区域的著作权管理工作。

第八条 著作权人和与著作权有关的权利人可以授权著作权集体管理组织行使著作权或者与著作权有关的权利。著作权集体管理组织被授权后,可以以自己的名义为著作权人和与著作权有关的权利人主张权利,并可以作为当事人进行涉及著作权或者与著作权有关的权利的诉讼、仲裁活动。

著作权集体管理组织是非营利性组织,其设立方式、权利义务、著作权许可使用费的收取和分配,以及对其监督和管理等由国务院另行规定。

第二章 著 作 权

第一节 著作权人及其权利

第九条 著作权人包括:

(一) 作者;

(二) 其他依照本法享有著作权的公民、法人或者其他组织。

第十条 著作权包括下列人身权和财产权:

(一) 发表权,即决定作品是否公之于众的权利;

(二) 署名权,即表明作者身份,在作品上署名的权利;

(三) 修改权,即修改或者授权他人修改作品的权利;

(四) 保护作品完整权,即保护作品不受歪曲、篡改的权利;

(五) 复制权,即以印刷、复印、拓印、录音、录像、翻录、翻拍等方式将作品制作一份或者多份的权利;

(六) 发行权,即以出售或者赠与方式向公众提供作品的原件或者复制件的权利;

(七) 出租权,即有偿许可他人临时使用电影作品和以类似摄制电影的方法创作的作品、计算机软件的权利,计算机软件不是出租的主要标的的除外;

(八) 展览权,即公开陈列美术作品、摄影作品的原件或者复制件的权利;

(九) 表演权,即公开表演作品,以及用各种手段公开播送作品的表演的权利；

（十）放映权，即通过放映机、幻灯机等技术设备公开再现美术、摄影、电影和以类似摄制电影的方法创作的作品等的权利；

（十一）广播权，即以无线方式公开广播或者传播作品，以有线传播或者转播的方式向公众传播广播的作品，以及通过扩音器或者其他传送符号、声音、图像的类似工具向公众传播广播的作品的权利；

（十二）信息网络传播权，即以有线或者无线方式向公众提供作品，使公众可以在其个人选定的时间和地点获得作品的权利；

（十三）摄制权，即以摄制电影或者以类似摄制电影的方法将作品固定在载体上的权利；

（十四）改编权，即改变作品，创作出具有独创性的新作品的权利；

（十五）翻译权，即将作品从一种语言文字转换成另一种语言文字的权利；

（十六）汇编权，即将作品或者作品的片段通过选择或者编排，汇集成新作品的权利；

（十七）应当由著作权人享有的其他权利。

著作权人可以许可他人行使前款第（五）项至第（十七）项规定的权利，并依照约定或者本法有关规定获得报酬。

著作权人可以全部或者部分转让本条第一款第（五）项至第（十七）项规定的权利，并依照约定或者本法有关规定获得报酬。

第二节　著作权归属

第十一条　著作权属于作者，本法另有规定的除外。

创作作品的公民是作者。

由法人或者其他组织主持，代表法人或者其他组织意志创作，并由法人或者其他组织承担责任的作品，法人或者其他组织视为作者。

如无相反证明，在作品上署名的公民、法人或者其他组织为作者。

第十二条　改编、翻译、注释、整理已有作品而产生的作品，其著作权由改编、翻译、注释、整理人享有，但行使著作权时不得侵犯原作品的著作权。

第十三条　两人以上合作创作的作品，著作权由合作作者共同享有。

没有参加创作的人,不能成为合作作者。

合作作品可以分割使用的,作者对各自创作的部分可以单独享有著作权,但行使著作权时不得侵犯合作作品整体的著作权。

第十四条 汇编若干作品、作品的片段或者不构成作品的数据或者其他材料,对其内容的选择或者编排体现独创性的作品,为汇编作品,其著作权由汇编人享有,但行使著作权时,不得侵犯原作品的著作权。

第十五条 电影作品和以类似摄制电影的方法创作的作品的著作权由制片者享有,但编剧、导演、摄影、作词、作曲等作者享有署名权,并有权按照与制片者签订的合同获得报酬。

电影作品和以类似摄制电影的方法创作的作品中的剧本、音乐等可以单独使用的作品的作者有权单独行使其著作权。

第十六条 公民为完成法人或者其他组织工作任务所创作的作品是职务作品,除本条第二款的规定以外,著作权由作者享有,但法人或者其他组织有权在其业务范围内优先使用。作品完成两年内,未经单位同意,作者不得许可第三人以与单位使用的相同方式使用该作品。

有下列情形之一的职务作品,作者享有署名权,著作权的其他权利由法人或者其他组织享有,法人或者其他组织可以给予作者奖励:

(一) 主要是利用法人或者其他组织的物质技术条件创作,并由法人或者其他组织承担责任的工程设计图、产品设计图、地图、计算机软件等职务作品;

(二) 法律、行政法规规定或者合同约定著作权由法人或者其他组织享有的职务作品。

第十七条 受委托创作的作品,著作权的归属由委托人和受托人通过合同约定。合同未作明确约定或者没有订立合同的,著作权属于受托人。

第十八条 美术等作品原件所有权的转移,不视为作品著作权的转移,但美术作品原件的展览权由原件所有人享有。

第十九条 著作权属于公民的,公民死亡后,其本法第十条第一款第(五)项至第(十七)项规定的权利在本法规定的保护期内,依照继承法的规定转移。

著作权属于法人或者其他组织的,法人或者其他组织变更、终止后,其本法第十条第一款第(五)项至第(十七)项规定的权利在本法规定的保护期内,由承受其权利义务的法人或者其他组织享有;没有承受其权利义务的法人或者其他组织的,由国家享有。

第三节 权利的保护期

第二十条 作者的署名权、修改权、保护作品完整权的保护期不受限制。

第二十一条 公民的作品,其发表权、本法第十条第一款第(五)项至第(十七)项规定的权利的保护期为作者终生及其死亡后五十年,截止于作者死亡后第五十年的12月31日;如果是合作作品,截止于最后死亡的作者死亡后第五十年的12月31日。

法人或者其他组织的作品、著作权(署名权除外)由法人或者其他组织享有的职务作品,其发表权、本法第十条第一款第(五)项至第(十七)项规定的权利的保护期为五十年,截止于作品首次发表后第五十年的12月31日,但作品自创作完成后五十年内未发表的,本法不再保护。

电影作品和以类似摄制电影的方法创作的作品、摄影作品,其发表权、本法第十条第一款第(五)项至第(十七)项规定的权利的保护期为五十年,截止于作品首次发表后第五十年的12月31日,但作品自创作完成后五十年内未发表的,本法不再保护。

第四节 权利的限制

第二十二条 在下列情况下使用作品,可以不经著作权人许可,不向其支付报酬,但应当指明作者姓名、作品名称,并且不得侵犯著作权人依照本法享有的其他权利:

(一) 为个人学习、研究或者欣赏,使用他人已经发表的作品;

(二) 为介绍、评论某一作品或者说明某一问题,在作品中适当引用他人已经发表的作品;

(三) 为报道时事新闻,在报纸、期刊、广播电台、电视台等媒体中不可避免地再现或者引用已经发表的作品;

(四) 报纸、期刊、广播电台、电视台等媒体刊登或者播放其他报纸、期刊、广播电台、电视台等媒体已经发表的关于政治、经济、宗教问题的时

事性文章,但作者声明不许刊登、播放的除外;

(五)报纸、期刊、广播电台、电视台等媒体刊登或者播放在公众集会上发表的讲话,但作者声明不许刊登、播放的除外;

(六)为学校课堂教学或者科学研究,翻译或者少量复制已经发表的作品,供教学或者科研人员使用,但不得出版发行;

(七)国家机关为执行公务在合理范围内使用已经发表的作品;

(八)图书馆、档案馆、纪念馆、博物馆、美术馆等为陈列或者保存版本的需要,复制本馆收藏的作品;

(九)免费表演已经发表的作品,该表演未向公众收取费用,也未向表演者支付报酬;

(十)对设置或者陈列在室外公共场所的艺术作品进行临摹、绘画、摄影、录像;

(十一)将中国公民、法人或者其他组织已经发表的以汉语言文字创作的作品翻译成少数民族语言文字作品在国内出版发行;

(十二)将已经发表的作品改成盲文出版。

前款规定适用于对出版者、表演者、录音录像制作者、广播电台、电视台的权利的限制。

第二十三条 为实施九年制义务教育和国家教育规划而编写出版教科书,除作者事先声明不许使用的外,可以不经著作权人许可,在教科书中汇编已经发表的作品片段或者短小的文字作品、音乐作品或者单幅的美术作品、摄影作品,但应当按照规定支付报酬,指明作者姓名、作品名称,并且不得侵犯著作权人依照本法享有的其他权利。

前款规定适用于对出版者、表演者、录音录像制作者、广播电台、电视台的权利的限制。

第三章 著作权许可使用和转让合同

第二十四条 使用他人作品应当同著作权人订立许可使用合同,本法规定可以不经许可的除外。

许可使用合同包括下列主要内容:

(一)许可使用的权利种类;

(二)许可使用的权利是专有使用权或者非专有使用权;

（三）许可使用的地域范围、期间；

（四）付酬标准和办法；

（五）违约责任；

（六）双方认为需要约定的其他内容。

第二十五条 转让本法第十条第一款第（五）项至第（十七）项规定的权利，应当订立书面合同。

权利转让合同包括下列主要内容：

（一）作品的名称；

（二）转让的权利种类、地域范围；

（三）转让价金；

（四）交付转让价金的日期和方式；

（五）违约责任；

（六）双方认为需要约定的其他内容。

第二十六条 许可使用合同和转让合同中著作权人未明确许可、转让的权利，未经著作权人同意，另一方当事人不得行使。

第二十七条 使用作品的付酬标准可以由当事人约定，也可以按照国务院著作权行政管理部门会同有关部门制定的付酬标准支付报酬。当事人约定不明确的，按照国务院著作权行政管理部门会同有关部门制定的付酬标准支付报酬。

第二十八条 出版者、表演者、录音录像制作者、广播电台、电视台等依照本法有关规定使用他人作品的，不得侵犯作者的署名权、修改权、保护作品完整权和获得报酬的权利。

第四章 出版、表演、录音录像、播放

第一节 图书、报刊的出版

第二十九条 图书出版者出版图书应当和著作权人订立出版合同，并支付报酬。

第三十条 图书出版者对著作权人交付出版的作品，按照合同约定享有的专有出版权受法律保护，他人不得出版该作品。

第三十一条 著作权人应当按照合同约定期限交付作品。图书出版

者应当按照合同约定的出版质量、期限出版图书。

图书出版者不按照合同约定期限出版，应当依照本法第五十三条的规定承担民事责任。

图书出版者重印、再版作品的，应当通知著作权人，并支付报酬。图书脱销后，图书出版者拒绝重印、再版的，著作权人有权终止合同。

第三十二条　著作权人向报社、期刊社投稿的，自稿件发出之日起十五日内未收到报社通知决定刊登的，或者自稿件发出之日起三十日内未收到期刊社通知决定刊登的，可以将同一作品向其他报社、期刊社投稿。双方另有约定的除外。

作品刊登后，除著作权人声明不得转载、摘编的外，其他报刊可以转载或者作为文摘、资料刊登，但应当按照规定向著作权人支付报酬。

第三十三条　图书出版者经作者许可，可以对作品修改、删节。

报社、期刊社可以对作品作文字性修改、删节。对内容的修改，应当经作者许可。

第三十四条　出版改编、翻译、注释、整理、汇编已有作品而产生的作品，应当取得改编、翻译、注释、整理、汇编作品的著作权人和原作品的著作权人许可，并支付报酬。

第三十五条　出版者有权许可或者禁止他人使用其出版的图书、期刊的版式设计。

前款规定的权利的保护期为十年，截止于使用该版式设计的图书、期刊首次出版后第十年的12月31日。

第二节　表　　演

第三十六条　使用他人作品演出，表演者（演员、演出单位）应当取得著作权人许可，并支付报酬。演出组织者组织演出，由该组织者取得著作权人许可，并支付报酬。

使用改编、翻译、注释、整理已有作品而产生的作品进行演出，应当取得改编、翻译、注释、整理作品的著作权人和原作品的著作权人许可，并支付报酬。

第三十七条　表演者对其表演享有下列权利：

（一）表明表演者身份；

（二）保护表演形象不受歪曲；

（三）许可他人从现场直播和公开传送其现场表演，并获得报酬；

（四）许可他人录音录像，并获得报酬；

（五）许可他人复制、发行录有其表演的录音录像制品，并获得报酬；

（六）许可他人通过信息网络向公众传播其表演，并获得报酬。

被许可人以前款第（三）项至第（六）项规定的方式使用作品，还应当取得著作权人许可，并支付报酬。

第三十八条 本法第三十七条第一款第（一）项、第（二）项规定的权利的保护期不受限制。

本法第三十七条第一款第（三）项至第（六）项规定的权利的保护期为五十年，截止于该表演发生后第五十年的12月31日。

第三节 录音录像

第三十九条 录音录像制作者使用他人作品制作录音录像制品，应当取得著作权人许可，并支付报酬。

录音录像制作者使用改编、翻译、注释、整理已有作品而产生的作品，应当取得改编、翻译、注释、整理作品的著作权人和原作品著作权人许可，并支付报酬。

录音制作者使用他人已经合法录制为录音制品的音乐作品制作录音制品，可以不经著作权人许可，但应当按照规定支付报酬；著作权人声明不许使用的不得使用。

第四十条 录音录像制作者制作录音录像制品，应当同表演者订立合同，并支付报酬。

第四十一条 录音录像制作者对其制作的录音录像制品，享有许可他人复制、发行、出租、通过信息网络向公众传播并获得报酬的权利；权利的保护期为五十年，截止于该制品首次制作完成后第五十年的12月31日。

被许可人复制、发行、通过信息网络向公众传播录音录像制品，还应当取得著作权人、表演者许可，并支付报酬。

第四节　广播电台、电视台播放

第四十二条　广播电台、电视台播放他人未发表的作品，应当取得著作权人许可，并支付报酬。

广播电台、电视台播放他人已发表的作品，可以不经著作权人许可，但应当支付报酬。

第四十三条　广播电台、电视台播放已经出版的录音制品，可以不经著作权人许可，但应当支付报酬。当事人另有约定的除外。具体办法由国务院规定。

第四十四条　广播电台、电视台有权禁止未经其许可的下列行为：

（一）将其播放的广播、电视转播；

（二）将其播放的广播、电视录制在音像载体上以及复制音像载体。

前款规定的权利的保护期为五十年，截止于该广播、电视首次播放后第五十年的12月31日。

第四十五条　电视台播放他人的电影作品和以类似摄制电影的方法创作的作品、录像制品，应当取得制片者或者录像制作者许可，并支付报酬；播放他人的录像制品，还应当取得著作权人许可，并支付报酬。

第五章　法律责任和执法措施

第四十六条　有下列侵权行为的，应当根据情况，承担停止侵害、消除影响、赔礼道歉、赔偿损失等民事责任：

（一）未经著作权人许可，发表其作品的；

（二）未经合作作者许可，将与他人合作创作的作品当作自己单独创作的作品发表的；

（三）没有参加创作，为谋取个人名利，在他人作品上署名的；

（四）歪曲、篡改他人作品的；

（五）剽窃他人作品的；

（六）未经著作权人许可，以展览、摄制电影和以类似摄制电影的方法使用作品，或者以改编、翻译、注释等方式使用作品的，本法另有规定的除外；

（七）使用他人作品，应当支付报酬而未支付的；

（八）未经电影作品和以类似摄制电影的方法创作的作品、计算机软件、录音录像制品的著作权人或者与著作权有关的权利人许可，出租其作品或者录音录像制品的，本法另有规定的除外；

（九）未经出版者许可，使用其出版的图书、期刊的版式设计的；

（十）未经表演者许可，从现场直播或者公开传送其现场表演，或者录制其表演的；

（十一）其他侵犯著作权以及与著作权有关的权益的行为。

第四十七条 有下列侵权行为的，应当根据情况，承担停止侵害、消除影响、赔礼道歉、赔偿损失等民事责任；同时损害公共利益的，可以由著作权行政管理部门责令停止侵权行为，没收违法所得，没收、销毁侵权复制品，并可处以罚款；情节严重的，著作权行政管理部门还可以没收主要用于制作侵权复制品的材料、工具、设备等；构成犯罪的，依法追究刑事责任：

（一）未经著作权人许可，复制、发行、表演、放映、广播、汇编、通过信息网络向公众传播其作品的，本法另有规定的除外；

（二）出版他人享有专有出版权的图书的；

（三）未经表演者许可，复制、发行录有其表演的录音录像制品，或者通过信息网络向公众传播其表演的，本法另有规定的除外；

（四）未经录音录像制作者许可，复制、发行、通过信息网络向公众传播其制作的录音录像制品的，本法另有规定的除外；

（五）未经许可，播放或者复制广播、电视的，本法另有规定的除外；

（六）未经著作权人或者与著作权有关的权利人许可，故意避开或者破坏权利人为其作品、录音录像制品等采取的保护著作权或者与著作权有关的权利的技术措施的，法律、行政法规另有规定的除外；

（七）未经著作权人或者与著作权有关的权利人许可，故意删除或者改变作品、录音录像制品等的权利管理电子信息的，法律、行政法规另有规定的除外；

（八）制作、出售假冒他人署名的作品的。

第四十八条 侵犯著作权或者与著作权有关的权利的，侵权人应当按照权利人的实际损失给予赔偿；实际损失难以计算的，可以按照侵权人的违法所得给予赔偿。赔偿数额还应当包括权利人为制止侵权行为所支付的合理开支。

权利人的实际损失或者侵权人的违法所得不能确定的，由人民法院根据侵权行为的情节，判决给予五十万元以下的赔偿。

第四十九条 著作权人或者与著作权有关的权利人有证据证明他人正在实施或者即将实施侵犯其权利的行为，如不及时制止将会使其合法权益受到难以弥补的损害的，可以在起诉前向人民法院申请采取责令停止有关行为和财产保全的措施。

人民法院处理前款申请，适用《中华人民共和国民事诉讼法》第九十三条至第九十六条和第九十九条的规定。

第五十条 为制止侵权行为，在证据可能灭失或者以后难以取得的情况下，著作权人或者与著作权有关的权利人可以在起诉前向人民法院申请保全证据。

人民法院接受申请后，必须在四十八小时内作出裁定；裁定采取保全措施的，应当立即开始执行。

人民法院可以责令申请人提供担保，申请人不提供担保的，驳回申请。

申请人在人民法院采取保全措施后十五日内不起诉的，人民法院应当解除保全措施。

第五十一条 人民法院审理案件，对于侵犯著作权或者与著作权有关的权利的，可以没收违法所得、侵权复制品以及进行违法活动的财物。

第五十二条 复制品的出版者、制作者不能证明其出版、制作有合法授权的，复制品的发行者或者电影作品或者以类似摄制电影的方法创作的作品、计算机软件、录音录像制品的复制品的出租者不能证明其发行、出租的复制品有合法来源的，应当承担法律责任。

第五十三条 当事人不履行合同义务或者履行合同义务不符合约定条件的，应当依照《中华人民共和国民法通则》、《中华人民共和国合同法》等有关法律规定承担民事责任。

第五十四条 著作权纠纷可以调解，也可以根据当事人达成的书面仲裁协议或者著作权合同中的仲裁条款，向仲裁机构申请仲裁。

当事人没有书面仲裁协议，也没有在著作权合同中订立仲裁条款的，可以直接向人民法院起诉。

第五十五条 当事人对行政处罚不服的,可以自收到行政处罚决定书之日起三个月内向人民法院起诉,期满不起诉又不履行的,著作权行政管理部门可以申请人民法院执行。

第六章 附 则

第五十六条 本法所称的著作权即版权。

第五十七条 本法第二条所称的出版,指作品的复制、发行。

第五十八条 计算机软件、信息网络传播权的保护办法由国务院另行规定。

第五十九条 本法规定的著作权人和出版者、表演者、录音录像制作者、广播电台、电视台的权利,在本法施行之日尚未超过本法规定的保护期的,依照本法予以保护。

本法施行前发生的侵权或者违约行为,依照侵权或者违约行为发生时的有关规定和政策处理。

第六十条 本法自 1991 年 6 月 1 日起施行。

中华人民共和国著作权法实施条例

（国务院2002年8月2日第359号令发布）

第一条 根据《中华人民共和国著作权法》（以下简称著作权法），制定本条例。

第二条 著作权法所称作品，是指文学、艺术和科学领域内具有独创性并能以某种有形形式复制的智力成果。

第三条 著作权法所称创作，是指直接产生文学、艺术和科学作品的智力活动。

为他人创作进行组织工作，提供咨询意见、物质条件，或者进行其他辅助工作，均不视为创作。

第四条 著作权法和本条例中下列作品的含义：

（一）文字作品，是指小说、诗词、散文、论文等以文字形式表现的作品；

（二）口述作品，是指即兴的演说、授课、法庭辩论等以口头语言形式表现的作品；

（三）音乐作品，是指歌曲、交响乐等能够演唱或者演奏的带词或者不带词的作品；

（四）戏剧作品，是指话剧、歌剧、地方戏等供舞台演出的作品；

（五）曲艺作品，是指相声、快书、大鼓、评书等以说唱为主要形式表演的作品；

（六）舞蹈作品，是指通过连续的动作、姿势、表情等表现思想情感的作品；

（七）杂技艺术作品，是指杂技、魔术、马戏等通过形体动作和技巧表现的作品；

（八）美术作品，是指绘画、书法、雕塑等以线条、色彩或者其他方式构成的有审美意义的平面或者立体的造型艺术作品；

（九）建筑作品，是指以建筑物或者构筑物形式表现的有审美意义的作品；

（十）摄影作品，是指借助器械在感光材料或者其他介质上记录客观物体形象的艺术作品；

（十一）电影作品和以类似摄制电影的方法创作的作品，是指摄制在一定介质上，由一系列有伴音或者无伴音的画面组成，并且借助适当装置放映或者以其他方式传播的作品；

（十二）图形作品，是指为施工、生产绘制的工程设计图、产品设计图，以及反映地理现象、说明事物原理或者结构的地图、示意图等作品；

（十三）模型作品，是指为展示、试验或者观测等用途，根据物体的形状和结构，按照一定比例制成的立体作品。

第五条　著作权法和本条例中下列用语的含义：

（一）时事新闻，是指通过报纸、期刊、广播电台、电视台等媒体报道的单纯事实消息；

（二）录音制品，是指任何对表演的声音和其他声音的录制品；

（三）录像制品，是指电影作品和以类似摄制电影的方法创作的作品以外的任何有伴音或者无伴音的连续相关形象、图像的录制品；

（四）录音制作者，是指录音制品的首次制作人；

（五）录像制作者，是指录像制品的首次制作人；

（六）表演者，是指演员、演出单位或者其他表演文学、艺术作品的人。

第六条　著作权自作品创作完成之日起产生。

第七条　著作权法第二条第三款规定的首先在中国境内出版的外国人、无国籍人的作品，其著作权自首次出版之日起受保护。

第八条　外国人、无国籍人的作品在中国境外首先出版后，30 日内在中国境内出版的，视为该作品同时在中国境内出版。

第九条　合作作品不可以分割使用的，其著作权由各合作作者共同享有，通过协商一致行使；不能协商一致，又无正当理由的，任何一方不得阻止他方行使除转让以外的其他权利，但是所得收益应当合理分配给所有合作作者。

第十条　著作权人许可他人将其作品摄制成电影作品和以类似摄制电影的方法创作的作品的，视为已同意对其作品进行必要的改动，但是这种改动不得歪曲篡改原作品。

第十一条 著作权法第十六条第一款关于职务作品的规定中的“工作任务”,是指公民在该法人或者该组织中应当履行的职责。

著作权法第十六条第二款关于职务作品的规定中的“物质技术条件”,是指该法人或者该组织为公民完成创作专门提供的资金、设备或者资料。

第十二条 职务作品完成两年内,经单位同意,作者许可第三人以与单位使用的相同方式使用作品所获报酬,由作者与单位按约定的比例分配。

作品完成两年的期限,自作者向单位交付作品之日起计算。

第十三条 作者身份不明的作品,由作品原件的所有人行使除署名权以外的著作权。作者身份确定后,由作者或者其继承人行使著作权。

第十四条 合作作者之一死亡后,其对合作作品享有的著作权法第十条第一款第(五)项至第(十七)项规定的权利无人继承又无人受遗赠的,由其他合作作者享有。

第十五条 作者死亡后,其著作权中的署名权、修改权和保护作品完整权由作者的继承人或者受遗赠人保护。

著作权无人继承又无人受遗赠的,其署名权、修改权和保护作品完整权由著作权行政管理部门保护。

第十六条 国家享有著作权的作品的使用,由国务院著作权行政管理部门管理。

第十七条 作者生前未发表的作品,如果作者未明确表示不发表,作者死亡后50年内,其发表权可由继承人或者受遗赠人行使;没有继承人又无人受遗赠的,由作品原件的所有人行使。

第十八条 作者身份不明的作品,其著作权法第十条第一款第(五)项至第(十七)项规定的权利的保护期截止于作品首次发表后第50年的12月31日。作者身份确定后,适用著作权法第二十一条的规定。

第十九条 使用他人作品的,应当指明作者姓名、作品名称;但是,当事人另有约定或者由于作品使用方式的特性无法指明的除外。

第二十条 著作权法所称已经发表的作品,是指著作权人自行或者许可他人公之于众的作品。

第二十一条 依照著作权法有关规定,使用可以不经著作权人许可的已经发表的作品的,不得影响该作品的正常使用,也不得不合理地损害著作权人的合法利益。

第二十二条 依照著作权法第二十三条、第三十二条第二款、第三十九条第三款的规定使用作品的付酬标准,由国务院著作权行政管理部门会同国务院价格主管部门制定、公布。

第二十三条 使用他人作品应当同著作权人订立许可使用合同,许可使用的权利是专有使用权的,应当采取书面形式,但是报社、期刊社刊登作品除外。

第二十四条 著作权法第二十四条规定的专有使用权的内容由合同约定,合同没有约定或者约定不明的,视为被许可人有权排除包括著作权人在内的任何人以同样的方式使用作品;除合同另有约定外,被许可人许可第三人行使同一权利,必须取得著作权人的许可。

第二十五条 与著作权人订立专有许可使用合同、转让合同的,可以向著作权行政管理部门备案。

第二十六条 著作权法和本条例所称与著作权有关的权益,是指出版者对其出版的图书和期刊的版式设计享有的权利,表演者对其表演享有的权利,录音录像制作者对其制作的录音录像制品享有的权利,广播电台、电视台对其播放的广播、电视节目享有的权利。

第二十七条 出版者、表演者、录音录像制作者、广播电台、电视台行使权利,不得损害被使用作品和原作品著作权人的权利。

第二十八条 图书出版合同中约定图书出版者享有专有出版权但没有明确其具体内容的,视为图书出版者享有在合同有效期限内和在合同约定的地域范围内以同种文字的原版、修订版出版图书的专有权利。

第二十九条 著作权人寄给图书出版者的两份订单在6个月内未能得到履行,视为著作权法第三十一条所称图书脱销。

第三十条 著作权人依照著作权法第三十二条第二款声明不得转载、摘编其作品的,应当在报纸、期刊刊登该作品时附带声明。

第三十一条 著作权人依照著作权法第三十九条第三款声明不得对其作品制作录音制品的,应当在该作品合法录制为录音制品时声明。

第三十二条 依照著作权法第二十三条、第三十二条第二款、第三十九条第三款的规定,使用他人作品的,应当自使用该作品之日起2个月内向著作权人支付报酬。

第三十三条 外国人、无国籍人在中国境内的表演,受著作权法保护。

外国人、无国籍人根据中国参加的国际条约对其表演享有的权利,受著作权法保护。

第三十四条 外国人、无国籍人在中国境内制作、发行的录音制品,受著作权法保护。

外国人、无国籍人根据中国参加的国际条约对其制作、发行的录音制品享有的权利,受著作权法保护。

第三十五条 外国的广播电台、电视台根据中国参加的国际条约对其播放的广播、电视节目享有的权利,受著作权法保护。

第三十六条 有著作权法第四十七条所列侵权行为,同时损害社会公共利益的,著作权行政管理部门可以处非法经营额3倍以下的罚款;非法经营额难以计算的,可以处10万元以下的罚款。

第三十七条 有著作权法第四十七条所列侵权行为,同时损害社会公共利益的,由地方人民政府著作权行政管理部门负责查处。

国务院著作权行政管理部门可以查处在全国有重大影响的侵权行为。

第三十八条 本条例自2002年9月15日起施行。1991年5月24日国务院批准、1991年5月30日国家版权局发布的《中华人民共和国著作权法实施条例》同时废止。

计算机软件保护条例

（2001 年 12 月 20 日国务院公布,2002 年 1 月 1 日起施行）

第一章　总　　则

第一条　为了保护计算机软件著作权人的权益,调整计算机软件在开发、传播和使用中发生的利益关系,鼓励计算机软件的开发与应用,促进软件产业和国民经济信息化的发展,根据《中华人民共和国著作权法》,制定本条例。

第二条　本条例所称计算机软件(以下简称软件),是指计算机程序及其有关文档。

第三条　本条例下列用语的含义:

(一) 计算机程序,是指为了得到某种结果而可以由计算机等具有信息处理能力的装置执行的代码化指令序列,或者可以被自动转换成代码化指令序列的符号化指令序列或者符号化语句序列。同一计算机程序的源程序和目标程序为同一作品。

(二) 文档,是指用来描述程序的内容、组成、设计、功能规格、开发情况、测试结果及使用方法的文字资料和图表等,如程序设计说明书、流程图、用户手册等。

(三) 软件开发者,是指实际组织开发、直接进行开发,并对开发完成的软件承担责任的法人或者其他组织;或者依靠自己具有的条件独立完成软件开发,并对软件承担责任的自然人。

(四) 软件著作权人,是指依照本条例的规定,对软件享有著作权的自然人、法人或者其他组织。

第四条　受本条例保护的软件必须由开发者独立开发,并已固定在某种有形物体上。

第五条　中国公民、法人或者其他组织对其所开发的软件,不论是否发表,依照本条例享有著作权。

外国人、无国籍人的软件首先在中国境内发行的，依照本条例享有著作权。

外国人、无国籍人的软件，依照其开发者所属国或者经常居住地国同中国签订的协议或者依照中国参加的国际条约享有的著作权，受本条例保护。

第六条 本条例对软件著作权的保护不延及开发软件所用的思想、处理过程、操作方法或者数学概念等。

第七条 软件著作权人可以向国务院著作权行政管理部门认定的软件登记机构办理登记。软件登记机构发放的登记证明文件是登记事项的初步证明。

办理软件登记应当缴纳费用。软件登记的收费标准由国务院著作权行政管理部门会同国务院价格主管部门规定。

第二章 软件著作权

第八条 软件著作权人享有下列各项权利：

（一）发表权，即决定软件是否公之于众的权利；

（二）署名权，即表明开发者身份，在软件上署名的权利；

（三）修改权，即对软件进行增补、删节，或者改变指令、语句顺序的权利；

（四）复制权，即将软件制作一份或者多份的权利；

（五）发行权，即以出售或者赠与方式向公众提供软件的原件或者复制件的权利；

（六）出租权，即有偿许可他人临时使用软件的权利，但是软件不是出租的主要标的的除外；

（七）信息网络传播权，即以有线或者无线方式向公众提供软件，使公众可以在其个人选定的时间和地点获得软件的权利；

（八）翻译权，即将原软件从一种自然语言文字转换成另一种自然语言文字的权利；

（九）应当由软件著作权人享有的其他权利。

软件著作权人可以许可他人行使其软件著作权，并有权获得报酬。

软件著作权人可以全部或者部分转让其软件著作权，并有权获得报酬。

第九条 软件著作权属于软件开发者，本条例另有规定的除外。

如无相反证明，在软件上署名的自然人、法人或者其他组织为开发者。

第十条 由两个以上的自然人、法人或者其他组织合作开发的软件，其著作权的归属由合作开发者签订书面合同约定。无书面合同或者合同未作明确约定，合作开发的软件可以分割使用的，开发者对各自开发的部分可以单独享有著作权；但是，行使著作权时，不得扩展到合作开发的软件整体的著作权。合作开发的软件不能分割使用的，其著作权由各合作开发者共同享有，通过协商一致行使；不能协商一致，又无正当理由的，任何一方不得阻止他方行使除转让权以外的其他权利，但是所得收益应当合理分配给所有合作开发者。

第十一条 接受他人委托开发的软件，其著作权的归属由委托人与受托人签订书面合同约定；无书面合同或者合同未作明确约定的，其著作权由受托人享有。

第十二条 由国家机关下达任务开发的软件，著作权的归属与行使由项目任务书或者合同规定；项目任务书或者合同中未作明确规定的，软件著作权由接受任务的法人或者其他组织享有。

第十三条 自然人在法人或者其他组织中任职期间所开发的软件有下列情形之一的，该软件著作权由该法人或者其他组织享有，该法人或者其他组织可以对开发软件的自然人进行奖励：

（一）针对本职工作中明确指定的开发目标所开发的软件；

（二）开发的软件是从事本职工作活动所预见的结果或者自然的结果；

（三）主要使用了法人或者其他组织的资金、专用设备、未公开的专门信息等物质技术条件所开发并由法人或者其他组织承担责任的软件。

第十四条 软件著作权自软件开发完成之日起产生。

自然人的软件著作权，保护期为自然人终生及其死亡后50年，截止于自然人死亡后第50年的12月31日；软件是合作开发的，截止于最后死亡的自然人死亡后第50年的12月31日。

法人或者其他组织的软件著作权，保护期为50年，截止于软件首次发表后第50年的12月31日，但软件自开发完成之日起50年内未发表的，本条例不再保护。

第十五条 软件著作权属于自然人的，该自然人死亡后，在软件著作权的保护期内，软件著作权的继承人可以依照《中华人民共和国继承法》的有关规定，继承本条例第八条规定的除署名权以外的其他权利。

软件著作权属于法人或者其他组织的，法人或者其他组织变更、终止后，其著作权在本条例规定的保护期内由承受其权利义务的法人或者其他组织享有；没有承受其权利义务的法人或者其他组织的，由国家享有。

第十六条 软件的合法复制品所有人享有下列权利：

（一）根据使用的需要把该软件装入计算机等具有信息处理能力的装置内；

（二）为了防止复制品损坏而制作备份复制品。这些备份复制品不得通过任何方式提供给他人使用，并在所有人丧失该合法复制品的所有权时，负责将备份复制品销毁；

（三）为了把该软件用于实际的计算机应用环境或者改进其功能、性能而进行必要的修改；但是，除合同另有约定外，未经该软件著作权人许可，不得向任何第三方提供修改后的软件。

第十七条 为了学习和研究软件内含的设计思想和原理，通过安装、显示、传输或者存储软件等方式使用软件的，可以不经软件著作权人许可，不向其支付报酬。

第三章 软件著作权的许可使用和转让

第十八条 许可他人行使软件著作权的，应当订立许可使用合同。

许可使用合同中软件著作权人未明确许可的权利，被许可人不得行使。

第十九条许可他人专有行使软件著作权的，当事人应当订立书面合同。

没有订立书面合同或者合同中未明确约定为专有许可的，被许可行使的权利应当视为非专有权利。

第二十条 转让软件著作权的，当事人应当订立书面合同。

第二十一条 订立许可他人专有行使软件著作权的许可合同，或者订立转让软件著作权合同，可以向国务院著作权行政管理部门认定的软件登记机构登记。

第二十二条 中国公民、法人或者其他组织向外国人许可或者转让软件著作权的，应当遵守《中华人民共和国技术进出口管理条例》的有关规定。

第四章 法律责任

第二十三条 除《中华人民共和国著作权法》或者本条例另有规定外，有下列侵权行为的，应当根据情况，承担停止侵害、消除影响、赔礼道歉、赔偿损失等民事责任：

（一）未经软件著作权人许可，发表或者登记其软件的；

（二）将他人软件作为自己的软件发表或者登记的；

（三）未经合作者许可，将与他人合作开发的软件作为自己单独完成的软件发表或者登记的；

（四）在他人软件上署名或者更改他人软件上的署名的；

（五）未经软件著作权人许可，修改、翻译其软件的；

（六）其他侵犯软件著作权的行为。

第二十四条 除《中华人民共和国著作权法》、本条例或者其他法律、行政法规另有规定外，未经软件著作权人许可，有下列侵权行为的，应当根据情况，承担停止侵害、消除影响、赔礼道歉、赔偿损失等民事责任；同时损害社会公共利益的，由著作权行政管理部门责令停止侵权行为，没收违法所得，没收、销毁侵权复制品，可以并处罚款；情节严重的，著作权行政管理部门并可以没收主要用于制作侵权复制品的材料、工具、设备等；触犯刑律的，依照刑法关于侵犯著作权罪、销售侵权复制品罪的规定，依法追究刑事责任：

（一）复制或者部分复制著作权人的软件的；

（二）向公众发行、出租、通过信息网络传播著作权人的软件的；

（三）故意避开或者破坏著作权人为保护其软件著作权而采取的技术措施的；

（四）故意删除或者改变软件权利管理电子信息的；

（五）转让或者许可他人行使著作权人的软件著作权的。

有前款第（一）项或者第（二）项行为的，可以并处每件100元或者货值金额5倍以下的罚款；有前款第（三）项、第（四）项或者第（五）项行为的,可以并处5万元以下的罚款。

第二十五条 侵犯软件著作权的赔偿数额,依照《中华人民共和国著作权法》第四十八条的规定确定。

第二十六条 软件著作权人有证据证明他人正在实施或者即将实施侵犯其权利的行为,如不及时制止,将会使其合法权益受到难以弥补的损害的,可以依照《中华人民共和国著作权法》第四十九条的规定,在提起诉讼前向人民法院申请采取责令停止有关行为和财产保全的措施。

第二十七条 为了制止侵权行为,在证据可能灭失或者以后难以取得的情况下,软件著作权人可以依照《中华人民共和国著作权法》第五十条的规定,在提起诉讼前向人民法院申请保全证据。

第二十八条 软件复制品的出版者、制作者不能证明其出版、制作有合法授权的,或者软件复制品的发行者、出租者不能证明其发行、出租的复制品有合法来源的,应当承担法律责任。

第二十九条 软件开发者开发的软件,由于可供选用的表达方式有限而与已经存在的软件相似的,不构成对已经存在的软件的著作权的侵犯。

第三十条 软件的复制品持有人不知道也没有合理理由应当知道该软件是侵权复制品的,不承担赔偿责任;但是,应当停止使用、销毁该侵权复制品。如果停止使用并销毁该侵权复制品将给复制品使用人造成重大损失的,复制品使用人可以在向软件著作权人支付合理费用后继续使用。

第三十一条 软件著作权侵权纠纷可以调解。

软件著作权合同纠纷可以依据合同中的仲裁条款或者事后达成的书面仲裁协议,向仲裁机构申请仲裁。

当事人没有在合同中订立仲裁条款,事后又没有书面仲裁协议的,可以直接向人民法院提起诉讼。

第五章 附 则

第三十二条 本条例施行前发生的侵权行为,依照侵权行为发生时的国家有关规定处理。

第三十三条 本条例自2002年1月1日起施行。1991年6月4日国务院发布的《计算机软件保护条例》同时废止。

信息网络传播权保护条例

（2006 年 5 月 10 日国务院第 135 次常务会议通过，国务院第 468 号令发布，自 2006 年 7 月 1 日起施行）

第一条 为保护著作权人、表演者、录音录像制作者（以下统称权利人）的信息网络传播权，鼓励有益于社会主义精神文明、物质文明建设的作品的创作和传播，根据《中华人民共和国著作权法》（以下简称著作权法），制定本条例。

第二条 权利人享有的信息网络传播权受著作权法和本条例保护。除法律、行政法规另有规定的外，任何组织或者个人将他人的作品、表演、录音录像制品通过信息网络向公众提供，应当取得权利人许可，并支付报酬。

第三条 依法禁止提供的作品、表演、录音录像制品，不受本条例保护。权利人行使信息网络传播权，不得违反宪法和法律、行政法规，不得损害公共利益。

第四条 为了保护信息网络传播权，权利人可以采取技术措施。

任何组织或者个人不得故意避开或者破坏技术措施，不得故意制造、进口或者向公众提供主要用于避开或者破坏技术措施的装置或者部件，不得故意为他人避开或者破坏技术措施提供技术服务。但是，法律、行政法规规定可以避开的除外。

第五条 未经权利人许可，任何组织或者个人不得进行下列行为：

（一）故意删除或者改变通过信息网络向公众提供的作品、表演、录音录像制品的权利管理电子信息，但由于技术上的原因无法避免删除或者改变的除外；

（二）通过信息网络向公众提供明知或者应知未经权利人许可被删除或者改变权利管理电子信息的作品、表演、录音录像制品。

第六条 通过信息网络提供他人作品，属于下列情形的，可以不经著作权人许可，不向其支付报酬：

（一）为介绍、评论某一作品或者说明某一问题，在向公众提供的作品中适当引用已经发表的作品；

（二）为报道时事新闻，在向公众提供的作品中不可避免地再现或者引用已经发表的作品；

（三）为学校课堂教学或者科学研究，向少数教学、科研人员提供少量已经发表的作品；

（四）国家机关为执行公务，在合理范围内向公众提供已经发表的作品；

（五）将中国公民、法人或者其他组织已经发表的、以汉语言文字创作的作品翻译成的少数民族语言文字作品，向中国境内少数民族提供；

（六）不以营利为目的，以盲人能够感知的独特方式向盲人提供已经发表的文字作品；

（七）向公众提供在信息网络上已经发表的关于政治、经济问题的时事性文章；

（八）向公众提供在公众集会上发表的讲话。

第七条 图书馆、档案馆、纪念馆、博物馆、美术馆等可以不经著作权人许可，通过信息网络向本馆馆舍内服务对象提供本馆收藏的合法出版的数字作品和依法为陈列或者保存版本的需要以数字化形式复制的作品，不向其支付报酬，但不得直接或者间接获得经济利益。当事人另有约定的除外。

前款规定的为陈列或者保存版本需要以数字化形式复制的作品，应当是已经损毁或者濒临损毁、丢失或者失窃，或者其存储格式已经过时，并且在市场上无法购买或者只能以明显高于标定的价格购买的作品。

第八条 为通过信息网络实施九年制义务教育或者国家教育规划，可以不经著作权人许可，使用其已经发表作品的片断或者短小的文字作品、音乐作品或者单幅的美术作品、摄影作品制作课件，由制作课件或者依法取得课件的远程教育机构通过信息网络向注册学生提供，但应当向著作权人支付报酬。

第九条 为扶助贫困，通过信息网络向农村地区的公众免费提供中国公民、法人或者其他组织已经发表的种植养殖、防病治病、防灾减灾等与扶助贫困有关的作品和适应基本文化需求的作品，网络服务提供者应当在提供前公告拟提供的作品及其作者、拟支付报酬的标准。自公告之日起 30 日内,著作权人不同意提供的,网络服务提供者不得提供其作品;自公告之日起满 30 日,著作权人没有异议的,网络服务提供者可以提供其作品,并按照公告的标准向著作权人支付报酬。网络服务提供者提供著作权人的作品后,著作权人不同意提供的,网络服务提供者应当立即删除著作权人的作品,并按照公告的标准向著作权人支付提供作品期间的报酬。

依照前款规定提供作品的,不得直接或者间接获得经济利益。

第十条 依照本条例规定不经著作权人许可、通过信息网络向公众提供其作品的,还应当遵守下列规定:

(一) 除本条例第六条第(一)项至第(六)项、第七条规定的情形外,不得提供作者事先声明不许提供的作品;

(二) 指明作品的名称和作者的姓名(名称);

(三) 依照本条例规定支付报酬;

(四) 采取技术措施,防止本条例第七条、第八条、第九条规定的服务对象以外的其他人获得著作权人的作品,并防止本条例第七条规定的服务对象的复制行为对著作权人利益造成实质性损害;

(五) 不得侵犯著作权人依法享有的其他权利。

第十一条 通过信息网络提供他人表演、录音录像制品的,应当遵守本条例第六条至第十条的规定。

第十二条 属于下列情形的,可以避开技术措施,但不得向他人提供避开技术措施的技术、装置或者部件,不得侵犯权利人依法享有的其他权利:

(一) 为学校课堂教学或者科学研究,通过信息网络向少数教学、科研人员提供已经发表的作品、表演、录音录像制品,而该作品、表演、录音录像制品只能通过信息网络获取;

(二) 不以营利为目的,通过信息网络以盲人能够感知的独特方式向盲人提供已经发表的文字作品,而该作品只能通过信息网络获取;

(三) 国家机关依照行政、司法程序执行公务;

(四) 在信息网络上对计算机及其系统或者网络的安全性能进行测试。

第十三条　著作权行政管理部门为了查处侵犯信息网络传播权的行为,可以要求网络服务提供者提供涉嫌侵权的服务对象的姓名(名称)、联系方式、网络地址等资料。

第十四条　对提供信息存储空间或者提供搜索、链接服务的网络服务提供者,权利人认为其服务所涉及的作品、表演、录音录像制品,侵犯自己的信息网络传播权或者被删除、改变了自己的权利管理电子信息的,可以向该网络服务提供者提交书面通知,要求网络服务提供者删除该作品、表演、录音录像制品,或者断开与该作品、表演、录音录像制品的链接。通知书应当包含下列内容:

(一) 权利人的姓名(名称)、联系方式和地址;

(二) 要求删除或者断开链接的侵权作品、表演、录音录像制品的名称和网络地址;

(三) 构成侵权的初步证明材料。

权利人应当对通知书的真实性负责。

第十五条　网络服务提供者接到权利人的通知书后,应当立即删除涉嫌侵权的作品、表演、录音录像制品,或者断开与涉嫌侵权的作品、表演、录音录像制品的链接,并同时将通知书转送提供作品、表演、录音录像制品的服务对象;服务对象网络地址不明、无法转送的,应当将通知书的内容同时在信息网络上公告。

第十六条　服务对象接到网络服务提供者转送的通知书后,认为其提供的作品、表演、录音录像制品未侵犯他人权利的,可以向网络服务提供者提交书面说明,要求恢复被删除的作品、表演、录音录像制品,或者恢复与被断开的作品、表演、录音录像制品的链接。书面说明应当包含下列内容:

(一) 服务对象的姓名(名称)、联系方式和地址;

(二) 要求恢复的作品、表演、录音录像制品的名称和网络地址;

(三) 不构成侵权的初步证明材料。

服务对象应当对书面说明的真实性负责。

第十七条　网络服务提供者接到服务对象的书面说明后,应当立即恢复被删除的作品、表演、录音录像制品,或者可以恢复与被断开的作品、表演、录音录像制品的链接,同时将服务对象的书面说明转送权利人。权利人不得再通知网络服务提供者删除该作品、表演、录音录像制品，或者断开与该作品、表演、录音录像制品的链接。

第十八条 违反本条例规定，有下列侵权行为之一的，根据情况承担停止侵害、消除影响、赔礼道歉、赔偿损失等民事责任；同时损害公共利益的，可以由著作权行政管理部门责令停止侵权行为，没收违法所得，并可处以10万元以下的罚款；情节严重的，著作权行政管理部门可以没收主要用于提供网络服务的计算机等设备；构成犯罪的，依法追究刑事责任：

（一）通过信息网络擅自向公众提供他人的作品、表演、录音录像制品的；

（二）故意避开或者破坏技术措施的；

（三）故意删除或者改变通过信息网络向公众提供的作品、表演、录音录像制品的权利管理电子信息，或者通过信息网络向公众提供明知或者应知未经权利人许可而被删除或者改变权利管理电子信息的作品、表演、录音录像制品的；

（四）为扶助贫困通过信息网络向农村地区提供作品、表演、录音录像制品超过规定范围，或者未按照公告的标准支付报酬，或者在权利人不同意提供其作品、表演、录音录像制品后未立即删除的；

（五）通过信息网络提供他人的作品、表演、录音录像制品，未指明作品、表演、录音录像制品的名称或者作者、表演者、录音录像制作者的姓名（名称），或者未支付报酬，或者未依照本条例规定采取技术措施防止服务对象以外的其他人获得他人的作品、表演、录音录像制品，或者未防止服务对象的复制行为对权利人利益造成实质性损害的。

第十九条 违反本条例规定，有下列行为之一的，由著作权行政管理部门予以警告，没收违法所得，没收主要用于避开、破坏技术措施的装置或者部件；情节严重的，可以没收主要用于提供网络服务的计算机等设备，并可处以10万元以下的罚款；构成犯罪的，依法追究刑事责任：

（一）故意制造、进口或者向他人提供主要用于避开、破坏技术措施的装置或者部件，或者故意为他人避开或者破坏技术措施提供技术服务的；

（二）通过信息网络提供他人的作品、表演、录音录像制品，获得经济利益的；

（三）为扶助贫困通过信息网络向农村地区提供作品、表演、录音录像制品，未在提供前公告作品、表演、录音录像制品的名称和作者、表演者、录音录像制作者的姓名（名称）以及报酬标准的。

第二十条 网络服务提供者根据服务对象的指令提供网络自动接入服务，或者对服务对象提供的作品、表演、录音录像制品提供自动传输服务，并具备下列条件的，不承担赔偿责任：

（一）未选择并且未改变所传输的作品、表演、录音录像制品；

（二）向指定的服务对象提供该作品、表演、录音录像制品，并防止指定的服务对象以外的其他人获得。

第二十一条 网络服务提供者为提高网络传输效率，自动存储从其他网络服务提供者获得的作品、表演、录音录像制品，根据技术安排自动向服务对象提供，并具备下列条件的，不承担赔偿责任：

（一）未改变自动存储的作品、表演、录音录像制品；

（二）不影响提供作品、表演、录音录像制品的原网络服务提供者掌握服务对象获取该作品、表演、录音录像制品的情况；

（三）在原网络服务提供者修改、删除或者屏蔽该作品、表演、录音录像制品时，根据技术安排自动予以修改、删除或者屏蔽。

第二十二条 网络服务提供者为服务对象提供信息存储空间，供服务对象通过信息网络向公众提供作品、表演、录音录像制品，并具备下列条件的，不承担赔偿责任：

（一）明确标示该信息存储空间是为服务对象所提供，并公开网络服务提供者的名称、联系人、网络地址；

（二）未改变服务对象所提供的作品、表演、录音录像制品；

（三）不知道也没有合理的理由应当知道服务对象提供的作品、表演、录音录像制品侵权；

（四）未从服务对象提供作品、表演、录音录像制品中直接获得经济利益；

（五）在接到权利人的通知书后，根据本条例规定删除权利人认为侵权的作品、表演、录音录像制品。

第二十三条 网络服务提供者为服务对象提供搜索或者链接服务，在接到权利人的通知书后，根据本条例规定断开与侵权的作品、表演、录音录像制品的链接的，不承担赔偿责任；但是，明知或者应知所链接的作品、表演、录音录像制品侵权的，应当承担共同侵权责任。

第二十四条　因权利人的通知导致网络服务提供者错误删除作品、表演、录音录像制品，或者错误断开与作品、表演、录音录像制品的链接，给服务对象造成损失的，权利人应当承担赔偿责任。

第二十五条　网络服务提供者无正当理由拒绝提供或者拖延提供涉嫌侵权的服务对象的姓名（名称）、联系方式、网络地址等资料的，由著作权行政管理部门予以警告；情节严重的，没收主要用于提供网络服务的计算机等设备。

第二十六条　本条例下列用语的含义：

信息网络传播权，是指以有线或者无线方式向公众提供作品、表演或者录音录像制品，使公众可以在其个人选定的时间和地点获得作品、表演或者录音录像制品的权利。

技术措施，是指用于防止、限制未经权利人许可浏览、欣赏作品、表演、录音录像制品的或者通过信息网络向公众提供作品、表演、录音录像制品的有效技术、装置或者部件。

权利管理电子信息，是指说明作品及其作者、表演及其表演者、录音录像制品及其制作者的信息，作品、表演、录音录像制品权利人的信息和使用条件的信息，以及表示上述信息的数字或者代码。

第二十七条　本条例自 2006 年 7 月 1 日起施行。

附录二

国际著作权保护公约

保护文学艺术作品伯尔尼公约

(1886年9月9日签订,1896年5月4日于巴黎补充,1908年11月13日于柏林修订,1914年3月20日于伯尔尼补充,1928年6月2日于罗马修订,1948年6月26日于布鲁塞尔修订,1967年7月14日于斯德哥尔摩修订,1971年7月24日于巴黎修订,1979年9月28日更改)

本联盟各成员国,受到尽可能有效地和尽可能一致地保护作者对其文学艺术作品所享权利的共同愿望的鼓舞,承认一九六七年在斯德哥尔摩举行的修订会议工作的重要性,决定修订斯德哥尔摩会议通过的文本,但不更动该文本第一至二十条和第二十二至二十六条。

下列签字的全权代表经交验全权证书认为妥善后,兹协议如下:

第一条 适用本公约的国家组成保护作者对其文学艺术作品所享权利的联盟。

第二条 一、"文学艺术作品"一词包括科学和文学艺术领域内的一切作品,不论其表现方式或形式如何,诸如书籍、小册子及其他著作;讲课、演讲、讲道及其他同类性质作品;戏剧或音乐戏剧作品;舞蹈艺术作品及哑剧作品;配词或未配词的乐曲;电影作品或以电影摄影术类似的方法创作的作品;图画、油画、建筑、雕塑、雕刻及版画;摄影作品及以与摄影术类似的方法创作的作品;实用美术作品;插图、地图;与地理、地形、建筑或科学有关的设计图、草图及造型作品。

二、但本联盟各成员国法律有权规定仅保护表现于一定物质形式的文学艺术作品或其中之一种或数种。

三、翻译作品、改编作品、改编乐曲以及某件文学或艺术作品的其他改变应得到与原著同等的保护,而不损害原著作者的权利。

四、本联盟成员国得以立法确定对立法、行政或司法性质的官方文件及这些文件的正式译本的保护。

五、文学或艺术作品的汇集本,诸如百科全书和选集,由于对其内容的选择和整理而成为智力创作品,应得到与此类作品同等的保护,而不损害作者对这种汇集本内各件作品的权利。

六、上述作品得在本联盟所有成员国内享受保护。此种保护应为作者及其权利继受人的利益而行使。

七、考虑到本公约第七条第四款的规定,本联盟成员国得以立法规定涉及实用美术作品及工业设计和模型的法律的适用范围,并规定此类作品,设计和模型的保护条件。在起源国单独作为设计和模型受到保护的作品,在本联盟其他成员国可能只得到该国为设计和模型所提供的专门保护。但如在该国并不给予这类专门保护,则这些作品将作为艺术品得到保护。

八、本公约所提供的保护不得适用于日常新闻或纯属报刊消息性质的社会新闻。

第二条(之二) 一、本联盟成员国有权以立法规定把政治演讲和诉讼过程中发表的言论部分或全部排除于上条提供的保护之外。

二、本联盟成员国同样有权以立法规定对讲演、发言或其他同类性质作品进行报刊转载、无线或有线广播以及构成本公约第十一条之二第一款所指的公共传播对象的条件,如果上述报道之目的证明此种使用为正当的话。

三、但作者享有将上两款所提作品汇编的专有权。

第三条 一、根据本公约,

a) 为本联盟任何一成员国公民的作者,其作品无论是否发表,都受到保护;

b) 非为本联盟任何一成员国公民的作者,其作品首次在本联盟一成员国出版或在本联盟一成员国和一非本联盟成员国内同时出版的,应受到保护;

二、非本联盟任何一成员国公民但在一成员国国内有经常居所的作者,在适用本公约时,与该国公民作者同等对待。

三、"已发表作品"应理解为在其作者同意下出版的著作,不论其复制件的制作方式如何,但考虑到这部著作的性质,复制件的发行在数量和方式上需要满足公众的合理需要。戏剧、音乐戏剧或电影作品的上演,音乐作品的演奏,文学作品的当众朗诵,文学或艺术作品的广播或转播,美术作品的展出及建筑作品的建造不是发表。

四、在首次发表后三十天内在两个或两个以上国家出版的任何作品视为同时在几国发表。

第四条 即使第三条规定之条件未具备;下述作者根据本公约也应受到保护:

a) 其电影作品的制片人在本联盟某一成员国有所在地或经常居所的;

b) 建造在本联盟某一成员国内的建筑物中或设置在本联盟某一成员国内的建筑物中的绘画和造型艺术品的。

第五条 一、根据本公约得到保护作品的作者,在除作品起源国外的本联盟各成员国,就其作品享受各该国法律现今给予或今后将给予其国民的权利,以及本公约特别授予的权利。

二、享受和行使这类权利不需履行任何手续,也不管作品起源国是否存在有关保护的规定。因此,除本公约条款外,只有向之提出保护要求的国家的法律方得规定保护范围及向作者提供的保护其权利的补救方法。

三、起源国的保护由该国本国法律作出规定。即使作者并非作品起源国的国民,但他就其作品根据本公约受到保护,他在该国仍享有同该国公民作者相同的权利。

四、起源国指的是:

a) 对于首次在本联盟一成员国发表的作品,以该国家为起源国;对于在给予不同保护期的本联盟几个成员国同时发表的作品,起源国为立法给予最短保护期的国家;

b) 对于在非本联盟成员国和本联盟某一成员国同时发表的作品,以后者为起源国;

c) 对于未发表的作品或首次在非本联盟成员国发表而未同时在本联盟成员国发表的作品,则以作者为其公民的本联盟成员国为起源国,然而

(i) 对于其制片人于本联盟某一成员国有所在地或经常居所的电影作品,则以该国为起源国;

(ii) 对于建立在本联盟某一成员国内的建筑物或设置在本联盟某一成员国内的建筑物中的绘画和造型艺术作品,应以该国为起源国。

第六条 一、凡任何非本联盟成员国未能充分保护本联盟某一成员国国民为作者的作品时,后一国可对在作品首次发表时系前一国国民而又在任何一联盟成员国内无经常居所之作者的作品的保护加以限制。如首次发表作品国利用这种权利,则本联盟其他成员国对受此特殊待遇的作品无义务给予比首次发表作品国所给予的更广泛的保护。

二、根据前款规定所确定的任何限制均不应损害在此种限制实施之前作者就在本联盟任何一成员国发表的作品已经获得的权利。

三、根据本条对作者权利的保护施加限制的本联盟成员国应以书面声明通知世界知识产权组织总干事(以下称总干事),指出保护受到限制的国家以及这些国家公民的作者的权利所受的限制。总干事应立即向本联盟所有成员国通报该项声明。

第六条(之二) 一、不受作者财产权的影响,甚至在上述财产权转让之后,作者仍保有主张对其作品的著作者身份的权利,并享有反对对上述作品进行任何歪曲或割裂或有损于作者声誉的其他损害的权利。

二、根据前款给予作者的权利,在其死后至少应保留到财产权期满为止,并由向之提出保护要求的国家本国法所授权的人或机构行使。但在批准或加入本条约时其法律未包括保证作者死后保护前款承认之权利的各国,有权规定这些权利中某些权利在作者死后无效。

三、为保障本条所承认的权利而采取的补救方法由向之提出保护要求的国家的法律规定。

第七条 一、本公约给予保护的期限为作者终生及其死后五十年。

二、但对于电影作品,本联盟成员国有权规定,保护期限自作品在作者同意下公映后五十年届满,如自作品摄制完成后五十年内尚未公之于众,则自作品摄制完成后五十年届满。

三、对于不具名作品和具笔名作品,本公约给予的保护期为自其合法向公众发表之日起五十年。但如作者采用的笔名不致引起对其身份发生任何怀疑时,该保护期则为第一款所规定的期限。如不具名作品或具笔名作品的作者在上述期间内披露其身份,则适用第一款所规定的保护期限。本联盟成员国没有义务保护不具名作品或具笔名作品,如果有充分理由假定其作者已死去五十年。

四、本联盟成员国有权以法律规定摄影作品及作为艺术品加以保护的实用美术作品的保护期限;但这一期限不应少于自该作品完成时算起二十五年。

五、作者死后的保护期和上述第二、三及四款所规定的期限应从作者死亡日或上述款项提及事情发生日起算,但这种期限只能从死亡后或所述事件发生后次年的一月一日开始计算。

六、本联盟成员国有权规定比前述各款规定期限为长的保护期。

七、受本公约罗马文本约束并在本文件签署时有效的本国法律中规定了比前述各款规定期限为短的保护期的本联盟成员国,有权在加入或批准本文件时保留这种期限。

八、在一切情况下,期限由向之提出保护要求的国家的法律加以规定;但除该国法律另有规定外,这个期限不得超过作品起源国规定的期限。

第七条(之二) 前条规定同样适用于作品的版权属于合著者共有的场合,但作者死后的保护期应从最后死亡的作者死亡之日起算。

第八条 受本公约保护的文学艺术作品的作者,在对原著享有权利的整个保护期内,享有翻译和授权翻译其作品的专有权。

第九条 一、受本公约保护的文学艺术作品的作者,享有批准以任何方式和采取任何形式复制这些作品的专有权。

二、本联盟成员国法律有权允许在某些特殊情况下复制上述作品,只要这种复制不致损害作品的正常使用也不致无故危害作者的合作利益。

三、所有录音或录像均应视为本公约所指的复制。

第十条 一、从一部合法向公众发表的作品中摘出引文,包括以报刊摘要形式摘引报纸期刊的文章,只要符合善良习惯,并在为达到正当目的所需要范围内,就属合法。

二、通过出版物、无线电广播或录音录像使用文学艺术作品作为教学解说的权利,只要是在为达到正当目的所需要的范围内使用,并且符合正当习惯,即可由本联盟成员国法律以及成员国之间现已签订或将要签订的特别协议加以规定。

三、根据本条前两款使用作品时，应指明出处，如原出处有作者姓名，也应同时说明。

第十条(之二) 一、对在报纸或期刊上已发表的经济、政治和宗教问题的时事性文章，或无线电已转播的同样性质的作品，本联盟成员国法律有权准许在报刊上转载，或向公众作无线或有线广播，如果对这种转载、广播或转播的权利未作直接保留的话。但任何时候均应明确指出出处；不履行该项义务的后果由向之提出保护要求的国家以法律规定。

二、本联盟成员国法律也有权规定，在何种条件下，对在时事事件过程中出现或公开的文学和艺术作品，在为报导目的正当需要范围内，可予以复制，或者以摄影或电影手段或通过无线电或有线广播向公众作时事新闻报导。

第十一条 一、戏剧作品、乐戏剧作品或音乐作品的作者享有下述专有权：

1. 许可公开演奏和公演其作品，包括用各种手段和方式的公开演奏和公演；2. 许可用各种手段公开播送其作品的表演和演奏。

二、戏剧作品或音乐戏剧作品的作者，在对其原著权利的整个期间内，对其作品的翻译享有同样的专有权。

第十一条(之二) 一、文学和艺术作品的作者享有下述专有权：1. 许可以无线电广播其作品或以任何其他无线播送符号、声音或图像方法向公众发表其作品；2. 许可由原广播机构以外的另一机构通过有线广播或无线广播向公众发表作品；3. 许可通过扩音器或其他任何传送符号、声音或图像的类似工具向公众传送广播作品。

二、本联盟成员国的法律得规定行使上面第一款所指的权利的条件，但这些条件的效力只限于作出这些规定的国家。在任何情况下，这些条件均不应有损于作者的人身非财产权利，也不应有损于作者获得公正报酬的权利，该报酬在无友好协议的情况下应由主管当局规定。

三、除另有规定外，根据本条第一款给予的许可，不包括利用录音或录像工具录制广播作品的许可。但本联盟成员国法律有权为某一广播机构使用其自己设备并为供自己播送之用而进行短期录制制定规章。本联盟成员国法律也可以批准由于这些录制品具有的特殊文献性质而交付官方档案馆保存。

第十一条(之三) 一、文学作品作者享有下述专有权:

(1) 许可公开朗诵其作品,包括用各种手段或方式公开朗诵其作品,以及(2)许可用各种手段公开播送其作品的朗诵。

二、文学作品作者在对其原著享有权利的整个期限内,对其作品的翻译也享有同样权利。

第十二条 文学和艺术作品的作者享有批准对其作品进行改编、整理和其他改变的专有权。

第十三条 一、本联盟每一成员国得就乐曲作者及允许歌词与乐曲一道录音的歌词作者对允许录制上述乐曲及乐曲连同歌词(如有歌词时)的专有权的保留及条件为本国作出规定;但这类保留及条件之效力严格限于对此作出规定的国家范围内,而且在任何情况下均不应损害作者获得在没有友好协议情况下由主管当局规定的公正报酬的权利。

二、根据1928年6月2日在罗马和1948年6月26日在布鲁塞尔签订的本公约文本第十三条第三款,在本联盟任何一成员国内录制的乐曲录音,自本条约文本在该国生效之日起两年内,可以不经乐曲作者同意在该国进行复制。

三、根据本条第一,二款制作的录音品,如未经利益关系人批准而输入认定此种录音属于违法行为的国家的,可在该国予以没收。

第十四条 一、文学和艺术作品的作者享有下述专有权:(一)许可把这类作品改编或复制成电影以及发行经改编或复制的作品;(二)许可公开演出演奏以及向公众作有线广播经改编或复制的作品。

二、根据文学或艺术作品制作的电影作品以任何其他形式进行改编,在不损害其作者批准权的情况下,仍须经原著作者批准。

三、第十三条第一款的规定不应适用。

第十四条(之二) 一、在不损害已被改编或翻印的所有作品的版权的情况下,电影作品将作为原作品受到保护。电影作品版权所有者享有原作品作者的权利,包括前一条规定的权利。

二、a) 向之提出保护要求的国家的法律有权决定电影作品版权的所有者。

b) 然而,在其法律承认参加电影作品制作的作者应属于版权所有者的本联盟成员国内,这些作者,如果曾承担参加此项工作的义务,除非有相反或特别的规定,无权反对对电影作品的复制、发行、公开演出演奏、向公众有线广播、无线电广播、向公众发表、配制解说和配音。

c) 为适用上面 b 项规定,上述义务是否应以书面合同或相当的书面文书规定的问题,由影片制片人所在地或居住地的本联盟成员国的法律加以规定。但向之提出保护要求的本联盟成员国有权规定这一义务应以书面合同或相当的书面文书予以确定。运用这一权利的国家应以书面声明通知总干事,并由后者将这一声明通知本联盟其他成员国。

d)"相反或特别的规定"是指附加于上述义务的限制性条件。

三、除非国内法另有规定,本条第二款 b 项之规定不适用于为电影作品创作的剧本、台词和音乐作品的作者,也不适用于电影作品的主要导演。但其法律并未规定对电影导演适用上述第二款 b 项的本联盟成员国,应以书面声明通知总干事,总干事应将此声明转达本联盟所有成员国。

第十四条(之三) 一、对于作家和作曲家的艺术原著和原稿,作者或作者死后由国家法律授权人或机构,享有从作者第一次转让作品之后对作品的每次销售中分取盈利的不可剥夺的权利。

二、只有在作者国籍所属国法律允许的情况下,才可对本联盟某一成员国要求上款所规定的保护,而且保护的程度应限于向之提出保护要求的国家的法律所规定的程度。

三、征税的程序和税额由各国法律决定。

第十五条 一、只要受本公约保护的文学或艺术作品的作者以通常方式在该作品上署名,在没有相反证据的情况下,即视为该作品的作者,并有权在本联盟的成员国中对侵犯其权利的人提起诉讼。即使作者采用的是笔名,只要根据该笔名即能确定作者身份,本款也同样适用。

二、以通常方式在电影作品上署名的自然人或法人,除非有相反的证据,即假定为该作品的制片人。

三、对于不具名作品和上述第一款所述作品以外的笔名作品,如果出版者的名字出现在作品上,在没有相反证据的情况下,该出版者即视为作者的代表,并以此资格有权维护和行使作者的权利。当作者披露其身份并证实其为作者时,本款的规定即停止适用。

四、a) 对作者的身份不明但有充分理由假定该作者是本联盟某一成员国国民的未发表作品，该国法律有权指定主管当局代表该作者并据此维护和行使作者在本联盟各成员国内的权利。

b）根据本规定而指定主管当局的本联盟成员国应以书面声明将此事通知总干事，声明中应写明被指定当局的全部有关情况。总干事应将此声明立即通知本联盟其他所有成员国。

第十六条　一、对于侵犯版权的一切作品，给予原著法律保护的本联盟任何成员国都可以予以没收。

二、上述规定同样适用于从不保护或停止保护某一作品的国家所进口的复制品。

三、没收应按各国法律实行。

第十七条　本公约的规定绝不妨碍本联盟每一成员国政府以立法或行政程序行使允许、监督或禁止任何作品或其制品的发行、演出或展出的权利，如果有关当局认为有必要对这些作品行使这种权利的话。

第十八条　一、本公约适用于在本公约开始生效时尚未因保护期满而在其起源国成为公共财产的所有作品。

二、但是，如果作品因原来给予的保护期满而在向之提出保护要求的国家成为公共财产，则该作品不再重新受该国保护。

三、本原则应当遵照本联盟成员国之间现在或将来缔结的专门条约的规定实行。在没有这种规定的情况下，各国可在本国范围内自行决定实行本原则的条件。

四、新加入本联盟时以及因适用第七条或放弃保留而扩大保护范围时，以上规定也同样适用。

第十九条　本公约的规定不妨碍要求本联盟某一成员国法律可能提供的更广泛的保护。

第二十条　本联盟各成员国政府有权在它们之间签订特别协议，以给予作者比本公约所规定的更多的权利，或者包括不违反本公约的其他条款。凡符合上述条件的现有协议的条款仍然适用。

第二十一条　一、有关发展中国家的特别条款载于附件。

二、在遵守第二十八条第一款 b 项规定的情况下，附件构成本文件的组成部分。

第二十二条　一、a）本联盟设一大会，由本联盟中受第一十二至二十六条约束的成员国组成。

b）每一国家政府应有一名代表,辅以若干副代表,顾问及专家。

c）各代表团的费用由派遣国政府负担。

二、a）大会：① 处理有关维持及发展本联盟以及执行本公约的一切问题；

② 适当考虑本联盟中不受第二十二至二十六条约束的成员国的意见,向成立世界知识产权组织（以下称"产权组织"）公约中提到的国际知识产权局（以下称"国际局"）发布有关筹备修订会议的指示；

③ 审查和批准本组织总干事有关本联盟的报告及活动,并就本联盟主管范围内的问题向他发出一切必要的指示；

④ 选举大会执行委员会委员；

⑤ 审查和批准执委会报告及活动,并向它发布指示；

⑥ 制订计划,通过本联盟三年期预算和批准财政决算；

⑦ 通过本联盟财务条例；

⑧ 设立为实现本联盟目标而需要的专家委员会和工作组；

⑨ 决定哪些非本联盟成员国和政府间的及非政府间的国际性组织以观察员身份参加它的会议；

⑩ 通过对第二十二条至第二十六条的修改；

⑪ 采取旨在达到本联盟目标的其他适当行动；

⑫ 行使本公约规定的其他所有职权；

⑬ 行使它所接受的成立产权组织公约所赋予它的权利。

b）就与产权组织管理的其他联盟的利益也有关的问题,大会在作决议时应考虑产权组织协调委员会的意见。

三、a）大会每一成员国有一票。

b）大会各成员国的半数构成法定人权。

c）尽管有 b 项的规定,但在某一次会议上,出席国家不足半数但相当于或多于大会会员国三分之一,则大会可作出决议；但除有关大会议事规则之决议外,大会的决议须具备下列条件方能生效：国际局将上述决议通知未出席大会的成员国,请它们在上述通知发出时起三个月内用书面投票表示同意或反对或弃权。如果在期满时,用这样方式投票或弃权的国家数目达到会议法定人数所欠的数目,同时已获得必要的多数,上述决议即可生效。

d）在遵守第二十六条第二款规定的情况下，大会的决议以投票数三分之二的多数通过。

e）弃权不计入投票数。

f）一名代表只能代表一国，也只能以该国名义投票。

g）作为大会成员国的本联盟成员国以观察员身份参加会议。

四、a）大会每三年召开一次例会，由总干事召集，除特殊情况外，与产权组织的大会在同时同地举行。

b）大会特别会议在执行委员会的要求下或大会成员国四分之一的要求下由总干事召集。

五、大会通过其议事规则。

第二十三条 一、大会设执行委员会。

二、a）执委会由大会在其成员国中选出的国家组成。此外，产权组织总部所在地国在遵守第二十五条第七款b项规定的条件下，在执委会中有一当然席位。

b）执委会成员国政府有一名代表，并辅以若干副代表、顾问和专家。

c）各代表团的费用由派遣国政府负担。

三、执委会成员国数目为大会成员国数目的四分之一。在计算席位数目时，以四相除，剩下的余数不计算在内。

四、在选举执委会成员国时，大会要考虑到按地区公平分配和保证使与本联盟缔结特别协议的国家参加执委会的必要性。

五、a）执委会成员国的任期自它们当选的该届大会闭会时起至大会下届例会闭会时止。

b）执委会的成员国得连选连任，但其数目最多不得超过三分之二。

c）大会应制定执委会成员国选举和连选的细则。

六、a）执行委员会：

① 拟订大会议事日程草案；

② 向大会提交有关总干事草拟的本联盟的计划草案和三年期预算草案的建议；

③ 在计划和三年期预算的范围内，通过总干事草拟的年度计划和预算；

④ 向大会提交总干事的定期报告和财务决算年度报告,并附以必要的意见;

⑤ 根据大会决议并考虑到大会两届例会之间出现的情况,采取一切必要措施以保证总干事执行本联盟的计划;

⑥ 履行本公约赋予它的其他一切职能。

b) 就与产权组织管理的其他联盟的利益也有关系的问题,执行委员会在作决定时应考虑产权组织协商委员会的意见。

七、a) 执委会在总干事的召集下,每年举行一次例会,尽可能与产权组织协调委员会在同一时期和同一地点举行。

b) 执委会在总干事召集下,或是由他倡议,或是应执委会主席或四分之一成员国的要求,可举行非常会议。

八、a) 执委会每一成员国有一票表决权。

b) 执委会成员国半数构成法定人数。

c) 决定以所投票数中的简单多数票通过。

d) 弃权不计入投票数。

e) 一名代表只代表一国,并只能以该国名义投票。

九、非执委员成员国的本联盟成员国将以观察员身份参加其会议。

十、执行委员会通过其议事规则。

第二十四条 一、a) 本联盟的行政任务由国际局执行,该局接替与保护工业产权国际公约设立的联盟局合并的本联盟局的工作。

b) 国际局特别应担任本联盟不同机构的秘书处工作。

c) 产权组织总干事是本联盟最高官员并代表本联盟。

二、国际局汇集并出版有关保护版权的资料,本联盟每一成员国应及时将有关保护版权的所有新法律及官方文件送交国际局。

三、国际局出版一种月刊。

四、国际局应本联盟成员国的请求,向它们提供有关保护版权问题的资料。

五、国际局从事各项研究工作并提供有利于版权保护的服务。

六、总干事及由他指派的任何工作人员得出席大会、执委会、其他各种专家委员会或工作组的会议,但无表决权。总干事或他指派的一位工作人员行使这些机构的秘书职务。

七、a）国际局根据大会指示并与执委会合作，筹备修订除第二十二条至第二十六条外的公约条款的会议。

b）国际局得就筹备修订会议与政府间和非政府间的国际组织协商。

c）总干事和他指定的人员可参加这些会议的工作，但无表决权。

八、国际局执行交付给它的其他任务。

第二十五条 一、a）本联盟设立一项预算。

b）本联盟的预算包括本联盟本身的收入及支出，它向各联盟共同开支预算的缴款，以及按规定交给产权组织会议预算支配的款项。

c）不专归本联盟的而同时又属于产权组织管理的另一个或其他几个联盟所有的开支，被认为是各联盟的共同开支。本联盟在共同开支中所占份额视这些开支与它的权益而定。

二、在制定本联盟的预算时，须适当考虑与产权组织管理的其他联盟的预算相协调。

三、本联盟预算由下列经费资助：

① 联盟成员国的会费；

② 因国际局提供与本联盟有关的服务而收的费用；

③ 销售与本联盟有关的国际局的出版物所得的款项及转让这些出版物的版权所得的版税；

④ 捐款、遗赠及补助金；

⑤ 租金、利息及其他杂项收入。

四、a）为确定成员国在预算中应缴的会费，本联盟每个成员国分别归入一定等级并根据下列所定数量单位缴纳每年的会费：

第一级…………二十五个单位

第二级…………二十个单位

第三级…………十五个单位

第四级…………十个单位

第五级…………五个单位

第六级…………三个单位

第七级…………一个单位

b）除以前已经指明者外，每个国家在交存其批准书或加入书时，须说明它希望被列入哪一级别。任何国家也可以改变级别。如果某一成员国选择了较低的等级，它应在大会下一届会议上对此声明。这一变动自该届会议后的那一日历年开始时生效。

c）每个国家的年度会费金额在所有国家每年向本联盟预算交付的会费总数中所占比例，同它的单位数在全部交费国家的单位总数中所占比例相同。

d）会费应于每年1月1日交付。

e）逾期未交纳会费的国家，如拖欠总数相当于或超过前两整年内它应缴纳的会费数，则不得在它为其成员的本联盟一切机构中行使表决权。但如：本联盟任何机构确信这种拖欠是由非常的及不可避免的情况造成的，则仍可允许该国继续行使其表决权。

f）如在新的会计年度开始前预算尚未通过，则可按照财务条例规定的制度，以前一年度的水平实行预算。

五、因国际局提供与本联盟有关的服务应交费用的金额由总干事加以规定，并由他向大会和执委会就此提出报告。

六、a）本联盟拥有一笔由每一会员国一次付款组成的周转基金。如基金不足，由大会决定增加。

b）每个国家首次缴纳上述基金的金额或负担增加该基金的份额应与基金建立或决定增加基金的当年该国缴纳会费数成比例。

c）付款的比例及条件由大会根据总干事的提议并征求产权组织协调委员会意见后决定。

七、a）产权组织与该组织总部所在地国签订的关于总部的协定应规定，如周转基金不足，可由该国垫款。垫款数和提供垫款的条件由该国和产权组织每次以具体协定加以规定。该国在其承担垫款义务期间，在执委会中占有一当然席位。

b）a项所指国家和产权组织均有权以书面通知废除提供垫款的义务。这种废除自通知提出那一年底起三年后生效。

八、账目核查工作，根据财务条例规定的条件，由本联盟一个或几个成员国进行，或由大会指派并经它们同意的外部审计员进行。

第二十六条 一、所有大会成员国、执委会或总干事均可提出修改第二十二，二十三，二十四，二十五条及本条的建议。这些建议要在提交大会审查前至少六个月由总干事通知大会成员国。

二、对第一款所指各条的修正案应由大会通过。通过需要投票数的四分之三;但对第二十二条及本款的任何修改需经投票数的五分之四通过。

三、对第一款所提各条的任何修正案,至少要在总干事收到在修正案通过时为大会成员国的四分之三国家关于它们根据各自的宪法程序批准修正案的书面通知一个月后才能生效。以此种方式通过的对上述各条的修正案对修正案生效时为大会成员国的所有国家或在该日期之后成为大会成员国的国家具有约束力;但任何增加本联盟成员国财务义务的修正案只对已通知批准该修正案的国家有约束力。

第二十七条 一、本公约可进行修订,以便使之得到改进,从而使本联盟体制臻于完备。

二、为此目的,可相继在本联盟成员国内举行各该国代表的会议。

三、在遵守第二十六条有关修改第二十二至二十六条的规定的情况下,所有对本公约文本的修订,包括附件的修订,均需已投票数全体一致通过。

第二十八条 一、a) 凡签署本公约文本的任何本联盟成员国均可批准本公约文本,如尚未签署,则可加入本公约文本。批准书或加入书交总干事保存。

b) 本联盟任何成员国在其批准书或加入书中均可声明其批准或加入不适用于第一至第二十一条及附件;但如该国已根据附件第六条第一款作出声明,则它在上述文件中只能声明其批准或加入不适用于第一至第二十条。

c) 凡根据 b 项已声明其批准或加入对该项所提各条不发生效力的本联盟任何成员国可在其后任何时候声明将其批准或加入的效力扩大到这些规定。这一声明交总干事保存。

二、a) 第一至二十一条及附件在具备下述两条件三个月后生效:

① 至少有五个本联盟成员国批准或加入本公约文本而未按照第一款 b 项作过声明;

② 西班牙、美利坚合众国、法国和大不列颠及北爱尔兰联合王国已受到 1971 年 7 月 24 日在巴黎修订过的世界版权公约的约束。

b) 对于交存批准书或加入书但未按第一款 b 项作过声明的各国,a

项规定的生效不应早于上述生效后三个月。

c）对于b项之不适用的已批准或加入本公约文本的而又未按照第一款b项作过声明的本联盟任何成员国，第一至二十一条及附件在总干事通知交存该文件之日起三个月后生效，除非交存文件中注明更晚的日期。在后一情况下，第一至二十一条及附件则在注明的日期对该国生效。

d）a和c项的规定不意味着附件第五条的适用。

三、对不管是否按照第一款b项作过声明而批准或加入本公约文本的任何本联盟成员国，第二十二至三十八条在总干事通知已交存批准书或加入书之日起三个月后生效，除非在交存文件中注明更晚的日期。在后一情况下，第二十二至三十八条则按注明的日期对该国生效。

第二十九条 一、任何非本联盟成员国可加入本公约文本并因之成为本公约的当事国一方和本联盟成员国。加入书交总干事保存。

二、a）在遵守b项规定的情况下，对任何非本联盟成员国，本公约在总干事发生其加入书交存的通知之日起三个月后生效，除非交存文件注明更晚的日期。在后一情况下，本公约则在注明的日期对该国生效。

b）如依a项规定的生效先于第二十八条第二款a项规定的第一至第二十一条和附件的生效，则在此间隔期间，上述国家将受被第一至第二十一条及附件所取代的本公约布鲁塞尔文本第一至二十条的约束。

第二十九条（之二） 不受本公约斯德哥尔摩文本第二十二至三十八条约束的任何国家，为能适用成立产权组织公约的第十四条第二款，其对该文本的批准或加入即意味着批准或加入斯德哥尔摩文本，但应受本文本第二十八条第一款b项的限制。

第三十条 一、除本条第二款，第二十八条第一款b项、第三十三条第二款以及附件允许的例外以外，批准或加入就当然意味着接受本公约的一切条款并享有本公约规定的一切利益。

二、a）凡批准或加入本公约文本的本联盟任何成员国，除附件第五条第二款规定者外，可保持它原来作出的保留的效力，条件是在交存其批准书或加入书时对此作出声明。

b）任何非本联盟成员国在加入本公约文本并在不违背附件第五条第二款的情况下，可以声明它准备以1896年在巴黎经过修订的本联盟1886年公约第五条的规定至少临时代替本公约文本有关翻译权的第八条，条件是这些规定指的仅为译成该国通用语文的翻译。在不违背附件第一条第六款b项的情况下，对于使用这一保留条件的国家为其起源国的作品的翻译权，本联盟任何成员国有权实行与后一国提供的相等的保护。

c）任何国家可随时通知总干事，收回这类保留。

第三十一条 一、任何国家可在其批准书或加入书中声明，或在以后随时书面通知总干事，本公约适用于其对外关系由该国负责的全部领域或声明或通知中指明的若干部分领域。

二、任何已作出此项声明或通知的国家可在任何时候通知总干事本公约不再适用于这些领域的全部或部分。

三、a）按照第一款作出的任何声明同载有该声明的文件中的批准书或加入书同日生效，根据该款作出的通知在总干事发出通知三个月后生效。

b）按照第二款作出的通知在总干事收到该通知十二个月后生效。

四、本条不得解释为包含本联盟某一成员国对另一成员国根据按第一款作出的声明在某一领域适用本公约的事实情势表示明示或默示的承认。

第三十二条 一、本文本在本联盟各成员国之间的关系方面和在它适用的范围内代替1886年9月9日的伯尔尼公约及其以后的修订文本。在未批准或未加入本文本的本联盟成员国关系中，以前生效的各文本全部或在本文本依前句的规定未代替的限度内保持其适用性。

二、成为本文本当事国的非本联盟成员国，在符合第三款规定的条件下，对于不受本文本约束的或虽受其约束但已作过第二十八条第一款b项规定的声明的本联盟任何成员国，适用此条例。上述国家承认，在同它们的关系上，本联盟该成员国：

① 适用它成为其当事国的最新的本公约文本的规定，并且

② 在符合附件第一条第六款规定的情况下，有权使保护与本文本规定的水平相适应。

三、在批准或加入本文本时作出附件所允许的某种保留的国家，在它与非本文本当事国的本联盟成员国的关系上，得适用附件中包含保留条款的规定，但以这些国家认可上述保留的适用为条件。

第三十三条 一、两个或两个以上本联盟成员国在解释或适用本公约方面发生争议,经谈判不能解决时,如果有关国家不能就其他解决办法达成协议,则其中任何一方均可根据国际法院规约的规定通过起诉将争端提交国际法院。起诉国应将交法院审理的争议通知国际局;国际局应将此事告知本联盟其他成员国。

二、任何国家在签署本文本或交存其批准书或加入书时,可声明它不受第一款规定的约束。在有关该国和本联盟其他任何成员国间的任何争端方面,第一款的规定不适用。

三、任何作了符合第二款规定的声明的国家,可随时通知总干事撤回其声明。

第三十四条 一、除第二十九条之二的情况外,任何国家在第一至二十一条及附件生效后,不得加入也不得批准本公约以前的各文本。

二、在第一至二十一条及附件生效后,任何国家不得根据附在斯德哥尔摩文本后的有关发展中国家的议定书第五条发表声明。

第三十五条 一、本公约无限期有效。

二、任何国家可通知总干事废除本文本。对本文本的废除即是废除以前的所有文本,废除只对该国有效,而对本联盟其他成员国,本公约继续有效并继续执行。

三、废除自总干事收到废除通知之日起算一年后生效。

四、一国自成为本联盟成员国之日起算未满五年者,不得行使本条规定之废除权。

第三十六条 一、本公约各参加国承担义务根据其宪法采取必要措施以保证本公约的执行。

二、不言而喻,一国在交存其批准书或加入书时,应能按照其本国法律执行本公约的规定。

第三十七条 一、a) 本文本在不违背第二款指出的情况下,以英法两种文字签署一份,并交总干事保存。

b) 总干事在与有关政府协商后,制订阿拉伯文、西班牙文、意大利文、德文与葡萄牙文的正式文本以及大会指定的其他文本。

c) 在对不同文本的解释发生争议时,以法文本为准。

二、本文本开放供签字到 1972 年 1 月 31 日为止。在此日期以前,第一款 a 项提到的文本交存法兰西共和国政府。

三、总干事应将经过签字并经核实的本文本的两份副本转送本联盟各成员国政府，并可根据请求，转送任何其他国家的政府。

四、总干事并将本文本向联合国组织秘书处登记。

五、总干事将下列情况通知本联盟所有成员国政府：签字情况，批准书或加入书的交存，包括在这些文件中的或依据第二十八条第一款 c 项、第三十条第二款 a、b 项和第三十三条第三款而作出的声明的交存，本文本任何规定生效的情况，废除的通知和根据第三十条第二款 c 项、第三十一条第一和二款、第三十三条第三款和第三十八条第一款的通知以及附件中规定的通知。

第三十八条 一、凡未批准或未加入本文本以及不受斯德哥尔摩文本第二十二至二十六条约束的本联盟成员国，如它们愿意，均可在 1975 年 4 月 26 日前，行使上述各条规定的权利，有如受它们约束一样。任何希望行使上述权利之国家应为此目的向总干事交存一份书面通知，该通知自其签署之日起生效。直到上述期限届满为止，这些国家应视为大会成员国。

二、在本联盟成员国尚未全部成为产权组织成员国之前，产权组织国际局同时作为本联盟局进行工作，总干事即该局局长。

三、在本联盟所有成员国已成为产权组织成员国时，本联盟局的权利、义务和财产即归属产权组织国际局。

附件

第一条 （一）根据联合国大会的惯例被视为发展中国家的任何缔约国，凡已批准或加入由本附件作为其组成部分的本公约文本，但由于其经济情况及社会或文化需要而又不能在当前采取恰当安排以确保对本文本规定的全部权利进行保护的，可在其交存批准或加入书的同时，或依据附件第五条第一款 C 项规定，在以后任何日期，在向总干事提交的通知中声明，将利用附件第二条或第三条所规定的优惠，或这两条所规定的权益。它可以按照附件第五条第一款 a 项规定作出声明，以代替利用附件第二条所规定的优惠。

（二）a）按照第一款规定并在第一到二十一条及本附件依第二十八

条第二款规定生效之日起算十年期满以前作出的任何此类声明，直到这一期限届满前均属有效。有关国家在该十年期限届满十五个月至三个月时间内得向总干事提交通知将此种声明全部或部分地每次续展十年。

b）按照第一款规定并在第一至二十一条及本附件依第二十八条第二款规定生效之日起算十年期满以后作出的任何声明，直到现行十年期满前均属有效。该声明得按照 a 项第二句的规定予以延期。

（三）任何不再被视为第一款所指的发展中国家的本联盟成员国，无权继续第二款所规定的声明，也不管它收回其声明与否，该类国家在现行十年期满时，或在停止被视为发展中国家三年后（以后到期的期限为准），不能再利用第一款所指的优惠。

（四）根据第一款或第二款规定作出的声明有效期满时，依本附件规定已许可印制的并尚有存货的作品，可以继续发行至售完为止。

（五）受本文本规定约束并根据第三十一条第一款就使该文本适用其情况可能类似本条第一款所指国家情况的特殊领域作出声明或通知的任何国家，可就此领域作出第一款所指的声明或第二款所指的延期通知。只要这种声明或通知有效，本附件的规定就适用于它所指的领土。

（六）a）一国利用第一款所指的优惠这一事实，不应使另一国给予起源国为前一国家的作品低于根据第一至二十条所应给予的保护。

b）第三十条第二款 b 项第二句规定的对等权利，在根据附件第一条第三款实施的期限满期前，不得用于其起源国为根据附件第五条第一款 a 项而作出声明的国家的作品。

第二条　（一）任何声明利用本条规定的优惠的国家，就有关以印刷形式或其他任何类似的复制形式出版的作品而言，均有权以主管当局根据附件第四条在下款所述情况下发给的非专有和不可转让的许可证的制度来代替第八条规定的专有翻译权。

（二）a）在遵守第三款的情况下，当一部作品自其初次出版起算三年或有关国家本国法规定的更长期限届满尚未以该国通行文字由翻译权所有者或在其授权下出版译本时，该国任何国民都有权得到用该国通行文字翻译该作品并以印刷形式或其他任何类似的复制形式出版该译文的许可证。

b）如果以有关文字出版的译文的所有版本均已售完，也可根据本条发给许可证。

（三）a）当作品译成在一个或若干发达的本联盟成员国中不通行的文字的情况下，则用一年期限来代替第二款 a 项规定的三年期限。

b）在通行同一种文字的发达的本联盟成员国的一致协议下，如果要译成这种文字，第一款所提到的任何国家均得以该协议规定的更短期限来代替第二款 a 项规定的三年期限，但不得少于一年。尽管如此，如涉及的文字为英文、西班牙文或法文，上一句的规定即不适用。所有这方面的协议应由签订国政府通知总干事。

（四）本条规定的许可证，如果经过三年才能取得的，则需再过六个月才能发给；如果经一年才能取得的，则需再过九个月才能发给，并且，上述六个月或九个月期限：

① 自申请人履行附件第四条第一款规定的手续之日起算。

② 如翻译权所有者的身份或住址不详，则自申请人根据附件第四条第二款的规定向发给许可证的主管部门提交的申请书副本寄出之日起算；

如果在六个月或九个月的期限内，由翻译权所有者或经其授权用申请使用的文字将译本出版，则不得根据本条发给任何许可证。

（五）本条所指的任何许可证之发给只限于学校、大学教育或研究之用。

（六）如果翻译权所有者或经其授权出版的一部译作的价格同在有关国家内同类著作通行的价格类似，这本译作的文字和基本内容又同根据许可证批准出版的译文的文字和内容一样，则应撤销缔约国根据本条发给的许可证。在撤销许可证前业已出版的份数可一直发行到售完为止。

（七）对主要是图画组成的作品，其文字翻译与图画复制出版的许可证只有在附件第三条规定的条件得到履行的情况下才能发给。

（八）在作者停止其作品全部份数的发行时，不得根据本条发给任何许可证。

（九）a）对翻译一部以印刷形式或其他任何类似的复制形式出版的作品发给的许可证，也可根据广播机构向第一款所指国家主管当局提出的要求，发给设置在该国内的广播机构，但必须符合全部下列条件：

① 译文的根据必须是依该国法律制作和获得的样本；

② 译文只能用于教学广播或向特定专业的专家传播科技情报成果的广播；

③ 专门为②小项所指目的的译文，需用于合法的和对该国领土上的收听者的广播中，其中包括合法的和专为此项广播而录制的录音和录像；

④ 所有对译文的使用均无任何营利性质。

b）对广播机构根据依本款发给的许可证而制作的译文的录音或录像，在a项规定的保留和条件下，并按与上述广播机构所订合同，也可以为在其当局发给该许可证的国家设有所在地的另一广播机构所使用。

c）只要a项列举的所有准则和条件得到遵守，也可以向广播机构颁发翻译专为学校和大学使用而制作与出版的视听教材中所有课文的许可证。

d）在不违背a到c项的情况下，本条前几款的规定也适用于根据本款发给的任何许可证和对许可证的使用。

第三条 （一）任何声明利用本条规定的优惠的国家，均有权以主管当局在下述条件下并根据附件第四条发给的非专有和不可转让的许可证制度来代替第九条规定的专有复制权。

（二）a）对于根据第七款而对之适用本条的作品，当

① 第三款规定的自这一作品特定版首次出版时起草的期限满期后，或

② 由第一款所指的国家本国法律规定的并自同一日期起草的更长的期限满期后，若该版的印制件尚未以与同类著作在该国通行的价格相似的价格由复制权所有者或在他授权下在该国出售，从而，未能满足广大公众或学校及大学教学之需要，则该国任何国民均可取得以同等价格或更低价格复制和出版该版本的许可证，以满足学校及大学教学之需要。

b）根据本条规定之条件，又可对复制及出版符合a项规定发行的版本发给许可证，如果在适用期限满期后，该版本被批准的印制件在有关国家已脱销六个月，而无法以与该国同类著作通行价格相似的价格满足广大公众或学校及大学教学的需要。

（三）第二款a项①小项所指的期限为五年。

① 对有关精密科学和自然科学以及技术的作品，则为三年；

② 对属于想象领域的作品,如小说、诗歌、戏剧和音乐作品以及艺术书籍,则为七年。

(四) a) 在三年期满后取得许可证的情况下,须再经过六个月期限满期后才能根据本条发给许可证,

① 自申请人履行附件第四条第一款规定的手续之日起算;

② 如复制权所有者的身份或住址不详,则自申请人按附件第四条第二款的规定将许可证申请书副本寄给主管当局之日起算。

b) 在其他情况下如适用附件第四条第二款时,许可证不得在寄出申请书副本后三个月期满以前发给。

c) 如在 a 项和 b 项规定的六个月或三个月期间,已实现第二款 a 项提到的销售则不得根据本条发给任何许可证。

d) 在作者已停止发行为进行复制及出版而申请许可证的作品版本的全部份数时,不得发给许可证。

(五) 为复制和出版一本作品的译本的许可证,在下述情况下不得根据本条发给:

① 所涉及的译本并非由翻译权所有者或在其授权下出版的;

② 译本所用的不是向之申请许可证的国家通行的语文的。

(六) 如某一作品的版本的印制件以同该国同类著作的通行价格相似的价格,为满足广大公众或学校及大学教学需要,而在第一款所指的国内由复制权所有者或经其授权出售,而该版本的文字和基本内容又同根据许可证批准出版的版本的文字和内容相同,则应撤销根据本条发给的任何许可证。在撤销许可证前业已发行的所有份数可一直发行到售完止。

(七) a) 除 b 项规定的情况外,本条适用的作品只能是以印刷的形式或任何其他类似的复制形式出版的作品。

b) 本条同样适用于对包括被保护作品的合法制作的录像或录音的复制以及对附在其上的用向之申请许可证国通行语文印行的译文的复制,条件是所涉及的录像或录音的制作和出版需以学校和大学使用为唯一目的。

第四条 (一) 附件第二条或第三条所指的任何许可证只有在下述情况下才能发给:申请人按有关国家的现行规定,证明已向权利所有者视

不同情况提出翻译和出版译本,或复制和出版版本的要求,而又未能得到批准,或经过相当努力仍未能找到权利所有者。在向权利所有者提出这一申请的同时,申请人还必须把这一申请通知第二款提及的国内或国际情报中心。

（二）如申请人无法找到权利所有者,即应将其向发给许可证提及的主管当局提交的申请书副本挂号寄给该作品上列有名称的出版者和据信为出版商主要业务中心所在国的政府为此目的向总干事递交的通知所指定的任何国内或国际情报中心。

（三）在根据附件第二条和第三条发给的许可证出版的译本或复制本的所有印制件上都应列出作者姓名。在所有印制件上应有作品名称。如系译本,原著作名称在任何情况下应列于所有印制件上。

（四）a）任何根据附件第二条或第三条发给的许可证不得扩大到印制件的出口,它只适用于在发给许可证的国家领域内出版的译本或复制本。

b）为施行 a 项规定,凡从任何一领土向根据附件第一条第五款规定代表该领土作过声明的国家运寄印制件应视作出口。

c）当根据附件第二条就译成英文、西班牙文或法文以外语文的译本发给许可证的一国政府机构或其他公共机构将根据该许可证出版的译本的印制件寄到另一国时,这一寄送不视为 a 项所禁止的出口,但需符合以下所有条件:

① 收件人需是发给许可证的主管当局所属国的国民或由这些国民组成的组织;

② 印制件只供学校、大学或科学研究使用;

③ 寄往收件人的印制件及其进一步分发均无任何营利性质而且

④ 印制件寄往国与其主管当局发给批准接收或分发或两者同时批准的许可证的国家已订有协议,并且后者已将该协议通知总干事。

（五）任何根据按附件第二条或第三条发给的许可证出版的印制件均须载有适当语文的通知,说明该印制件只能在该许可证适用的国家或领土内发行。

（六）a）以国内程序采取适当措施,以使

① 许可证规定根据不同情况向翻译权或复制权所有者支付公平的

报酬,其数额相当于两国有关方面在通过谈判给予许可证情况下正常支付的版税费率;

② 保证这笔报酬的支付和转汇;如果存在着国家对外汇的管制,则主管当局将求助于国际机构,以便尽一切努力保证使这笔报酬转换为国际上可兑换的货币或其等价物。

b) 将以国内立法程序采取适当措施以便按照不同情况保证作品翻译和复制的准确性。

第五条 (一) a) 任何有权声明将利用附件第二条规定的优惠的国家,在批准或加入本文本时,可不作这一声明,而代之以

① 按照第三十条第二款 a 项有关翻译权的规定作一声明,如果它是第三十条第二款 a 项对之适用的国家的话;

② 按照第三十条第二款 b 项第一句的规定作一声明,如果它是第三十条第二款 a 项对之不适用的国家,甚至并不是本联盟成员国的话。

b) 在一国已不再被视为是附件第一条第一款所指的发展中国家的情况下,根据本款所作的声明继续有效,直至按照附件第一条第三款规定的实施期限满期之日为止。

c) 任何按照本款作出声明的国家不得进一步利用附件第二条规定的优惠,即使它将收回该项声明。

(二) 除第三款的情况外,任何已利用附件第二条规定的优惠的国家不得再根据第一款作出声明。

(三) 不再被视为附件第一条第一款所指的发展中国家的任何国家,在根据附件第一条第三款的实施期限满期前最迟两年,可以按照第三十条第二款 b 项第一句作出声明,即使它并不是本联盟成员国。这一声明将在根据附件第一条第三款的实施期限满期之日生效。

第六条 (一) 本联盟任何成员国,自本文本生效之日起和在受到第一至二十一条和附件的约束以前的任何时候都可以声明:

① 对于如果受第一至二十一条和本附件约束,即有权利用第一条第一款提到的优惠的国家而言,可声明它将对其起源国为如下国家的作品适用附件第二条或第三条或同时适用两条的规定。这一国家在适用下面②小项时,同意把上述两条适用于这类作品或受第一至二十一条及本附件约束;这一声明可以援引附件第五条而不是第二条;

② 可声明它同意将本附件适用于其起源国为根据上述①小项而作过声明或根据附件第一条而提出过通知的国家的作品。

（二）任何按第一款的声明均应以书面形式作出并交存总干事。声明自交存之日起生效。

经正式授权的下列签名人特此在本文本上签名以资证明。

1974 年 7 月 24 日于巴黎完成。

世界知识产权组织版权条约

（WCT）（1996）[1]

（1996年12月20日外交会议通过）[2]

目　　录

---

〔1〕 本条约于1996年12月20日由关于版权和邻接权若干问题外交会议在日内瓦通过。

〔2〕（通过本条约的）外交会议关于WCT若干条款的议定声明在各有关条款下以脚注形式印出。

序言：

缔约各方，出于以尽可能有效和一致的方式发展和维护作者对其文学和艺术作品的权利的愿望；承认有必要采用新的国际规则并澄清对某些现有规则的解释，以提供解决由于经济、社会、文化和技术新发展所提出的问题的适当方法；认识到信息技术和通讯技术的发展及交汇对文学和艺术作品创作及使用的深刻影响；强调版权保护对于鼓励文学和艺术创作的重要意义；认识到必须维持作者权利和广大公众利益之间，特别是和伯尔尼公约中反映的公众有关教育、研究和获取信息方面利益之间的平衡；达成协议如下：

第一条　与《伯尔尼公约》的关系

（1）对属于《保护文学和艺术作品伯尔尼公约》成员国的缔约方而言，本条约系该公约第 20 条意义下的专门协定。本条约与除《伯尔尼公约》之外的其他条约没有任何关系，也不影响任何其他条约中规定的任何权利和义务。

（2）本条约中的任何内容不减损缔约方相互间依照《保护文学和艺术作品伯尔尼公约》已承担的现有义务。

（3）以下《伯尔尼公约》系指《保护文学和艺术作品伯尔尼公约》1971 年 7 月 24 日的巴黎文本。

(4) 缔约方应遵守《伯尔尼公约》第 1 条至第 21 条及附件的规定。[1]

第二条 版权保护的范围

版权保护表达,但不延及思想、过程、操作方法或数学概念本身。

第三条 对《伯尔尼公约》第 2 条至第 6 条的适用

缔约各方对于本条约所规定的保护应基本适用《伯尔尼公约》第 2 条至第 6 条的规定。[2]

第四条 计算机程序

计算机程序作为《伯尔尼公约》第 2 条意义下的文学作品受到保护,此种保护适用于以任何模式或形式表达的计算机程序,而无论其表达方式或表达形式如何[3]。

第五条 数据汇编(数据库)

任何形式的数据或其他资料的汇编,只要其内容的选择或编排构成智力创作,其本身即受到保护。这种保护不延及数据或资料本身,也不损害汇编中的数据或资料存在的任何版权。[4]

第六条 发行权

(1) 文学和艺术作品的作者享有通过销售或其他所有权转让的形式向公众提供其作品原件和复制件的专有权利。

---

[1] 关于第 1 条第(4)款的议定声明:《伯尔尼公约》第 9 条所规定的复制权及其所允许的例外,完全适用于数字环境,尤其是以数字形式使用作品中的情况。不言而喻,在电子媒体中以数字形式存储受保护的作品,构成《伯尔尼公约》第 9 条意义下的复制。

[2] 关于第 3 条的议定声明:不言而喻,在适用本条约第 3 条时,《伯尔尼公约》第 2 至第 6 条中的"本联盟成员国",在把《伯尔尼公约》的这些条款适用于本条约所规定的保护中,将被视为如同系指本条约的缔约方,另外,不言而喻,《伯尔尼公约》这些条款中的"非本联盟成员国",在同样的情况下,应被视为如同系指非本条约缔约方的国家,《伯尔尼公约》第 2 条第(8)款、第 2 条之二第(2)款、第 3、4 和第 5 条中的"本公约",将被视为如同系指《伯尔尼公约》和本条约。最后,不言而喻,《伯尔尼公约》第 3 至第 6 条中所指的"本联盟成员国之一的国民",在把这些条款适用于本条约时,对于系本条约缔约方的政府间组织,指系该组织成员的国家之一的国民。

[3] 关于第 4 条的议定声明:第 2 条的解释,依本条约第 4 条规定的计算机程序保护的范围,与《伯尔尼公约》第 2 条的规定一致,并与 TRIPs 协定的有关规定相同。

[4] 关于第 5 条的议定声明:按第 2 条的解释,依本条约第 5 条规定的数据汇编(数据库)保护的范围,与《伯尔尼公约》第 2 条的规定一致,并与 TRIPs 协定的有关规定相同。

(2) 缔约方可自行规定,在作品的原件或复制件经作者授权首次销售或以其他形式转让所有权之后,本条第(1)款所规定的权利不再适用。对此本条约没有约束。[1]

第七条　出租权

(1) 下列作者:

(i) 计算机程序;

(ii) 电影作品;

(iii) 在缔约方国内法中作出规定的以录音制品体现的作品;

应享有授权将其作品的原件或复制件向公众进行商业性出租的专用权。

(2) 本条第(1)款不适用于:

(i) 计算机程序本身并非出租的基本物品的情况;

(ii) 出租电影作品的情况,除非这种商业性出租导致该作品的广泛复制,从而严重地损害了复制专有权。

(3) 尽管有第(1)款的规定,若缔约方于 1994 年 4 月 5 日针对出租以录音制品体现的作品的复制品,已经并继续实施一项合理的补偿作者的制度,那么可继续保留该制度,并且规定对以录音制品体现的作品的出租不得严重损害作者的复制专有权。[2][3]

第八条　向公众传播的权利

在不损害《伯尔尼公约》第 11 条第(1)款(ii)目、第 11 条之二第(1)款(i)目、第 11 第之三第(1)款(ii)目、第 14 条第(1)款(ii)目和第 14 条之二第(1)款所规定权利的情况下,文学和艺术作品的作者享有授权将其作品以有线或无线方式向公众传播,包括将其作品向公众提供,使公众

---

[1][2]　关于第 6 条和第 7 条的议定声明:该两条中的用语"复制品"和"原件和复制品",受该两条中发行权和出租权的约束,专指可作为有形物品投放流通的固定的复制品。

[3]　关于第 7 条的议定声明:不言而喻,第 7 条第(1)款规定的义务不要求缔约方对依照该缔约方法律未授予其对录音制品权利的作者规定商业性出租的专有权。这一义务应被理解为 TRIPS 规定第 14 条第(4)款相一致。

中的成员能以其选定的地点和时间的方式获得这些作品的专有权。[1]

第九条 摄影作品的保护期限

对于摄影作品,缔约各方应不适用《伯尔尼公约》第7条第(4)款的规定。

第十条 限制与例外

(1) 缔约各方只能在某些特殊的、不与作品的正常利用相抵触,并且没有不合理地损害作者合法利益的情况下,方可在其国内立法中对依据本条约授予文学和艺术作品作者的权利规定限制或例外。

(2) 缔约各方在适用《伯尔尼公约》时,应将对该公约所规定权利的任何限制或例外避限于某些不与作品的正常利用相抵触,并且没有不合理地损害作者利益的特殊情形之内。[2]

第十一条 关于技术措施的义务

对于作者为行使其依据本条约或《伯尔尼公约》授予的权利,以及制止他人从事未经其合法授权的行使所采用的有效的技术措施,缔约各方应为制止破坏上述技术措施提供充分的法律保护和有效的法律补救。

第十二条 关于权利管理信息的义务

(1) 缔约各方应对任何人从事以下行为规定适当的和有效的法律补救,只要该行为是故意的,或者在考虑民事补救时有理由认为其明知该行为将诱导、可能、方便或隐蔽对本条约或《伯尔尼公约》所规定的任何权利的侵犯。

(i) 未经许可,去除或改变任何权利管理的电子信息;

(ii) 未经许可,经销以及为经销目的进口或向公众传播明知其权利管理的电子信息已被未经许可地去除或改变的作品或作品的复制件。

---

〔1〕 关于第8条的议定声明:不言而喻,仅仅为促成或进行传播提供实物设施不致构成本条约或《伯尔尼公约》意义下的传播。并且,第8条中的任何内容均不得理解为阻止缔约方适用第11条之二第(2)款。

〔2〕 关于第10条的议定声明:不言而喻,第10条的规定允许缔约各方将其国内法中依《伯尔尼公约》被认为可接受的限制与例外继续适用并适当地延伸到数字环境中。同样,这些规定应被理解为允许缔约方制定对数字网络环境适宜的新的例外与限制。

另外,不言而喻,第10条第(2)款既不缩小也不扩大由《伯尔尼公约》所允许的限制与例外的可适用性范围。

(2) 本条中的用语“权利管理信息”系指识别作品、作品的作者、作品的任何权利的所有者、或有关使用该作品的期限和条件的信息,以及代表此类信息的任何数字或代码。该项的任何信息是附于作品的复制件上或在作品向公众传播时显示的。[1]

第十三条　适用时限

缔约各方应将《伯尔尼公约》第 18 条的规定适用于本条约所规定的一切保护。

第十四条　关于权利行使的条款

(1)缔约各方承诺根据其法律制度采取必要措施,以确保本条约的适用。

(2)缔约各方应确保依据其国内法可提供执法程序,以便能对任何侵犯本条约所规定权利的行为采取有效行动,包括防止侵权的快速补救和制止进一步侵权的补救。

第十五条　大会

(1)(a)缔约的各方设立成员大会。

(b)每个缔约方由一名代表作为其代表,并可由若干副代表、顾问及专家协助。

(c)每个代表团的费用由指派它的缔约方负担。对依照联合国大会所确定的惯例视为发展中国家,或处于向市场经济转化的国家,为促进其代表的参与,成员大会可要求世界知识产权组织(以下简称 WIPO)给予资金帮助。

(2)(a)成员大会处理有关本条约的维持和发展,以及本条约的实施和操作问题。

(b)成员大会依据第 17 条(2)行使有关批准某些政府间组织成为本条约缔约方的职能。

(c)成员大会决定召开任何修改本条约版本的外交会议,并向 WIPO

---

[1] 关于第 12 条的议定声明:不言而喻,“对本条约或《伯尔尼公约》所涵盖的任何权利的侵犯”的提供既包括专有权,也包括获得报酬的权利。

此外,不言而喻,缔约各方不会依赖本条来制定或实施要求履行《伯尔尼公约》或本条约所不允许的手续的权利管理制度,从而阻止商品的自由流通或妨碍享有依本条的规定的权利。

总干事发出必要的指令，为该外交会议进行准备。

(3)(a)作为一个国家的每个缔约方有一票，并且只有按其国名的一票。

(b) 作为一个政府间组织的任何缔约方可以代替其成员国，以相等于参加本条约的成员国数目的票数参与投票。若其任何一个成员国行使了其投票权，则该政府间组织不得再参与投票，反之亦然。

(4) 成员大会每两年召开一次常会，由 WIPO 总干事召集。

(5) 成员大会确定其本身程序规则，包括召开非常会议、法定票数的要求以及针对本条约规定的各种决议所需要的多数票。

第十六条　国际局

WIPO 国际局执行本条约的行政管理事务。

第十七条　成为本条约缔约方的资格

(1) 任何 WIPO 的成员国均可成为本条约的缔约方。

(2) 成员大会可决定允许任何政府间组织成为本条约的缔约方，若该组织声明：它在本条约所涉及的事项方面具有法定资格和具有自己的约束所有成员国的立法，并且对其成为本条约的缔约方，已按照其内部程序得到正式授权。

(3) 欧洲共同体在外交会议中已作出了上款规定的有关声明，已适用本条约，可以成为本条约的缔约方。

第十八条　本条约的权利和义务

除本条约中任何特定的相反规定之外，每个缔约方应依据本条约享有一切权利和承担所有的义务。

第十九条　本条约的签署

本条约于 1997 年 12 月 31 日以前开放，供 WIPO 的任何成员国和欧洲共同体签署。

第二十条　本条约的生效

本条约在 30 个国家向 WIPO 总干事交存批准书或加入书之后 3 个月生效。

第二十一条　成为本条约缔约方的生效日

本条约将约束

(1) 从本条约生效日起，第 20 条所涉及的 30 个国家；

(2) 其他国家,从其向 WIPO 总干事交存批准书后满 3 个月起;

(3) 欧洲共同体从其交存批准书或加入书后满 3 个月起,若该交存是在本条约依据第 20 条生效之后;或者从本条约生效后满 3 个月起,若该交存是在本条约生产之前;

(4) 其他任何被允许成为本条约缔约方的政府间组织,从交存加入书后满 3 个月起。

第二十二条　本条约不得保留

本条约不允许保留。

第二十三条　本条约的退约

任何缔约方均可以出书面通知 WIPO 总干事退出本条约。任何退约在 WIPO 总干事收到退约通知后 1 年生效。

第二十四条　本条约的语言文字

(1) 本条约须签署于用英文、阿拉伯文、中文、法文、俄文和西班牙文写成的同一条约原始文本上,所有这些文字的文本具有同等效力。

(2) 第(1)款所述的文字以外的任何其他文字的正式文本,将由 WIPO 总干事与有关方协商后形成。本款所称的“有关方”系指所涉及的文字是其官方语言或官方语言文字之一的任何 WIPO 成员国,以及欧洲共同体和所涉及的文字是其官方文字之一的任何其他可能成为本条约缔约方的政府间组织。

第二十五条　保存者

WIPO 总干事是本条约的保存者。

世界知识产权组织表演和录音制品条约

(WPPT)(1996)〔1〕

目　　录〔2〕

---

〔1〕 本条约于1996年12月20日由关于版权和邻接权若干问题外交会议在日内瓦通过。

〔2〕 (通过本条约的)外交会议关于WPPT若干条款的议定声明在各有关条款下以脚注形式印出。

序言

缔约各方，出于以尽可能有效和一致的方式发展和维护保护表演者和录音制品制作者权利的愿望，承认有必要采用新的国际规则，以提供解决由经济、社会、文化和技术发展所提出的问题的适当方法，承认信息与通信技术的发展和交汇对表演和录音制品的制作与使用的深刻影响，承认有必要保持表演者和录音制品制作者的权利与广大公众的利益尤其是教育、研究和获得信息的利益之间的平衡，达成协议如下：

第一章　总　　则

第一条　与其他公约的关系

(1) 本条约的任何内容均不得减损缔约方相互之间依照于1961年10月26日在罗马签订的《保护表演者、录音制品制作者和广播组织国际公约》(以下称为"《罗马公约》")已承担的现有义务。

(2) 依本条约授予的保护不得触动或以任何方式影响对文学和艺术作品版权的保护。因此,本条约的任何内容均不得被解释为损害此种保护。[1]

(3) 本条约不得与任何其他条约有任何关联,亦不得损害依任何其他条约的任何权利和义务。

第二条　定　义

在本条约中:

(a)"表演者"指演员、歌唱家、音乐家、舞蹈家以及表演、歌唱、演说、朗诵、演奏、表现,或以其他方式表演文学或艺术作品或民间文学艺术作品的其他人员;

(b)"录音制品"系指除以电影作品或其他音像作品所含的录制形式之外,对表演的声音、或其他声音、或声音表现物所进行的录制;[2]

(c)"录制"系指对声音或声音表现物的体现,从中通过某种装置可感觉、复制或传播该声音;

(d)"录音制品制作者"系指对首次将表演的声音、或其他声音、或声音表现物录制下来提出动议并负有责任的自然人或法人;

(e)"发行"录制的表演或录音制品系指经权利持有人同意并在以

---

〔1〕 关于第一条第(2)款的议定声明:不言而喻,第一条第(2)款澄清本条约规定的对录音制品的权利与以录音制品体现的作品的版权之间的关系。在需要以录音制品体现的作品的作者与对录音制品持有权利的表演者或制作者许可的情况下,获得作者许可的需要并非因同时还需获得表演者或制作者的许可而不复存在,反之亦然。此外,不言而喻,第一条第(2)款的任何内容均不阻止缔约方对表演者或录音制品制作者规定的专有权超出依照本条约需要规定的专有权。

〔2〕 关于第二条(b)项的议定声明:不言而喻,第二条(b)项规定的录音制品的定义并不表明对录音制品的权利因将录音制品包含在电影作品或其他音像作品中而受到任何影响。

合理的数量向公众提供复制品的条件下，将录制的表演或录音制品的复制品提供给公众；[1]

(f)“广播”系指以无线方式的播送，使公众能接收声音、或图像和声音、或图像和声音表现物；通过卫星进行的此种播送亦为“广播”；播送密码信号，如果广播组织或经其同意向公众提供了解码的手段，则是“广播”；

(g)“向公众传播”表演或录音制品系指通过除广播以外的任何媒体向公众播送表演的声音或以录音制品录制的声音或声音表现物。在第十五条中，“向公众传播”包括使公众能听到以录音制品录制的声音或声音表现物。

第三条　依本条约受保护的受益人

(1)缔约各方应将依本条约规定的保护给予系其他缔约方国民的表演者和录音制品制作者。

(2)其他缔约方的国民应被理解为符合《罗马公约》规定的标准、有资格受到保护的表演者或录音制品制作者，如同本条约的全体缔约方均假设为该公约缔约国的情形。对于这些资格标准，缔约各方应适用本条约第二条中的有关定义。[2]

(3)任何利用《罗马公约》第五条第(3)款所规定的可能性、或为该公约第五条的目的利用《罗马公约》第十七条所规定的可能性的缔约方，应向世界知识产权组织(WIPO)总干事作出那些条款所预先规定的通知。[3]

第四条　国民待遇

(1)在本条约所专门授予的专有权以及本条约第十五条所规定的获

---

[1] 关于第二条(e)项，第八、九、十二和十三条的议定声明：这些条款中的用语“复制品”和“原件和复制品”，受该条中发行权和出租权的约束，专指可作为有形物品投放流通的固定的复制品。

[2] 关于第三条第(2)款的议定声明：为了适用第三条第(2)款，不言而喻，录制系指制作完成原始带(“母带”)。

[3] 关于第三条的议定声明：不言而喻，《罗马公约》第五条(a)项和第十六条(a)项第(iv)目中所指的“另一缔约国的国民”，在适用于本条约时，对于系本条约缔约方的政府间组织，系指该组织成员的国家之一的国民。

得合理报酬的权利方面，每个缔约方均应将其给予本国国民的待遇给予第三条第(2)款所定义的其他缔约方的国民。

(2) 本条第(1)款规定的义务不适用于另一缔约方使用了本条约第十五条第(3)款允许的保留的情况。

第二章　表演者的权利

第五条　表演者的精神权利

(1) 不依赖于表演者的经济权利，甚至在这些权利转让之后，表演者仍应对于其现场有声表演或以录音制品录制的表演有权要求承认其系表演的表演者，除非使用表演的方式决定可省略不提其系表演者；并有权反对任何对其表演进行将有损其名声的歪曲、篡改或其他修改。

(2) 根据本条第(1)款授予表演者的权利在其死后应继续保留，至少到其经济权利期满为止，并应可由被要求提供保护的缔约方立法所授权的个人或机构行使。但批准或加入本条约时其立法尚未规定在表演者死后保护上款所述之全部权利的国家，则可规定其中部分权利在表演者死后不再保留。

(3) 为保障本条所授予的权利而采取的补救办法应由被要求提供保护的缔约方立法规定。

第六条　表演者对其尚未录制的表演的经济权利表演者应享有专有权，对于其表演授权：

(i) 广播和向公众传播其尚未录制的表演，除非该表演本身已属广播表演；和

(ii) 录制其尚未录制的表演。

第七条　复制权

表演者应享有授权以任何方式或形式对其以录音制品录制的表演直接或间接地进行复制的专有权。[1]

第八条　发行权

---

〔1〕 关于第七、十一和十六条的议定声明：第七条和第十一条所规定的复制权及其中通过第16条允许的例外，完全适用于数字环境，尤其是以数字形式使用表演和录音制品的情况。不言而喻，在电子媒体中以数字形式存储受保护的表演或录音制品，构成这些条款意义下的复制。

(1) 表演者应享有授权通过销售或其他所有权转让形式向公众提供其以录音制品录制的表演的原件或复制品的专有权。

(2) 对于在已录制的表演的原件或复制品经表演者授权被首次销售或其他所有权转让之后适用本条第(1)款中权利的用尽所依据的条件(如有此种条件),本条约的任何内容均不得影响缔约各方确定该条件的自由。[1]

第九条　出租权

(1) 表演者应按缔约各方国内法中的规定享有授权将其以录音制品录制的表演的原件和复制品向公众进行商业性出租的专有权,即使该原件或复制品已由表演者发行或根据表演者的授权发行。

(2) 尽管有本条第(1)款的规定,任何缔约方如在1994年4月15日已有且现仍实行表演者出租其以录音制品录制的表演的复制品获得公平报酬的制度,只要录音制品的商业性出租没有引起对表演者复制专有权的严重损害,即可保留这一制度。[2]

第十条　提供已录制表演的权利

表演者应享有专有权,以授权通过有线或无线的方式向公众提供其以录音制品录制的表演,使该表演可为公众中的成员在其个人选定的地点和时间获得。

第三章　录音制品制作者的权利

第十一条　复制权

录音制品制作者应享有授权以任何方式或形式对其录音制品直接或间接地进行复制的专有权。[3]

第十二条　发行权

---

[1] 关于第2条(e)项,第8、9、12和第13条的议定声明：这些条款中的用语"复制品"和"原件和复制品",受各该条中发行权和出租权的约束,专指可作为有形物品投放流通的固定的复制品。

[2] 关于第2条(e)项,第8、9、12和13条的议定声明:这些条款中的用语"复制品"和"原件和复制品",受各该条中发行权和出租权的约束,专指可作为有形物品投放流通的固定的复制品。

[3] 关于第7、11和16条的议定声明:第7条和第11条所规定的复制权及其中通过第十六条允许的例外,完全适用于数字环境,尤其是以数字形式使用表演和录音制品的情况。不言而喻,在电子媒体中以数字形式存储受保护的表演或录音制品,构成这些条款意义下的复制。

(1) 录音制品制作者应享有授权通过销售或其他所有权转让形式向公众提供其录音制品的原件或复制品的专有权。

(2) 对于在录音制品的原件或复制品经录音制品制作者授权被首次销售或其他所有权转让之后适用本条第(1)款中权利的用尽所依据的条件(如有此种条件),本条约的任何内容均不得影响缔约各方确定该条件的自由。[1]

第十三条 出租权

(1) 录音制品制作者应享有授权对其录音制品的原件和复制品向公众进行商业性出租的专有权,即使该原件或复制品已由录音制品制作者发行或根据录音制品制作者的授权发行。

(2) 尽管有本条第(1)款的规定,任何缔约方如在1994年4月15日已有且现仍实行录音制品制作者出租其录音制品的复制品获得公平报酬的制度,只要录音制品的商业性出租没有引起对录音制品制作者复制专有权的严重损害,即可保留这一制度。[2]

第十四条 提供录音制品的权利

录音制品制作者应享有专有权,以授权通过有线或无线的方式向公众提供其录音制品,使该录音制品可为公众中的成员在其个人选定的地点和时间获得。

第四章 共同条款

第十五条 因广播和向公众传播获得报酬的权利

(1) 对于将为商业目的发行的录音制品直接或间接地用于广播或用于对公众的任何传播,表演者和录音制品制作者应享有获得一次性合理报酬的权利。

(2) 缔约各方可在其国内立法中规定,该一次性合理报酬应由表演

〔1〕 关于第2条(e)项,第8、9、12和13条的议定声明:这些条款中的用语"复制品"和"原件和复制品",受各该条中发行权和出租权的约束,专指可作为有形物品投放流通的固定的复制品。

〔2〕 关于第2条(e)项,第8、9、12和13条的议定声明:这些条款中的用语"复制品"和"原件和复制品",受各该条中发行权和出租权的约束,专指可作为有形物品投放流通的固定的复制品。

者、或由录音制品制作者或由二者向用户索取。缔约各方可制定国内立法，对表演者和录音制品制作者之间如未达成协议，表演者和录音制品制作者应如何分配该一次性合理报酬所依据的条件作出规定。

（3）任何缔约方均可在向世界知识产权组织总干事交存的通知书中，声明其将仅对某些使用适用本条第（1）款的规定，或声明其将以某种其他方式对其适用加以限制，或声明其将根本不适用这些规定。

（4）在本条中，以有线或无线的方式向公众提供的、可为公众中的成员在其个人选定的地点和时间获得的录音制品应被认为仿佛其原本即为商业目的而发行。[1][2]

第十六条　限制与例外

（1）缔约各方在其国内立法中，可在对表演者和录音制品制作者的保护方面规定与其国内立法中对文学和艺术作品的版权保护所规定的相同种类的限制或例外。

（2）缔约各方应将对本条约所规定权利的任何限制或例外限于某些不与录音制品的正常利用相抵触、也不无理地损害表演者或录音制品制作者合法利益的特殊情况。[3][4]

第十七条　保护期

---

〔1〕关于第15条的议定声明：不言而喻，第15条并非表示完全解决表演者和录音制品制作者在数字时代应享有的广播和向公众传播的权利的水平。各代表团未能就关于需在若干情况下规定专有权的几个方面或关于需在没有保留可能情况下规定权利的不同提案达成协商一致，因此将此议题留待以后解决。

〔2〕关于第15条的议定声明：不言而喻，第15条不妨碍将本条授予的权利提供给民间文学艺术作品的表演者和录制民间文学艺术作品录音制品的制作者，只要这些录音制品未被以获得商业利润为目的而发行。

〔3〕关于第7、11和16条的议定声明：第7条和第11条所规定的复制权及其中通过第16条允许的例外，完全适用于数字环境，尤其是以数字形式使用表演和录音制品的情况。不言而喻，在电子媒体中以数字形式存储受保护的表演或录音制品，构成这些条款意义下的复制。

〔4〕关于第16条的议定声明：关于《世界知识产权组织版权条约》第10条（涉及限制与例外）的议定声明，亦可比照适用于《世界知识产权组织表演和录音制品条约》的第16条（涉及限制与例外）[关于WCT第十条的议定声明原文如下："不言而喻，第十条的规定允许缔约各方将其国内法中依《伯尔尼公约》被认为可接受的限制与例外继续适用并适当地延伸到数字环境中。同样，这些规定应被理解为允许缔约方制定对数字网络环境适宜的新的例外与限制。"

"另外，不言而喻，第十条第（2）款既不缩小也不扩大由《伯尔尼公约》所允许的限制与例外的可适用性范围。"]

(1) 依本条约授予表演者的保护期,应自表演以录音制品录制三年年终算起,至少持续50年期满为止。

(2) 依本条约授予录音制品制作者的保护期,应自该录音制品发行之年年终算起,至少持续到50年期满为止;或如果录音制品自录制完成起50年内未被发行,则保护期应自录制完成之年年终起至少持续50年。

第十八条 关于技术措施的义务

缔约各方应规定适当的法律保护和有效的法律补救办法,制止规避由表演者或录音制品制作者为行使本条约所规定的权利而使用的、对就其表演或录音制品进行未经该有关表演者或录音制品制作者许可、或未由法律准许的行为加以约束的有效技术措施。

第十九条 关于权利管理信息的义务

(1) 缔约各方应规定适当和有效的法律补救办法,制止任何人明知、或就民事补救而言有合理根据知道其行为会诱使、促成、便利或包庇对本条约所涵盖的任何权利的侵犯而故意从事以下行为:

(ⅰ) 未经许可去除或改变任何权利管理的电子信息;

(ⅱ) 未经许可发行,为发行目的进口、广播、向公众传播或提供明知已被未经许可去除或改变权利管理电子信息的表演、录制的表演或录音制品的复制品。

(2) 本条中的用语"权利管理信息"系指识别表演者、表演者的表演、录音制品制作者、录音制品、对表演或录音制品拥有任何权利的所有人的信息,或有关使用表演或录音制品的条款和条件的信息,和代表此种信息的任何数字或代码,各该项信息均附于录制的表演或录音制品的每件复制品上或在录制的表演或录音制品向公众提供时出现。[1]

---

〔1〕 关于第19条的议定声明:关于《世界知识产权组织版权条约》第十二条(涉及关于权利管理信息的义务)的议定声明,亦可比照适用于《世界知识产权组织表演和录音制品条约》的第十九条(涉及关于权利管理信息的义务)。[关于WCT第十二条的议定声明原文如下:"不言而喻,'对本条约或《伯尔尼公约》所涵盖的任何权利的侵犯'的提法既包括专有权,也包括获得报酬的权利。"

"此外,不言而喻,缔约各方不会依赖本条来制定或实施要求履行为《伯尔尼公约》或本条约所不允许的手续的权利管理制度,从而阻止商品的自由流通或妨碍享有依本条约规定的权利。"]

第二十条　手续

享有和行使本条约所规定的权利无须履行任何手续。

第二十一条　保留

除第十五条第(3)款的规定外,不允许对本条约有任何保留。

第二十二条　适用的时限

(1) 缔约各方应将《伯尔尼公约》第十八条的规定比照适用于本条约所规定的表演者和录音制品制作者的权利。

(2) 尽管有本条第(1)款的规定,缔约方可将对本条约第五条的适用限制于在本条约对该缔约方生效之后进行的表演。

第二十三条　关于权利行使的条款

(1) 缔约各方承诺根据其法律制度采取必要的措施,以确保本条约的适用。

(2) 缔约各方应确保依照其法律可以提供执法程序,以便能采取制止对本条约所涵盖权利的任何侵犯行为的有效行动,包括防止侵权的快速补救和为遏制进一步侵权的补救。

第五章　行政条款和最后条款

第二十四条　大会

(1) (a)缔约方应设大会。

(b) 每一缔约方应有一名代表,该代表可由副代表、顾问和专家协助。

(c) 各代表团的费用应由指派它的缔约方负担。大会可要求世界知识产权组织(以下称为"本组织")提供财政援助,以便利按照联合国大会既定惯例认为是发展中国家或向市场经济转轨的国家的缔约方代表团参加。

(2) (a) 大会应处理涉及维护和发展本条约及适用和实施本条约的事项。

(b) 大会应履行依第二十六条第(2)款向其指定的关于接纳某些政府间组织成为本条约缔约方的职能。

(c) 大会应对召开任何修订本条约的外交会议作出决定,并给予本组织总干事筹备此种外交会议的必要指示。

(3)(a)凡属国家的每一缔约方应有一票,并应只能以其自己的名义表决。

(b)凡属政府间组织的缔约方可代替其成员国参加表决,其票数与其属本条约缔约方的成员国数目相等。如果此种政府间组织的任何一个成员国行使其表决权,则该组织不得参加表决,反之亦然。

(4)大会应每两年召开一次例会,由本组织总干事召集。

(5)大会应制定其本身的议事规则,其中包括特别会议的召集、法定人数的要求及在不违反本条约规定的前提下作出各种决定所需的多数。

第二十五条 国际局

本组织的国际局应履行与本条约有关的行政工作。

第二十六条 成为本条约缔约方的资格

(1)本组织的任何成员国均可成为本条约的缔约方。

(2)如果任何政府间组织声明其对于本条约涵盖的事项具有权限和具有约束其所有成员国的立法,并声明其根据其内部程序被正式授权要求成为本条约的缔约方,大会可决定接纳该政府间组织成为本条约的缔约方。

(3)欧洲共同体在通过本条约的外交会议上作出上款提及的声明后,可成为本条约的缔约方。

第二十七条 本条约规定的权利和义务

除本条约有任何相反的具体规定以外,每一缔约方均应享有本条约规定的一切权利并承担本条约规定的一切义务。

第二十八条 本条约的签署

本条约应在1997年12月31日以前开放供本组织的任何成员国和欧洲共同体签署。

第二十九条 本条约的生效

本条约应于30个国家向本组织总干事交存批准书或加入书三个月之后生效。

第三十条 成为本条约缔约方的生效日期

本条约应自下列日期起具有约束力:

(ⅰ)对第二十九条提到的30个国家,自本条约生效之日起;

(ⅱ)对其他各国,自该国向本组织总干事交存文书之日满三个

月起;

(ⅲ)对欧洲共同体,如果其在本条约根据第二十九条生效后交存批准书或加入书,则自交存此种文书后满三个月起,或如果其在本条约生效前交存批准书或加入书,则自本条约生效后满三个月起;

(ⅳ)对被接纳成为本条约缔约方的任何其他政府间组织,自该组织交存加入书后满三个月起。

第三十一条　退约

本条约的任何缔约方均可退出本条约,退约应通知本组织总干事。任何退约应于本组织总干事收到通知之日起一年后生效。

第三十二条　本条约的语文

(1)本条约的签字原件应为一份,以英文、阿拉伯文、中文、法文、俄文和西班牙文签署,各该文种的文本具有同等效力。

(2)除本条第(1)款提到的语文外,任何其他语文的正式文本须由总干事应有关当事方请求,在与所有有关当事方磋商之后制定。在本款中,"有关当事方"系指涉及到其正式语文或正式语文之一的本组织任何成员国,并且如果涉及到其正式语文之一,亦指欧洲共同体和可成为本条约缔约方的任何其他政府间组织。

第三十三条　保存人

本组织总干事为本条约的保存人。

主要参考文献

一、著作

1. 郑成思.版权法(修订本).中国人民大学出版社,1997.

2. 郑成思.知识产权论.法律出版社,2003.

3. 史文清、梅慎实.著作权诸问题研究.复旦大学出版社,1992.

4. 杨崇森.著作权法论丛.台湾华欣文化事业中心,1983.

5. 江建名.著作权法导论.中国科学技术大学出版社,1994.

6. 吴汉东.著作权合理使用制度研究.中国政法大学出版社,1996.

7. 吴汉东.知识产权法学.北京大学出版社,2002.

8. 吴汉东,胡开忠,等.走向知识经济时代的知识产权法.法律出版社,2002.

9. 吴汉东.高科技发展与民法制度创新.中国人民大学出版社,2003.

10. 张平.知识产权法详论.北京大学出版社,1994.

11. 韦之.著作权法原理.北京大学出版社,1998.

12. 王利明.民法.中国人民大学出版社,2000.

13. 刘剑文.知识经济与法律变革.法律出版社,2000.

14. 张楚.电子商务初论.中国政法大学出版社,2000.

15. 罗玉中.知识经济与法律.北京大学出版社,2001.

16. 沈仁干.国际版权手册.四川人民出版社,1984.

17. 沈仁干,钟颖科.著作权法概论.商务印书馆2003.

18. 薛虹.网络时代的知识产权法.法律出版社,2000.

19. 薛虹.数字技术的知识产权保护.知识产权出版社,2002.

20. 薛虹.知识产权与电子商务.法律出版社,2003.

21. 颜详林,等.知识产权保护原理与策略.中国人民公安大学出版社,2001.

22. 黄名述,等.民法学.中国检察出版社,2002.

23. 丁丽瑛.知识产权法.厦门大学出版社,2002.
24. 刘春田.知识产权法.高等教育出版社,2003.
25. 李明德,许超.著作权法.法律出版社,2003.
26. 李明德.美国知识产权法.法律出版社,2003.
27. 费安玲.知识产权法学案例教程.知识产权出版社,2003.
28. 李祖明.互联网上版权保护与限制.经济日报出版社,2003.
29. 冯晓青.知识产权法前沿问题研究.中国人民公安大学出版社,2004.
30. 胡开忠.知识产权法比较研究.中国人民公安大学出版社,2004.
31. 陈兴华.知识产权法学.云南大学出版社,2004.
32. 李扬.知识产权基础理论和前沿问题.法律出版社,2004.
33. 李扬.数据库法律保护研究.中国政法大学出版社,2004.
34. 梁清华.网络环境下的知识产权保护.中国法制出版社,2004.
35. 唐超华.知识产权法学.湖南大学出版社,2004.
36. 周敏编.著作权法案例·学理精解.中国经济出版社,2004.
37. 吕薇,等.知识产权制度——挑战与对策.知识产权出版社,2004.
38. 乔生.信息网络传播权研究.法律出版社,2004.
39. 曲三强.知识产权法原理.中国检察出版社,2004.
40. 饶传平.网络法律制度.人民法院出版社,2005.
41. 汤宗舜.著作权法原理.知识产权出版社,2005.
42. 万鄂湘.知识产权法理论与适用.人民法院出版社,2005.
43. 王源治.民法总论问题新探.人民法院出版社,2005.
44. 黄松有.知识产权司法解释实例释解.人民法院出版社,2006.
45. 刘爱卿.知识产权审判前沿.(2006 年第二辑),人民法院出版社,2006.
46. 徐家力.知识产权在网络及电子商务中的保护.人民法院出版社,2006.
47. 董永森,陈际红.信息网络与高新技术法律前沿.中国民主法制出版社,2006.
48. [西班牙]德利娅·利普希克.著作权与邻接权.联合国教科文组织译.中国对外翻译出版公司,2000.

49. 戈登·塔洛克，李军政译，张军审校. 对寻租活动的经济分析. 西南财经政法大学出版社，2000.

50. ［美］约纳森 · 罗森诺. 网络法——关于因特网的法律. 张皋彤等译，中国政法大学出版社，2003.

二、论文

1. 李贵方. 新技术革命与著作权法. 吉林大学学报，1985(6).

2. 吉利恩·达维斯. 权利集体管理中的公共利益. 冯晓东译. 版权参考资料. 1990(2).

3. 吴汉东、王毅. 中国传统文化与著作权制度略论. 法学研究. 1994(1).

4. 中山信弘. 数字时代著作权法的变化. 外国法译评. 1995(2).

5. 胡开忠. 关于著作出租权制度的理论探讨与立法动议. 法商研究. 1995(2).

6. 金渝林. 论作品的独创性. 法学研究. 1995(4).

7. 郑成思. 两个新的国际版权条约评介. 外国法译评. 1997(4).

8. 中川善之助·阿部浩二. 著作权. 转引自孟祥娟著. 版权侵权认定. 法律出版社，2001.

9. ［美］拉尔夫·欧曼，何育红译. 因特网上责任分担的必要性. 版权公报. 1998(2).

10. 袁泳. 计算机网络上数字传输的版权问题研究. 中外法学. 1998(1).

11. 韦之. 论著作权集体管理机构管理的权利. 法商研究. 1999(3).

12. 林健，黄瑞华，问向荣. 网上著作权保护及其经济分析. 著作权. 2000(1).

13. 李明德著. 数字化因特网环境中的版权保护（下）. 著作权. 2000(3).

14. 江向东. 对公共借阅权制度的思考. 中国图书馆学报. 2001(1).

15. 徐德欢. 图书出版合同的若干法律问题. 出版科学. 2002(1).

16. 杨志军著. 数字作品的版权保护研究. 厦门大学法律评论（第三辑）. 厦门大学出版社，2002.

17. 李明德. 高技术知识产权保护的新进展. 高新技术知识产权保护

新论. 中国法制出版社,2002.

18. 梁志文. 技术措施的著作权保护. 人民法院报. 2002.6.2(3).

19. 周维念. 信息技术的发展与隐私权的保护. 法商研究. 2003(1).

20. 徐昕. 私力救济的正当性及其限度:一种以社会契约为核心的解说. 法学家. 2004(2).

21. 姜颖. 作品独创性判定标准的比较研究. 知识产权. 2004(3).

22. 来小鹏. 限制著作权转让的法律思考. 中国版权. 2004(6).

23. 何炼红. 网络著作人身权研究. 中国法学. 2006(3).

后　记

苏州大学出版社对知识产权的发展和现代出版事业极为关注，出版了一批很有分量的编辑出版学图书。我在大学本科、研究生阶段都是学习法律的，又在出版社工作二十多年，穷年累月、耳濡目染，对著作权法可以说是有所心得吧！此次应苏州大学出版社和吴培华总编之邀，我们撰写了《著作权法概论》一书。考虑到著作权原理的图书和文章较多，我们在撰写本书时，凡涉及传统著作权的内容和著作权一般性知识的，尽可能简写，概而言之；凡涉及新著作权法颁布后新增的内容，特别是《信息网络传播权保护条例》的有关内容，则尽可能多写。

循着著作权法的历史发展轨迹，我们可以清楚地看到，著作权私权的确立、著作权作者权利本位的建立、著作权的扩张、著作权公共属性的增加和贯穿始终的利益平衡理论已成为著作权进步与创新的反映。进入信息化时代，著作权的上述特色与趋向愈益明显，并且随着产业化的发展与经济全球化的进程，它不仅已走出国家地区的地域界限，成为国际性的规则、条约，而且更成为网络世界里流动的身影。面对社会的多元化发展和各种现实因素的变化，著作权保护应认清自己的地位并采取积极的对策：

其一，现有著作权保护仍处于传统著作权、网络著作权和国际著作权三种法律的调整状态之中。三种法律的相互衔接、相互联系，构成了著作权保护的法律基础。

技术的进步引起社会的变革，社会的变革需要制度的重构。面对飞速发展的数字网络技术和纷繁变化的社会，传统著作权法受到前所未有的挑战，作品的创作方式在变化，作品的表现形式在变化，作品的传播方式在变化。数字音乐、网络作品、多媒体、计算机软件、数据库等等，传统的著作权已经无法解释，网络服务提供者也不同于往日的出版商。旧的平衡被打破，新的平衡亟待建立，一味沿袭套用传统著作权法律保护制度显然已力不从心，信息网络传播权等新型著作权的产生，是利益博弈的产物，是著作权平衡理论的必然结果，也表明了著作权新的调整规范和平衡机制已经启动。

但是法律是有继承性的，法律的原理、原则是有生命力的。1709年英国的《安妮女王法》确定了著作权的私权地位，1994年《TRIPs协议》仍然要求各成员承认包括著作权在内的知识产权为私权。数字网络技术引起的作品创作、储存、传播、使用方式的改变，因作品产生的权利义务关系和侵权责任的民事法律关系性质，并未动摇著作权制度的基础，更不会导致著作权制度的消亡或基本理论框架的重构。现行的民法、著作权法和民事诉讼法的基本原理、基本原则和基本制度仍然是调整网络著作权法律关系的基本规范和有效依据。例如，民事诉讼法中关于举证责任的规定也是网络著作权侵权诉讼的基本证据规则。法律又是进步的、发展的，法律通过对新出现作品的主体、客体和内容的认同，维护新的权利义务关系。信息网络传播权的出现就反映了这一制度的变革。国际条约尽管要通过国内法起作用，但其国际规则的规范制约作用却是明显的，尤其是在当今国际经济一体化的发展背景之下。当然，在这新旧法律的交汇之中，旧的过时法律会被淘汰或修改，著作权法律体系会得到改进和扩大，特别是通过司法实践吸收新的科学的合理成分。例如，在审理案件或维护著作权人的权益时把网络技术的特性与法律结合起来，技术措施的出现不就说明了这一点吗？

其二，著作权保护是一项系统工程。

美国学者劳伦斯·莱西格提出网络行为规制的四要素——法律、编码、市场和社会准则，认为其综合作用推动着网络的正常运行。著作权在网络环境下的法律保护同样是一个综合机制在起作用。国家通过立法确认著作权的地位，又通过著作权法的施行，使其取得现实的法律保障。著作权的法律保护体现在作品运行的各个环节中，从作品产生时作者精神权利和经济权利的认可，到作品传播中出版社和网络服务提供者的法律规制，等等。我们通常说的著作权法律保护，更主要是指著作权权利运行中的各个不同主体的行为或各个阶段的特点，如立法保护、自力保护、著作权集体管理等社会组织的保护以及行政保护和司法保护。这是一个相互配合、相互作用、相互渗透、综合治理的有机整体。它不仅体现在观念上的著作权保护意识，还体现在侵权发生后采取的法律措施等多个方面。

这里各个阶段的目标是一致的，但发展又是不平衡的。例如在立法上，我们国家用短短20年的时间，走过了西方国家几百年走过的历程，建立起比较完善的与国际接轨的著作权法律体系。我们的著作权保护标准已达到国际公约和发达国家的水平，而自力救济和执法保护等赖以存在的社会经济文化环境却不可能发生同等程度的变化。在中国，侵权盗版之所以屡禁不止，除了执法水平较低之外，还有其深刻的社会原因和观念问题，我们的执法环境、执法力度、专业法律素养与法官素质等执法保护的各个因素都不可能脱离我们现实的政治经济文化发展水平。法律保护是对现有秩序的维护，著作权保护首先要着眼于解决现实中的问题，这就需要我们研究新情况，解决新问题，实事求是地加大著作权执法保护力度。在我们这样一个缺乏法律传统和经济文化不够发达的国家，著作权保护虽然不否认科学合理的部分的突变与跨越，但主要应选择一种渐进的保护模式，以实现著作权保护的动态平衡。

其三，著作权保护的根本目的与价值追求。

法律不是僵死的条文的堆砌，而是在社会中运行着并在运行中不断完善的一种现实力量 。著作权的法律保护不是孤立的、静止的防范机制，而是著作权人权益和社会公共利益得以实现的内在动力。它通过平衡著作权人、作品使用人和社会公众三者之间的利益，激发作者的创作热情和创新精神，旨在鼓励作品的创作与传播，让公众在作者的智力劳动中获益，进而增进经济文化科技事业的繁荣与发展，推动社会的变革与进步；它通过对表达自由的确保和社会知识财富的公平合理分享，进而维护言论自由及平等、正义、公平、民主等价值理念的实现，正如美国最高法院所确认的“立法者试图表达的是，著作权本身是自由表达的引擎 ”。而把握好利益平衡与法律的价值理念，恐怕才能真正掌握著作权法的基本要义。

计算机网络已经深入到我们的生活和工作，在广阔、空灵而又海量的网络作品中泛舟，你会感到这是一个利益多元、信息共享的社会，作品的创作、传播和使用是那么轻松便捷；这是一个走向自由、宽容和包容的社会，网上作品的自由浏览或重点选择，舒缓了多少颗紧张烦躁的心；但这又是一个法治的社会，网络作品所受到的著作权保护已经覆盖到各类人群……

从2001年《著作权法》修改，到2006年《信息网络传播权保护条例》

公布，可以说，我国信息网络环境下的著作权法律已经基本齐备。我们已经建立起一套比较完整的包括著作权在内的知识产权法律保护机制。尽管它还有不完善之处，但它只是发展中的问题。也许我们的著作权关系将长期处于传统著作权、网络著作权和国际著作权规则保护的动态调整之中，然而，我们著作权法律保护的制度建设和机制创新并没有停止，我们已经融入世界著作权发展的潮流，假以时日，我们一定会走在世界著作权保护的前列。

此书得以出版，首先感谢苏州大学出版社，特别是出版社总编吴培华教授，其在出版界以眼光与才情著称；其次要感谢本书的责任编辑康敬奎老师，其认真踏实的工作态度，耐心细致、精益求精的工作作风，使我这个即使是已从业二十多年的老编辑，仍然感到钦佩。还要感谢我的博士生导师、对外经济贸易大学法学院院长、著名教授沈四宝先生的悉心指导和宁波大学法学院副院长张炳生教授等人的大力支持。由于近两年事务繁多，此书有些地方匆忙草就，差错在所难免，恳请各位专家、同行和读者予以指正，在此谨致谢意。

张晓秦

2007年6月